존 파이퍼의 생각하라

IVP(InterVarsity Press)는
캠퍼스와 세상 속의 하나님 나라 운동을 지향하는
IVF(InterVarsity Christian Fellowship)의 출판부로
생각하는 그리스도인을 위한 문서 운동을 실천합니다.

Think: The Life of the Mind and the Love of God
Copyright © 2010 by Desiring God Foundation
Published by Crossway Books
a publishing ministry of Good News Publishers
Wheaton, Illinois 60187, U. S. A.

Thie edition is published by arrangement with Good News Publishers.
All rights reserved.

Korean Copyright © 2011 by Korea InterVarsity Press
156-10 Donggyo-Ro, Mapo-Gu, Seoul 04031, Korea

이 한국어판의 저작권은 알맹2 에이전시를 통하여
Good News Publishers와 독점 계약한 IVP에 있습니다.

존 파이퍼의 생각하라

존 파이퍼 | 전의우 옮김

68년 졸업 동기
마크 놀(Mark Noll)과 네이던 해치(Nathan Hatch)에게

차례

추천 서문 _ 마크 놀　　9

저자 서문　　13

감사의 글　　23

1장　인생을 뒤바꾼 생각하기의 힘　　25
2장　조나단 에드워즈에게 받은 선물　　35
3장　생각하기란 무엇인가?　　43
4장　믿음과 이성의 관계　　65
5장　영적 시력을 일깨우는 생각하기　　77
6장　지성을 다해 하나님을 사랑하라는 계명　　93
7장　예수님이 만난 상대주의자들　　107
8장　상대주의의 일곱 가지 폐해　　119

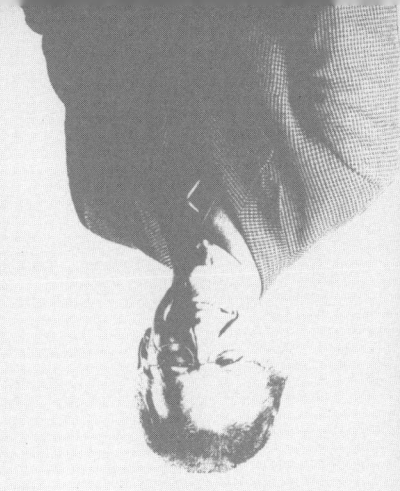

9장	반지성주의의 무익한 충동	135
10장	반지성주의의 근거1	149
11장	반지성주의의 근거2	165
12장	사랑을 행하는 지식	183
13장	하나님과 이웃을 사랑하기 위한 학문	195
결론	생각하라는 간절한 호소	207
부록1	그리스도인의 배움의 목적	217
부록2	물고기 이야기의 교훈	243
주		249

추천 서문

좋은 설교를 듣거나 읽을 때 얻는 유익 중 하나는, 하나님과 그분의 길을 더 분명하게 생각하도록 자극을 받는다는 것이다. 더욱이 설교 주제가 '생각'이라면, 자극은 몇 곱절 강하다.

존 파이퍼가 쓴 생각하기에 관한 이 책은 실제 설교보다 더 설교 같다. 성경을 탐구하고 실생활의 물음에 적용하는 방식 덕분이다. 이 책의 핵심 본문은 구약의 잠언 2장과 신약의 디모데후서 2장인데, 두 본문 모두 하나님을 따르는 자들에게 깊이 생각할 것을 촉구한다. 잠언 2장에서는 지식과 명철("예지와 슬기", 가톨릭 성경)을, 디모데후서 2장에서는 바울이 디모데에게 한 말을 생각하는 것이 목적이다.

좋은 설교가 그렇듯, 파이퍼는 두 본문을 바른 문맥에 두고 해석하려 노력했고, 이러한 노력은 성과를 거두었다. 바울은 디모데에게 주의 깊게 생각하라고 재우치면서 "주께서 범사에 네게 총명[understanding]을 주시리라"(딤후 2:7)고 말한다. 또한 잠언 저자는 "은"과 "감추어진 보배"를 찾기 위해 주의 깊게 생각하라고 말하며, '여호와 경외하기'와 '하나님 알기'가 곧 은이요 보배라고 정의한다. 파이퍼는 생각하기와 하나님 알기의 관계를 확고히 한 후, 성경을 실생활에 적용한다.

실생활의 문제는 동전의 양면과 같다. 영성에 치우친 사람들은 성령이 모든 삶과 진리의 근원이므로 생각하고 읽고 배우는 것이 별로 중요하지 않다고 결론내리려 한다. 반대로, 지성에 치우친 사람들은 생각하고 읽고 배우는 것이 하나님이 원하시는 일이므로 이런 행위가 그 자체로 매우 중요하다고 결론내리려 한다.

파이퍼는 둘 다를 매섭게 비판한다. 그리고 끈질긴 성경 해석으로 얻은 결론을 통해, 우리 시대에 꼭 필요한 대안적인 진리 두 가지를 강조한다. 첫째, 파이퍼는 반지성주의 경향에 맞서, 주의 깊은 생각이 복음을 온전히 이해하는 데 필수적이라고 주장한다. 둘째, 그는 지성을 교만하게 사용하는 경향에 맞서, 성경의 방식대로 분명하게 생각하면 자기중심적 사고에서 벗어나 하나님의 은혜를 전 존재를 이해하는 열쇠로 여기게 되고 또한 그 은혜를 온전히 기뻐하게 된다고 주장한다.

파이퍼의 해석에 대해 독자마다 끌리는 부분이 다르겠지만, 나의 경우에는 나 자신도 곱씹었던 두 구절을 깊이 헤아리려는 파이퍼의 노력을 보며 강한 도전을 받았다. 그 가운데 한 구절은 누가복음 10:21인데, 여기서 예수님은 "이것을 지혜롭고 슬기 있는 자들에게는 숨기시고 어린 아이들에게는 나타내심을 감사하나이다"라고 기도하신다. 파이퍼가 면밀한 해석을 통해 설득력 있게 보여 주듯이, 이 말씀에는 지성을 거부하지 말고 지성을 비롯한 모든 은사를 더욱 겸손하게 사용하라는 뜻이 담겨 있다. 나머지 한 구절은 고린도전서 1:20인데, 여기서 사도 바울은 "하나님께서 이 세상의 지혜를 미련하게 하신 것이 아니냐"고 묻는다. 이번에도 파이퍼는 세밀한 해석을 통해 이 구절이 피조물을 높이려고 사용하는 지혜와 창조자를 높이려고 사용하는 지혜를 구분한다는 것을 보여 준다. 이러한 결론은 나중에 놀랄 만한 표현으로 요약된다. "십자가는 사람의 지혜와 하나님의 지혜를 나누는 분수령이다."

이런 구절을 세밀하게 살필 때 얻는 실질적인 유익은 지금 우리에게 어느 때보다 절실히 필요하다. 현대인의 생활을 들여다보면, 대충 생각하라거나 신중하게 생각하더라도 자신을 높이라는 메시지가 적지 않다. 보수적인 교회들을 보더라도, 새로운 배움에 미심쩍은 눈초리를 보내거나, 생각하지 말고 느낌에 따라 즉흥적으로 행동하라고 부추기는 면이 적지 않다. 파이퍼는 이에 대한 성경적인 대안을 제시한다. 생각하되(최대한 분명하게 생각하되), 그와 **더불어** 애정을 갖고 생각하라(하나님을 최고의 선으로 귀하게 여기라). 지적인 사람들을 존경하되, 그와 **더불어** 지적 교만을 경계하라. 부지런히 연구하되, 그와 **더불어** 하나님의 은혜를 전적으로 의지하라. 이것이 신자들에게는 마땅히 가야 할 길이며, 비그리스도인들에게는 생명에 이르는 길이다.

  이 책의 서문을 써 달라는 부탁을 받았을 때, 나는 주님의 절묘한 타이밍에 빙그레 미소를 지었다. 여러 해 전에 출판된 「복음주의 지성의 스캔들」(*The Scandal of the Evangelical Mind*, IVP)의 후속작을 마무리할 무렵, 그리스도를 중심으로 생각하라는 이 책의 서문을 부탁받은 것이다. 단지 우연의 일치였을까? 나도 내 책에서 요한복음 1장과 히브리서 1장, 그리고 특히 골로새서 1장을 연구하며 이 단락들이 예수 그리스도 안에서, 예수 그리스도에 의해, 예수 그리스도를 통해 '만물이' 창조되었다는 점을 어떻게 말하는지 살펴보고 있었기 때문이다. 나 역시, 세밀한 연구는 하나님이 명하신 필수 과제이지만 이것이 하나님의 은혜를 온전히 의지하는 그리스도인의 자세를 대신할 수 없다는 것을 보여 주려고 노력한다. 존 파이퍼처럼, 나도 그리스도인들에게 세상을 더없이 심각하게 연구하되 자신에 대해서는 전혀 심각하지 말라고 촉구한다.

  아내 매기는 나중에 내가 쓴 「예수 그리스도와 지성의 삶」(*Jesus Christ and the Life of the Mind*)이 존 파이퍼의 책과 경쟁하며 고전하지는 않을까 걱정했다. 나는 아내에게 파이퍼의 책과 내 책의 다른 점을 설명해 주었다. 존 파이퍼의 책은 성경을 훨씬 폭넓게 해석하며, 그리스도를 기뻐하는 삶에서 생각이 어떠한 역할을 감당하는지 생생하게 제시한다. 그에 반해, 내 책은 과학에 관한 내용(특히 진화론)을 조금 다루는데, 상당수의 파이퍼 독자들과 파이퍼 자신이 그 내용에 동의하지 않을지도 모르겠다. 또한 나는 그리스도 중심의 생각을 독려하기 위해 몇몇 가톨릭 사상가의 글과 아주 오래되고 훌륭한 정통 기독교 신앙고백(사도신경, 니케아 신조, 칼케돈 공회가 제시한 그리스도의 인성에 대한 정의)을 더 빈번하게 사용한다.

그러나 내가 힘써 전하려 하는 기본 메시지는 당신이 「존 파이퍼의 생각하라」에서 읽을 메시지와 정확히 일치한다. 따라서 당신 손에 들린 이 책을 흔쾌히 추천하며, 당신이 이러한 주제와 관련된 책 중에서 이 한 권만 읽더라도 전혀 개의치 않겠다!

영광스럽게도, 나는 휘튼 칼리지에서 존 파이퍼를 처음 만났고 그곳에서 그와 함께 문학을 공부했으며 기숙사 생활도 함께했는데, 돌아보면 그때가 마치 어제 같다. 더 영광스런 일은, 하나님이 수십 년 동안 우리를 각기 다른 길로 인도하셨으나 이 책의 핵심적인 관심사에서는 같은 길로 인도하셨다는 것이다. 하나님께 감사드린다.

그리스도인의 배움의 핵심은 하나님이 쓰신 두 권의 책, 곧 '성경'과 '세상'을 이해하고 이를 바탕으로 하나님을 영화롭게 하는 것이다. 당신 앞에 놓인 책은 이러한 핵심을 아주 잘 전달한다. 이제 이 책을 들고 읽으며, 성경을 찾아가며 확인하고, 이 책이 그려 내는 하나님의 사랑을 숙고해 보기 바란다. 한마디로, **생각해 보라**!

마크 놀
노트르담 대학교 역사학 교수

저자 서문

이 책은 진지한 사고를 하나님과 이웃을 사랑하는 한 방법으로 받아들이라는 나의 간절한 호소다. 다시 말해 머리와 가슴, 생각과 느낌, 이성과 신앙, 신학과 찬양, 정신노동과 사랑의 섬김을 **양자택일**의 문제로 생각하지 말라는 간절한 호소다. 또한 생각하는 것을 하나님을 아는 데 필수적이며 하나님이 정하신 방법으로 보라는 나의 간절한 호소다. 생각은 하나님을 향한 예배와 세상을 향한 섬김의 불길에 기름을 끼얹는 중요한 방법이다.

우리 삶의 최종 목적은 하나님이 그분의 참 모습과 그분이 지으신 만물과 그분이 행하신 모든 일로 인해, 특히 그리스도의 사역에서 드러내신 은혜로 인해, 영광스러운 분으로 드러나게 하는 것이다. 하나님을 영화롭게 하려면 하나님을 진정으로 알고, 그분을 무엇보다 소중히 여기며, 그분이 우리의 가장 귀한 보화라는 사실을 드러내야 한다.

> 나의 간절한 기대와 소망을 따라…살든지 죽든지 내 몸에서 그리스도가 존귀하게 되게 하려 하나니, 이는 내게 사는 것이 그리스도니 죽는 것도 유익함이라.…차라리 세상을 떠나서 그리스도와 함께 있는 것이 훨씬 더 좋은 일이라.…또한 모든 것을 해로 여김은 내 주 그리스도 예수를 아는 지식이 가장 고상하기 때문이라. (빌 1:20-21, 23; 3:8 상)

그러므로 하나님이 우리에게 지성을 주신 가장 큰 목적은, 우리로 하여금 모든 것**에서** 그리고 모든 것**보다** 그분을 소중히 여길 모든 이유를 찾고 마침내 발견하게 하기 위해서다. 하나님은 우리로 세상을 **통해** 세상**보다** 더욱 그분을 소중히 여기게 하려고 세상을 창조하셨다. 우리는 지극하신 하나님의 위대함과 지식과 지혜와 능력과 공의와 진노와 자비와 인내와 선함과 은혜와 사랑을 보면 볼수록 하나님을 더 소중히 여기게 된다. 우리가 하나님을 소중히 여길수록 하나님은 더 의식적으로 더 기쁘게 영광을 받으신다. 이 책의 핵심은 **생각**이 이러한 목적을 위해 하나님이 우리에게 주신 도구라는 사실이다.

이 책은 어떻게 다른가?

생각을 다룬 좋은 책이 적지 않지만, 이 책은 몇 가지 점에서 차별성이 있다. 이 책은 마크 놀의 「복음주의 지성의 스캔들」[1]만큼 역사적이지도 않고, 오스 기니스의 「날씬한 몸, 뚱뚱한 지성」(*Fit Bodies Fat Minds*)[2]만큼 간명하지도 않으며, J. P. 모어랜드의 「그리스도를 향하는 지성」(*Love Your God with All Your Mind*, 죠이선교회)[3]만큼 철학적이지도 않고, 제임스 사이어의 「지성의 습관」(*Habits of the Mind*)[4]만큼 직업(소명)과 관련도 없으며, 진 에드워드 비스의 「지성으로의 초대」(*Loving God with All Your Mind*, 생명의말씀사)[5]만큼 문화적이지도 않다.

그러므로 이 책은 여러 면에서 방금 말한 책들만큼 **뛰어나지 못하다**. 그러나 성경 해석에서는 더 **뛰어나다**. 이 책은 앞의 책들의 비판서가 아니다. 나는 목사이고 성경 해석자이기에, 성경이 무엇을 의미하고 그것을 어떻게 삶에 적용할지 고민하며 보내는 시간이 아주 많다. 그것이 이 책을 쓰고자 한 이유다.

그렇다면 이 책은 누구를 위한 책인가? 학생들을 위한 책인가? 그렇다. 모든 사람이 학생이어야 한다는 내 생각에 동의한다면 말이다. 내가 말하는 학생이란 사전에 나와 있는 두 번째 정의를 의미한다. "학생: 깊이 생각하며 공부하거나 연구하거나 살피는 모든 사람." **무엇인가**를 깊이 생각하거나 탐구하지 않고 삶을 헤쳐나가기란 매우 어렵다. 그러나 이것은 무엇보다도 하나님을 더 잘 알고, 그분을 더 많이 사랑하며, 사람들에게 더 깊은 관심을 기울이려는 그리스도인들—학교 안에 있든 밖에 있든 상관없이—을 위한 책이다.

그렇다. 나는 이 책이 복음주의의 실용주의나 오순절파의 지름길 찾기, 경건주의의 반지성주의, 다원주의의 확신에 대한 혐오, 포스트모더니즘의 혼란스런 논평들, 학문적인 술수, 성경을 회피하는 치유 사역, 언론의 무지한 단순화, 영혼을 혼미하게 하는 음악, 유튜브 중독의 희생자들을 구해 내는 데 도움이 되기 바란다. 바꿔 말하면, 나는 생각이 모든 면에서 교회에 유익하다고 믿는다.

그러나 생각에 관한 책이 으레 그렇듯, 도도하다는 인상을 풍기고 싶지는 않다. 이 책의 단초가 된 사람은 니콜라스 월터스토프(Nicholas Wolterstorff)라는 철학자로, 이 책에 흙냄새가 물씬 묻어 있는 이유도 그 때문이다. 그는 **과도한** 지성주의(over-intellectualism)가 **반**지성주의(anti-intellectualism)와 다름없는 전염병이라고 인정한다. 과도한 지성주의는 이렇게 말한다.

손을 사용하거나 손을 사용하는 사람들을 가르치는 사람은…머리만 사용하는 사람들에 비해 열등하다. 다시 말해, 연주자들은 음악학자들에 비해 열등하고, 화가들은 미술사가들에 비해 열등하며, 비즈니스를 가르치는 선생들은 경제학자들에 비해 열등하고, 설교를 가르치는 선생들은 신학자들에 비해 열등하다. 이러한 기본 태도를 분명하게 말한 사람은 아리스토텔레스였다.… "우리는 각 분야의 전문가들이…육체노동자들보다 영예롭다고 생각한다."[6]

월터스토프는 그렇지 않다고 말하면서 이렇게 덧붙여 말했다. "이는 그리스도인들이 취하기에는 좀 괴상한 태도다. 예수님은 목수의 아들이셨고, 하나님은 성경 첫머리에 '머리 쓰는 분'(thinker)이 아니라 '손 쓰는 분'(maker)으로 나타나 있기 때문이다."[7]

따라서 부풀려 말하지 않겠다. 이것은 진학이나 학위 취득이나 명성 쌓기에 관한 책이 아니다. 지성인의 우월함에 관한 책은 더더욱 아니다. 하나님을 알고 그분을 사랑하며 사람들을 섬기라고 주신 수단을 우리가 어떻게 활용해야 하는지에 관한 책이다. **생각**은 이러한 수단 가운데 하나다. 독려하건대, 생각하라. 그러나 생각할 때 자기 자신에게 지나치게 감동하지는 말라.

성경은 이렇게 말한다. "네가 명철을 찾아 부르짖고, 총명을 찾아 외친다면, **은을 찾듯**…한다면, 너는…하나님을 아는 지식을 찾을 것이다"(잠 2:3-5, 쉬운성경). 나의 경우, 은의 유익보다 하나님을 아는 지식을 더 사랑하기 위해 가능한 많은 도움을 받아야 한다. 당신도 다르지 않을 것이다. 그래서 **하나님을 힘써 알고자 할 때 생각이 담당하는 역할**을 나 자신에게 일깨우고 싶어서 이 책을 썼다. 여기서 칼뱅과 아우구스티누스의 말을 좀 모방해 보겠다. "나는 배우면서 글 쓰고, 글 쓰면서 배우는 사람들 가운데 하나다."[8] 당신도 나와 함께 이 책을 읽으면서 유익을 얻기 바란다.

이 책의 전체 구도

당신은 길을 떠나기 전에 지도를 보며 도움을 얻는 유형인가? 그렇다면 서문을 끝까지 읽기 바란다. 아니면 실제로 여행을 하면서 다양한 변수에 깜짝깜짝 놀라길 더 좋아하는 유형인가? 그렇다면 서문을 건너뛰어도 괜찮다. 이제부터 우리가 함께할 여정을 간략히 소개하겠다.

먼저 1장에서는 나의 이야기를 하겠다. 내 이야기로 시작하는 이유는 나의 배경과 내가 받은 영향 그리고 나의 싸움을 밝히는 것이 도움이 될 거라 믿기 때문이다. 아마도 당신은 나의 경험과 한계에 공감할 수 있을 것이다. 또 다른 이유는, 내가 지성의 삶을 살기 시작하면서 느낀 긴장을 많은 복음주의자들도 똑같이 느낀다는 점에서, 나의 경험이 이들의 전형적인 경험일 수 있다고 생각하기 때문이다. 당신과 똑같은 싸움을 하는 사람을 보면서 그를 따르려는 용기를 얻기 바란다. 셋째, 이 책에서 제기한 문제는 대부분 나 자신이 하나님의 세계 및 말씀과 소통하면서 느낀 것들이다. 따라서 내가 밟아 온 여정을 출발점 삼아 우리의 탐구를 시작하는 것이 적절하다고 생각했다.

2장에서는 내가 지성의 삶을 경험하는 데 조나단 에드워즈가 얼마나 큰 영향을 끼쳤는지 이야기하겠다. 그는 세상을 떠난 지 250년이 넘었지만 여전히 많은 사상가에게 지대한 영향을 끼치고 있다. 그를 만났던 이야기는 이 책 나머지 부분의 토대가 된다. 그는 나에게 생각과 느낌의 관계를 이해하기 위한 기초를 놓아 주었다. 더 구체적으로, 그는 삼위일체 하나님의 본성을 인식하는 자신의 시각을 통해 내게 결정적인 도움을 주었다.

3장에서는 내가 말하는 **생각**이 실제로 무엇을 의미하는지 밝힐 것이다. 나는 **읽기**라는 놀라운 행위를 주로 염두에 둔다. 가장 통찰력이 뛰어난 문학 작품(특히 성경)을 잘 읽으려면 진지하게 생각해야 한다. 이것이 3장의 핵심이다.

4장과 5장에서는 예수님을 처음 믿는 과정에서 생각이 기능을 발휘한다는 **사실**을 살펴보고(4장), 그 과정에서 생각이 **어떻게** 그 역할을 하는지도 살펴보겠다(5장). 우리 지성이 죄의 영향으로 왜곡되었기 때문에 하나님이 '구원하는 믿음'을 일으키시는 과정에서 생각이 중요한 역할을 하지 못한다고 추론하는 사람도 있겠지만, 5장에서는 우리가 처음 믿는 과정뿐 아니라 그 믿음을 유지하는 과정에서도 생각이 중요한 역할을 담당한다는 것을 살펴볼 것이다.

이어 6장에서는, 우리가 "하나님을 사랑하라"는 큰 계명을 성취하는 과정에서 생각이 어떤 역할을 하는지 살펴보겠다. 예수님은 우리에게 **지성**(mind, 뜻)을 다해 하나님을 사랑하라고 말씀하셨다(마 22:37). 어떤 사람들은 이 말씀이 "부지런히 생각하고 열심히 생각하라. 그러면 이러한 생각의 행위가 곧 하나님을 사랑하는 것이다"라는 의미인 양 이 말씀을 대했다. 그러나 나는 그렇게 생각하지 않는다.

지성을 다해 하나님을 사랑한다는 말은 **하나님을 가장 소중히 여길 때 느낄 수 있는 충만을 일깨우고 표현하는 데 우리의 생각이 전적으로 참여한다**는 뜻이다. 이것이 내가 내세우려는 주장이다. 하나님을 소중히 여기는 것이 하나님을 사랑하는 것의 본질이며, 지성은 보화이신 하나님의 진리와 아름다움과 가치를 이해함으로써 (불완전하게, 부분적으로, 그러나 진정으로) 우리가 하나님을 사랑하도록 돕는다. 그렇다면 지성으로 하나님 사랑하기를 이렇게 이해하도록 하는 성경적 근거는 무엇인가? 6장에서 이 문제를 다루겠다.

그러나 만약 진정한 앎이 불가능하거나 알아야 할 게 전혀 없다면, 1장에서 6장까지의 내용은 모두 무의미하다. 지성의 테두리를 벗어난 것들을 알기란 불가능하다는 것이 현대 사회의 통념이다. 상대주의는 이러한 태도를 일컫는 이름 가운데 하나다. 7장과 8장에서는, 상대주의가 무엇이며 예수님이 상대주의를 어떻게 생각하셨는지 살펴보겠다. 7장에서는, 상대주의가 지적으로 설득력이 없을 뿐더러 도덕적으로도 바르지 않음을 입증할 것이다. 이어 8장에서는, 상대주의의 해롭고 부도덕한 일곱 가지 영향을 예방하는 주사를 놓아, (원한다면) 당신이 상대주의의 질병에 감염되지 않도록 면역 체계를 구축할 것이다. 예수 그리스도 안에 감춰진 보화이신 하나님의 진리를 보고 맛보며 말하는 가운데 얻게 되는 깊고 평화로운 확신과 자유, 이것이 이 책의 목적이다.

그러나 이처럼 지성을 활용해 그리스도를 높이는 진리를 발견해 내려는 태도는 최근 기독교 역사에서, 적어도 최근 미국 기독교 역사에서 나타나는 주된 특징은 아니다. 반지성주의가 판을 치고 있다. 9장에서는 이러한 분위기를 살펴보겠다. 9-11장에서는 반지성주의를 지탱하는 성경적 기둥이 매우 허약하다는 사실을 밝힐 것이다. 하나님을 사랑하고 이웃을 사랑하려면 지성을 단단히 활용해야 하며, 이를 뒷받침하는 성경적 기초는 깊고 튼튼하다.

언뜻 보면 두 성경 구절은 반지성주의를 장려하는 듯 보인다. 하나는 누가복음 10:21인데, 여기서 예수님은 "아버지여, 이것을 지혜롭고 슬기 있는 자들에게는 숨기시고 어린아이들에게는 나타내심을 감사하나이다"라고 말씀하신다. 이 구절은 10장에서 살펴보겠다. 나머지 한 구절은 고린도전서 1:20인데, 여기서 바울은 "하나님께서 이 세상의 지혜를 미련하게 하신 것이 아니냐"라고 묻는다. 11장에서는, 이 구절에 초점을 맞추겠다. 이 두 구절은 반지성주의 신전을 떠받치는 기둥이 되었다. 놀랍게도, 두 구절이 가르치는 내용은 아주 비슷하지만, 반지성주의의 기둥으로 삼기에는 아주 위태롭다.

두 기둥을 연구해 얻은 결론은, 두 구절이 하나님을 힘써 알리는 우리에게 세밀하게, 성실하게, 엄밀하게, 일관되게 생각하지 말라고 경고하는 것이 **아니라**는 것이다. 예수님과 바울이 두 경고를 제시하는 방법을 유심히 살펴보기 위해서는 역시나 깊이 생각해야 한다. 우리가 알듯이, 교만은 사람을 가리지 않는다. 깊이 생각하는 사람은 겸손하다. 반면에 경솔한 신비주의자는 오만하다.

이 책의 목적은 하나님을 아는 참된 지식에 이르는 진지하고 성실하며 겸손한 생각을 독려하는 것이다. 하나님을 참되게 알면 하나님을 사랑하게 되고, 하나님을 사랑하면 이웃 사랑이 넘치게 된다. 보통 사람과 많이 배운 사람 모두 교만의 함정을 피할 수 있는 생각의 방식이 있다. 12장에서는, 안다고 거드름 피우지 말라는 바울의 경고를 통해 이것을 간략히 살펴보겠다. 이 부분의 초점은 고린도전서 8:1-3과 로마서 10:1-4이다. 12장의 교훈은 생각이란 위험하면서도 필수적인 행위라는 것이다. 마음에 은혜가 깊이 역사하지 않으면 생각이 거드름을 피운다. 그러나 은혜가 역사하면 생각은 겸손한 지식으로 들어가는 입구가 된다. 겸손한 지식은 하나님 사랑과 이웃 사랑의 불을 밝히는 기름이다. 하지만 하나님을 알려고 힘쓸 때 깊이 생각하지 않으면 사랑의 불은 꺼지고 만다.

마지막으로, 13장에서는 12장에서 다룬 내용, 곧 모든 생각(공식적이든 비공식적이든, 간단하든 복잡하든) 즉 모든 배움과 모든 가르침과 모든 학교 교육이 하나님 사랑과 이웃 사랑을 위해 존재한다는 말이 무슨 뜻인지 더 깊이 살펴보겠다. 우리는 이 진리를 고린도전서 8:1-3에서 찾아내 하나님이 쓰신 또 한 권의 '책', 곧 그분이 창조하신 자연 세계와 인간의 삶을 통해 하나님을 아는 지식에 적용한다.

결론은 이것이다. 단지 성경 연구만이 아니라, 그리스도인이 연구하는 모든 학문은 하나님의 영광을 드러내는 실체를 연구하고, 그 실체에 대해 정확히 말하고 쓰며, 그 실체 속에서 하나님의 아름다움을 맛보고, 그 실체를 활용해 사람을 유익하게 하기 위해 존재한다. 그리스도인이 하나님과 동떨어진 채 학문을 한다면, 더는 학문을 하는 게 아니다. 우주 만물은 무한하고 인격적인 하나님의 계획으로 생겨났으며, 그분의 다양한 영광을 드러내고 사람들로 그 영광을 사랑하게 하려고 존재한다. 그러므로 어느 분야에서든 하나님의 영광을 생각하지 않고 연구한다면, 그것은 학문이 아니라 반란이다.

요약해서 말하면, 모든 분야의 배움은—생각을 다루는 이 책도—궁극적으로 예수 그리스도를 통해 하나님을 알고 사랑하며 사람을 사랑하기 위해 존재한다. 사람을 사랑한다는 말은 궁극적으로 그 사람이 그리스도 안에서 영원히 하나님을 보고 또 맛볼 수 있도록 돕는다는 뜻이다. 따라서 모든 생각과 모든 배움, 모든 교육, 모든 연구는 하나님을 알고 사랑하며 보여 주기 위해 존재한다. "이는 만물이 주에게서 나오고 주로 말미암고 주에게로 돌아감이라. 그에게 영광이 세세에 있을지어다. 아멘"(롬 11:36).

감사의 글

이 책의 1장과 2장은 내가 이 책을 쓰는 데 시동을 걸어 준 몇몇 핵심 인물과 하나님의 섭리에 '감사' 하는 글이다. 이들과 이러한 섭리가 없었다면 이 책을 쓸 생각조차 못했을 것이다. 모든 것을 미리 아시고 모든 것을 미리 계획해 놓으신 하나님이, 늘 그러시듯 일하고 계셨기에 우리는 언제나 무엇보다도 그분을 인정해야 한다는 뜻이다. 하나님이 만물을 창조하셨고 만물을 유지하신다는 사실이 무엇보다도 중요하다. 나머지 모든 것은, 다른 모든 것은 부차적이다.

나의 글쓰기를 응원해 준 노엘과 탈리다에게 감사한다. 이제는 두 사람의 응원을 여느 때처럼 당연하게 여기지 않는다. 두 사람이 아무 불평 없이 견뎌 주었기에 이 모든 게 가능했다. 노엘, 탈리다, 사랑해!

내게 매년 글쓰기 휴가를 허락한 베들레헴 침례교회, 특히 장로회에 감사한다. 이러한 배려가 있었기에 이 책이 나올 수 있었다.

조력자로서 수고를 아끼지 않은 데이비드 마티스와 네이던 밀러에게도 감사한다. 두 사람은 내 짐을 아주 많이 덜어 주었고 나를 참 많이 도와주었다. 두 사람의 도움이 없었다면 내 책 중 어느 한 권도 세상에 나오지 못했을 것이다.

캐롤 스타인바흐와 데이비드 마티스를 비롯해 색인 작업을 통해 책을 더 쓸모 있게 만들어 준 팀원들에게도 감사한다.

레인 데니스를 비롯해 나를 한없이 격려해 주고 탁월한 기량과 편집

기술을 발휘해 준 크로스웨이 출판사의 모든 팀원에게도 감사한다.

"눈이 손더러 내가 너를 쓸 데가 없다…하지 못하리라." "우리 중에 누구든지 자기를 위하여 사는 자가 없고 자기를 위하여 죽는 자도 없도다." 내가 하나님의 은혜에 빚진 자요, 수많은 사람의 사랑에 빚진 자여서 행복하다.

1장
인생을 뒤바꾼 생각하기의 힘

생각과 감정은 상호 원인(*sibi mutuo causae*)이 된다. "[내가] 묵상할 때에 불이 붙으니"(시 39:3). 그러므로 생각하면 감정이 일어나고 타오른다. 감정이 타오르면 생각이 끓는다. 따라서 이제 막 하나님께 돌아온 사람들, 새롭고 강렬한 감정을 가진 사람들은 어느 때보다 기쁘게 하나님을 생각할 줄 안다.

토머스 굿윈

나는 평생을 생각과 느낌과 행동 사이에서 긴장하며 살았다.

22년간 쉬지 않고 공교육을 받은 나는, 6년간 대학에서 가르친 후 34세에 대학 강단을 떠나 목회를 시작했다. 거의 30년 전의 일이다. 1979년 10월 14일 밤이 기억난다. 나는 대학 강단에 남아야 할지 목회를 시작해야 할지 몰라 갈등에 빠졌고, 그날 밤 이러한 내 영혼의 위기를 일곱 쪽 가까이 일기장에 써 내려갔다. 내 인생에서 더없이 중요한 날이었다.

그때 나는 학교보다는 교회에서 생각과 느낌과 행동의 '더 나은' 균형을 이룰 수 있을 것이라 생각했다. 내가 말하는 '더 나은' 균형이란 나의 재능과 하나님의 부르심과 사람들의 필요와 이 세상을 향한 하나님의 목적에 부합하는 균형을 뜻한다. 돌아보면 그때 옳은 결정을 했다는 생각이 든다. 그러나 그와 같은 결정이 모두에게 옳은 것은 아니다.

사실, 이 책의 한 가지 목적은 그리스도를 전하는 데 교육의 자리가 얼마나 중요한지를 알리는 것이다. 모든 대학 교수와 신학 교수가 나처럼 강단을 떠나 목사가 된다면 그것은 그야말로 비극이다. 여섯 살부터 서른네 살까지, 하나님이 28년간 학교에서 내게 행하신 일을 나는 진심으로 감사드린다.

나는 과거를 돌아보며 내가 배운 것이나 배우지 않은 것에 실망하는 사람이 아니다. 만약 되돌아갈 수만 있다면, 내가 들었던 모든 수업을 그때 그 선생님들에게서 다시 들으며, 내가 맡았던 모든 수업을 그대로 맡아 가르치겠다. 나는 대학교와 신학교와 대학원이 현장에서 배워야 하는 것들을 가르쳐 주리라고 기대하지 않았다. 내가 휘청거렸더라도 그것은 그들의 잘못이 아니다.

내가 학교를 떠난 까닭은 학교가 영적으로 답답해서가 아니었다. 오히려 그 반대였다. 독서와 생각과 글쓰기는 하나님을 향한 열정에 불을 지폈다. 대학 시절 내내 그러했고, 신학생 시절에는 더욱 그러했으며, 대학 강단에 섰던 6년간은 더더욱 그러했다. 나는 하나님과 그분의 말씀을 더 잘 알게 될 때 가슴이 건조해지는 사람이 아니었다. 하나님과 그분의 길을 아는 지식을 내 머릿속에 차곡차곡 쌓는 일은 예배라는 아궁이에 장작을 집어넣는 것과 같았다. 나에게 본다는 말은 맛본다는 뜻이었다. 분명하게 볼수록 더 달았다.

눈물이 없지는 않았다. 하나님에 대해 갖고 있던 몇몇 개념은 성경적 진리의 불길 속에서 재가 되어 사라졌다. 가슴이 아팠다. 이따금 오후가 되면 두 손으로 얼굴을 감싼 채 혼란과 고통에 울기도 했다. 그러나 속담에도 있듯이, 눈물이 없으면 영혼의 무지개도 없다. 슬픔을 겪어야만 맛볼 수 있는 기쁨도 있다. 전도자는 말한다. "지혜가 많으면 번뇌도 많으니 지식을 더하는 자는 근심을 더하느니라"(전 1:18). 맞는 말이다. 그러나 지혜와 지식은 그만한 가치가 있다.

그렇다고 보는 데서 그치지 않고 맛보는 데까지 나아가기가 쉽다는 뜻은 아니다. 성경 말씀의 의미를 찾아내기가 괴로우리만치 힘들 때도 허다하다. 고뇌에 찬 루터의 말이 무슨 뜻인지 알 듯하다. "나는 그 부분에서 바울을 끈덕지게 파고들었고, 마음은 바울이 무엇을 원했는지 알려는 더없이 뜨거운 열망으로 넘쳤다."[1] 어쨌든 생각은 나를 번번이 예배로 이끌었다. 학교는 내게 생명을 주는 곳이었다.

로마서 9장, 내 가슴에 설교의 불을 지핀 말씀

나는 진리를 기뻐하는 새 삶을 찾아 떠났다. 사실 역설적이게도, 로마서에 관한 책을 쓴 어느 안식년을 계기로 대학 강단을 떠났다.[2] 「하나님의 칭의」(The Justification of God)는 내가 쓴 것 중에 가장 복잡한 책이며, 따라서 깊이 생각하며 읽어야 하는 책이다. 이 책에서는 아주 어려운 신학 주제와 성경 본문을 다루었다. 그러나 하나님은 이 책을 쓰기 위해 연구하는 동안 나의 가슴에 설교와 목회의 불을 지피셨다. 하나님의 주권을 다루는 매우 어려운 책을 쓰는 중에도 나의 영혼은 피폐해지지 않고 오히려 불길처럼 뜨거워졌다. 하나님은 내가 이 사실을 선포하기 원하셨다. 단지 설명하기에 그치지 않고 선포하기 원하셨던 것이다.

그러나 선포에 불을 당긴 것은 바로 설명이었다. 지금도 잊히지 않는다. 그것은 이 책의 핵심이며, 지금도 여전히 진리이다. 시편 기자는 "[내가] 묵상할 때에 불이 붙으니"(시 39:3)라고 고백한다. 묵상하기, 곱씹기, 숙고하기, 생각하기. 나에게는 이것들이 보기, 맛보기, 노래하기, 말하기, 지속하기로 이어지는 오솔길이었다. 열정과 설교의 기름을 채우려고 기도에 잠겨 성령을 의지한 채 하나님의 자기 계시를 **생각하기**, 이것이 바로 지금까지 내가 해마다 해오는 일이다.

생각은 하나님을 향한 열정에 이르는 필수적인 길이다. 생각은 그 자체가 목적이 아니다. 하나님 외에는 아무것도 그 자체로서 최종 목적이 될 수 없다. 생각은 삶의 목적이 아니다. 때로 생각은 자랑을 위한 명석이 되기도 한다. 기도가 빠진 생각, 성령이 빠진 생각, 순종이 빠진 생각, 사랑이 빠진 생각은 교만해져 무너지고 만다(고전 8:1). 그러나 하나님의 강한 손 아래서 하는 생각, 기도에 젖은 생각, 성령의 인도를 받는 생각, 성경에 매인 생각, 하나님의 영광을 찬양하고 선포할 더 많은 이유를 찾는 생각, 사랑으로 섬기는 생각은 하나님을 온전히 찬양하는 삶에 꼭 필요하다.

그러나 지금도 긴장은 계속된다. 생각과 느낌과 행동이 저마다 내 삶에서 영역을 넓히려고 거칠게 싸운다. 만족스런 비율이라고는 없어 보인다. 더 많이 행동하고, 더 많이 생각하며, 더 많이 느끼고, 그 느낌을 더 많이 표현해야 하는 문제인가? 의심할 여지없이, 이런 불편은 부분적으로 나의 별난 성격 때문이고, 나의 배경을 이루는 여러 요소 때문이며, 내 마음에 남아 있는 찌끼 때문이다.

그러나 이러한 긴장은 교회 안에 자리잡은 과도한 지성주의와 반지성주의의 역사 때문이기도 하다. 부분적으로는, 성경 자체가 복잡하기 때문이기도 하다. 교회는 아주 빈번하게 '지성의 삶'(생각하는 삶)에 이중적 태도를 보였다. 특히, 미국 복음주의는 오랫동안 교육과 지적 노동에 의심의 눈초리를 보냈다. 「복음주의 지성의 스캔들」은 복음주의자들에게 이런 이야기를 들려주는 가장 주목할 만한 책이다. 이 책의 첫 문장은 이렇게 시작한다. "복음주의 지성이라 할 만한 게 별로 없다는 사실, 이것이 복음주의 지성의 스캔들이다."[3]

마크 놀이 이렇게 비판하기 30년 전에, 해리 블래마이어스(Harry Blamires)는 이렇게 썼다. "세속 지성과는 대조적으로, 우리의 사회생활이나 정치생활이나 문화생활에 뚜렷하고 일관되게 영향을 끼치며 알찬 역할을 하는 생생한 기독교 지성이 없다."[4] 마크 놀 이후, 여러 사람이 그를 따라 애통했다. 모어랜드는 자신의 저서 한 장(章)에 "우리는 기독교 지성을 어떻게 잃었고, 왜 회복해야 하는가?"[5]라는 제목을 달았다. 오스 기니스는 「날씬한 몸, 뚱뚱한 지성」의 부제를 "왜 복음주의자들은 생각하지 않으며, 이 문제를 어떻게 해결해야 하는가"[6]라고 달았다.

이들이 그려 내는 대상은 단지 세상이 아니라 내가 자란 가정이기도 하다. R. C. 스프라울(Sproul)은 세상에 관해 "우리는 서양문화사에서 가장 반지성적인 시대를 살고 있다"[7]고 했다. 마크 놀은 내가 자라난 근본주의 문화에 대해, "이런 종류의 생각, 곧 근본주의가 조장한 지성의 습관에 대해서는 단지 그것이 재앙이라고밖에 달리 표현할 길이 없다"[8]고 했다. 그러니 어쩌면 내가 우왕좌왕한다고 해도 놀라운 일이 아니다. 마크 놀마저 인정하듯이, 더 깊은 지성의 삶을 부분적으로 약화시키는 바로 그 충동이 이루어낸 놀라운 성취들이 있기 때문이다.[9]

위험하지만 자유하게 하는 지식

그러나 내가 세상과 가정에서 무엇을 물려받았던 간에, 생각과 느낌과 행동 사이에서 더 성숙한 긴장을 경험한 까닭은 무엇보다도 성경 자체 때문이었다. 하나님의 말씀에는 지식(앎)은 위험하다는 인상을 주는 구절도 있지만 지식이 영광스럽다는 인상을 주는 구절도 있다. 예를 들면, 성경은 한편으로 "지식은 교만하게 하며 사랑은 덕을 세우나니"(고전 8:1)라고 말하지만, 다른 한편으로 "진리를 알지니 진리가 너희를 자유롭게 하리라"(요 8:32)라고 말한다. 지식은 위험하다. 지식(앎)은 자유하게 한다. 이것은 역설이 아니다.

그래서 이 책을 통해 당신과 함께 성경 자체로 들어가 과연 하나님이 생각하는 행위를 삶의 다른 행위와 관련해 어떻게 명하셨는지 확인하고 싶다. 생각은 믿음, 예배, 세상 속의 삶과 어떻게 연결되는가? 왜 성경에는 거짓된 지식에 관한 경고(딤전 6:20)나 이 세상 지혜에 대한 경고(고전 3:19), 철학에 대한 경고(골 2:8), 상실한 마음('타락한 마음', 새번역)에 대한 경고(롬 1:28), 보지 못하는 지혜롭고 슬기 있는 자들에 대한 경고(눅 10:21), 총명이 어두워진 자들에 대한 경고(엡 4:18)가 그렇게 많은가?

이 모든 위험에 대한 경고에도 불구하고, 성경의 강력한 메시지는 진리를 아는 것이 더없이 중요하다는 것이다. **생각**은, 다시 말해 하나님이 주신 지성을 열심히 그리고 겸손하게 잘 활용하는 것이고, 이는 진리를 아는 데 필수적이다.

성경 두 구절이 이 책의 핵심을 제시한다. 첫째 구절은 디모데후서 2:7인데, 여기서 바울은 디모데에게 "내가 말하는 것을 생각해 보라. 주께서 범사에 네게 총명을 주시리라"고 말한다. 그는 디모데에게 자신의 말이 무슨 뜻인지 이해하기 위해 생각하고 숙고하며 지성을 사용하라고 명한다. 그런 후에, 생각하라고 명한 이유를 제시한다. "[왜냐하면] 주께서 범사에 네게 총명을 주시리라." 바울은 생각하는 행위와 하나님께 총명(understanding, 이해)의 은사를 받는 행위가 서로 대립된다고 말하지 않는다. 둘은 함께 간다. 생각은 이해에 필수적이다. 그러나 이해(총명)는 하나님의 선물(은사)이다. 이것이 이 책의 핵심이다.

둘째 구절은 잠언 2:1-6이다. 이 구절이 디모데후서 2:7과 얼마나 비슷한지 더 쉽게 볼 수 있도록 두 절로 줄여 보겠다. "네가 만일…명철(understanding)을 얻으려고 소리를 높이며 은을 구하는 것같이 그것을 구해[면]…하나님을 알게 되리니 대저 여호와는 지혜를 주시며 지식과 명철을 그 입에서 내심이며." 핵심은 수전노가 은을 구하듯 우리도 그렇게 이해(총명, 명철)를 구해야 한다는 것이다. 우리는 지성을 열심히 능숙하게 사용해야 한다. 잠언 2장은 어떤 이유를 제시하는가? 바울과 같은 이유를 제시한다. "대저[왜냐하면] 여호와는 지혜를 주시기" 때문이다. 둘은 함께 간다. 우리는 이해를 구해야 하고, 하나님은 그것을 우리에게 주신다. 은을 구하듯이 이해를 구하는 행위는 그것을 찾는 데 필수다. 그러나 찾음은 하나님의 선물이다. 이것이 이 책의 핵심이다.

벤자민 워필드(Benjamin Warfield)의 이야기가 핵심을 명확히 하는 데 도움이 될 것 같다. 워필드는 1921년에 세상을 떠날 때까지 프린스턴 신학교에서 34년을 가르쳤다. 그는 하나님의 조명을 구하는 기도와 기록된 하나님의 말씀을 엄밀하게 생각하는 행위가 서로 대립된다고 보는 사람들에게 실망을 감추지 못했다. 1911년 워필드는 어느 강연에서 학생들에게 간곡히 부탁했다. "열 시간 공부하기보다 십 분 무릎 꿇으면 하나님을 더 참되게, 더 깊게, 더 실질적으로 알게 된다고 말하는 사람들이 더러 있습니다. 이런 사람들에게는 이런 대답이 제격입니다. '그렇다면 무릎 꿇고 열 시간 공부를 하면 어떨까요?'"[10] **양자택일**이 아니다. **둘 모두**다. 이것이 내가 이 책을 통해 제시하고 싶은 시각이다.

내 생각의 토대를 놓아 준 친구

어떤 의미에서 2장은 1장의 연장이다. 2장은 내가 이러한 **둘 모두의** 삶을 체험하는 데 한 사람이 얼마나 큰 영향을 끼쳤는지 들려주기 때문이다. 사실 그 사람은 내가 개인적으로 알지 못했던 친구이며, 세상을 떠난 지 250년이 넘었다. 그럼에도 그는 내게 **둘 다** 택하는 사람이 되라는 영감을 주었다.

2장은 이 책 나머지 부분의 기초이기도 하다. 그는 나에게 생각과 느낌의 관계를 이해하는 더없이 중요한 기초를 놓아 주었다. 그는 하나님의 삼위일체적 본성을 보는 시각을 통해 이러한 기초를 놓아 주었다. 당신도 그의 시각을 통해 나만큼이나 큰 유익을 얻기 바란다.

2장
조나단 에드워즈에게 받은 선물

에드워즈의 경건은 부흥 전통으로 이어졌고, 그의 신학은 칼뱅주의 학문으로 이어졌다. 그러나 그의 하나님 중심 세계관이나 심오한 신학적 철학을 계승한 사람은 없었다. 미국 역사에서 에드워즈의 시각이 사라진 것은 비극이다.

마크 놀

18세기 뉴잉글랜드의 목회자이자 신학자였던 조나단 에드워즈는 나에게 생각과 느낌의 관계에 관해 더없이 큰 도움을 주었다. 그가 내 삶에 미친 영향은 「하나님의 영광을 위한 하나님의 열심」(*God's Passion for His Glory: Living the Vision of Jonathan Edwards*, 부흥과개혁사)에서 이미 밝힌 바 있다.[1] 이번에도 그에게 빚을 졌다.

거의 모든 역사가들의 평가처럼, 조나단 에드워즈는 미국이 낳은 가장 위대한 사상가 중 한 사람이다.[2] 그는 이 책에서 다루는 **둘 모두의** 삶을 몸으로 보여 주었다. 사실, 역사가 마크 놀이 주장하듯이, 조나단 에드워즈 이후 지성과 감성의 조화를 그와 같은 방식으로 보여 준 사람은 없었다.

에드워즈의 경건은 부흥 전통으로 이어졌고, 그의 신학은 칼뱅주의 학문으로 이어졌다. 그러나 그의 하나님 중심 세계관이나 심오한 신학적 철학을 계승한 사람은 없었다. 미국 역사에서 에드워즈의 시각이 사라진 것은 비극이다.[3]

조나단 에드워즈가 보여 주었던 신학과 경건의 연합은 사라졌거나 매우 희귀해졌다. 이 책을 읽으면서 이러한 연합을 추구하는 사람들이 나오기 바란다.

삼위일체적 사고와 느낌

나는 어디서도 찾지 못할 선물을 조나단 에드워즈에게서 받았는데, 그 가운데 하나는 하나님의 삼위일체 본성을 토대로 인간의 생각과 느낌을 이해하는 방식이었다. 에드워즈 외에도 하나님의 본성을 인간 본성의 뿌리로 본 사람은 있었다. 다만 그의 보는 방식이 특별했다는 것이다. 그는 인간의 생각과 느낌이 우연의 산물이 아님을 보여 주었다. 다시 말해, 인간이 생각하고 느끼는 이유는 하나님의 형상으로 창조되었기 때문이며, 하나님의 '생각'과 '느낌'은 삼위일체를 통해 내가 깨달은 것보다 더 깊은 부분을 차지했다.

놀랄 준비를 하라. 에드워즈는 삼위의 연결 방식을 놀랍게 묘사한다. 성자는 하나님의 생각에 따라 영원히 하나님 앞에 서 계신다. 그리고 성령은 성부와 성자의 기쁨의 행위로서 나오신다.

> 나는 성경이 말하는 복된 삼위일체가 이러하다고 생각한다. **성부**는 첫째이고, 시작이 없으며, 가장 절대적인 방식으로 존재하는 신성, 곧 스스로 존재하는 신성이다. **성자**는 성부가 생각함을 통해, 혹은 자신에 대한 관념을 가지고 그 안에 머무름으로써, 낳은 하나님이다. **성령**은 행위로 존재하는 하나님, 혹은 하나님의 자신에 대한 무한한 사랑과 기쁨에서 흘러나오고 분출되는 신적 본질이다. 나는 온전한 하나님의 본질이 하나님의 생각과 하나님의 사랑 양쪽 모두에 진정으로 뚜렷하게 존재하며, 그래서 삼위는 서로 구별된다고 믿는다.[4]

바꿔 말하면, 성부 하나님께는 영원한 자기 형상과 자기 생각이 있는데, 이것이 아주 충만해 다른 위격, 곧 성부의 생각으로서 그 존재가 뚜렷이 구분되지만 신적 본질에서는 하나인 예수님이 서 계신다. 성부와 성자는 서로의 탁월함을 영원히 기뻐하시는데, 그 기쁨에는 성부와 성자의 본성이 아주 충만하므로 거기서 또 다른 위격 곧 성령이 나오신다. 성령은 성부와 성자가 서로에 대해 느끼는 기쁨이시므로 다른 위격과 구별

되지만, 신적 본질에서는 하나다. 하나님은 자신을 이렇게 경험하지 않았던 적이 없으시다. 삼위일체의 삼위는 영원히 공존하며 신성이 동등하다.

그러나 우리의 목적과 연관된 놀라운 사실은, 하나님이 삼위일체로 존재하시는데 이것이 생각하고 느끼며 알고 사랑하는 인간 본성의 기초라는 것이다. 조나단 에드워즈가 하나님의 본성과 그분이 자신을 영화롭게 하려고 우리를 지으신 방식을 연결하는 것을 보면 이것이 훨씬 분명해진다. 그가 삼위일체의 내적 영광에서 하나님이 피조물에게서 얻으시려는 영광으로 어떻게 옮겨 가는지 주목하라.

> 하나님은 자신 속에서 두 가지 방식으로 자신을 영화롭게 하신다. (1) 자신의 완전한 생각에서…다시 말해, 자기 영광의 광채이신 아들에게서 자신을 나타내심으로 자신을 영화롭게 하신다. (2) 자신을 기뻐하고 즐거워하심으로써 무한한 기쁨이 자신을 향해, 다시 말해, 자신의 성령에게서 흘러나오게 하심으로 자신을 영화롭게 하신다.
>
> …그러므로 하나님은 피조물을 향해서도 두 가지 방식으로 자신을 영화롭게 하신다. (1) 피조물의 이해에…자신을 드러내심으로써 자신을 영화롭게 하신다. (2) 피조물의 마음에 자신을 알리실 때, 피조물이 그분을 기뻐하고 즐거워하며 누릴 때(이러한 기쁨과 즐거움과 누림은 하나님의 자기현현이다)…피조물이 하나님의 영광을 볼 때만이 아니라 그 영광을 기뻐할 때 하나님은 자신을 영화롭게 하신다. 하나님의 영광을 보는 자들이 그 영광을 기뻐할 때, 하나님은 그들이 그 영광을 보기만 할 때보다 더 큰 영광을 받으신다. 따라서 온 영혼이, 이해와 마음 양쪽 모두가 하나님의 영광을 받아들인다.
>
> 하나님이 세상을 지으신 목적은 자신의 영광을 전하기 위해서이며, 피조물이

그분의 영광을 지성과 감성으로 받아들이게 하기 위해서이다. 하나님의 영광에 대한 생각을 증거하는 자도 하나님을 영화롭게 하지만, 그 생각을 증거하고 또한 그것을 기뻐하는 사람만은 못하다.[5]

이러한 진리가 이 책에 미치는 영향은 크다. 예를 들면, 이 진리는 우리가 하나님의 형상으로 창조된 존재로서 인간 본성에 맞게 살려면, 그리고 하나님을 온전히 영화롭게 하려면, 그분을 진정으로 아는 데 지성을 사용하고 그분을 합당하게 사랑하는 데 감성을 사용해야 함을 암시한다. 내가 이 책에서 호소하는 **둘 모두**의 삶은 단지 개인적인 선호의 문제가 아니다. 나의 호소는 삼위일체로 존재하시는 하나님의 본성에, 우리가 지성과 감성으로 하나님을 영화롭게 하도록 하나님이 우리를 창조하신 그 방식에 뿌리를 둔다.

명료한 진리가 감정에 불을 붙인다

조나단 에드워즈는 우리의 감정을 일깨우는 것이 오락이나 농담이 아니라 명료한 눈으로 진리를 보는 것임을 분명히 제시했다. 즉, 그는 생각이 예배와 사랑의 경험을 돕는다고 말했다.

> 내 청중이 오직 진리에 감동하고, 그들이 감동하는 대상의 본성과 부조화하지 않는 감정을 품는다면, 나는 청중의 감정을 최대한 끌어올리는 것을 나의 의무로 여길 것이다.[6]

그는 **둘 모두**의 놀라운 본보기였다. 그에게는 하나님의 영광을 갈망하는 **강한 감정**이 있었을 뿐 아니라, 그 감정의 토대는 하나님의 **진리를 보는 분명한 성경적 시각**이었다. 그러므로 에드워즈가 "당신의 능력이 닿는 만큼 거룩한 것들을 알려고 애쓰라. 기독교 신앙의 원리에 대한 교리적 지식은 하나라도 놓치지 말라"[7]고 했던 말은 절대로 학문적 호기심을 장려하는 말이 아니었다. 또한 듣기 좋으라고 하는 말도 아니었다. 그것은 하나님을 경탄하며 사랑으로 섬기기 위해 지성이 감당해야 할 임무였다.

이 책이 느낌이나 기쁨이나 사랑을 희생시켜 생각을 강조하지 않는다는 사실이 지금쯤 분명해졌길 바란다. 양쪽 모두 인간에게 필수적이며, 양쪽 모두 하나님을 영화롭게 하는 데 필수적이다. 지성과 감성이 서로 활력을 주는 것은 사실이지만,[8] 그렇더라도 대개 지성이 감성의 종이라는 것도 분명한 사실이다. 지성은 감성의 불을 지피는 진리를 깨닫는 데 도움을 준다. 하나님을 영화롭게 하는 일은 감성(heart)으로 하나님을 기뻐할 때 절정에 이른다. 그러나 그러한 기쁨이 하나님을 아는 올바른 시각에 의해 일깨워지고 유지되지 않는 것이라면 그것은 공허한 감정 도취일 뿐이다. 지성은 온전한 기쁨을 위해 존재한다.

지금까지는 나 자신의 이야기를 하면서 책의 목적을 밝혔고, 이제 3장에서는 내가 말하는 **생각하기**가 실제로 무슨 뜻인지 살펴보겠다. 나는 특히 **읽기**라는 놀라운 특권을 주로 염두에 둘 것이다. 가장 통찰력이 뛰어난 문학 작품(특히 성경)을 잘 읽으려면 무엇보다 진지하게 생각해야 한다.

3장
생각하기란 무엇인가?

새로운 사실이 사람의 마음에 들어가 자리를 잡으려면 반드시 해야할 일이 있다. 즉, 기존 거주자들에게 자신을 소개해야 한다. 새로운 사실이 자신을 알리는 과정을 일컬어 생각이라고 한다. 일반적인 통념과는 반대로, 그리스도인이라고 해서 생각을 건너뛸 수는 없다.[1]

그레셤 메이첸

생각은 지성을 사용하는 모든 행위를 포함한다고 해도 될 만큼 아주 광범위한 개념이다. 따라서 나는 생각이라는 단어를 조금 좁은 영역에 한정하여 사용하려고 한다. 나는 생각 중에서도 다른 사람들이 쓴 글(특히 성경)을 읽고 이해하는 지성의 활동을 주로 언급하고자 한다. 물론, 우리는 이 외에도 수천 가지 생각을 해야 한다. 나의 초점에서 한걸음 더 나아간 다양한 영역의 지성 활동은 12, 13장에서 다루도록 하겠다. 현재 나의 주된 관심은 생각이 하나님을 알고 그분을 사랑하려는 우리의 노력과 얼마나 밀접한 관련이 있는지 밝히는 것이다.

하나님의 피조물은 어떤 식으로든 하나님을 드러낸다. 그렇더라도 하늘 이편에서 하나님이 자신에 관한 가장 분명하고 권위 있는 지식을 드러내신 것은 기록된 자신의 말씀, 곧 성경을 통해서다. 때문에 우리는 무엇보다 성경에 집중할 것이다. 성경은 우리가 하나님을 알게 되는 주된 자리다. 그런데 성경은 책이며, 책은 생각을 요구한다. 성경을 통해 하나님을 알게 되면 이를 토대로 삶의 모든 부분에서 알차게 생각할 수 있다.

그렇다면 우리가 성경 본문을 이해하는 과정에 생각은 어떤 식으로 관여하게 되는가?

무엇을 읽을지 생각한다

첫째, 우리는 어느 단락에 지성을 집중하겠다고 머릿속으로 선택한다. 생각이 이 선택에 관여한다. 다양한 읽을거리를 요모조모 따져 보며 선택하든 즉흥적으로 선택하든, 어느 쪽이든 우리의 지성이 관여하며 우리는 어느 본문에 집중하기로 선택한다. 예를 들어, 마태복음 7:7-12에 집중하기로 선택했다고 하자.

구하라. 그리하면 너희에게 주실 것이요. 찾으라. 그리하면 찾아낼 것이요. 문을 두드리라. 그리하면 너희에게 열릴 것이니 구하는 이마다 받을 것이요, 찾는 이는 찾아낼 것이요, 두드리는 이에게는 열릴 것이니라. 너희 중에 누가 아들이 떡을 달라 하는데 돌을 주며 생선을 달라 하는데 뱀을 줄 사람이 있겠느냐? 너희가 악한 자라도 좋은 것으로 자식에게 줄 줄 알거든 하물며 하늘에 계신 너희 아버지께서 구하는 자에게 좋은 것으로 주시지 않겠느냐? 그러므로 무엇이든지 남에게 대접을 받고자 하는 대로 너희도 남을 대접하라. 이것이 율법이요 선지자니라.

우리는 성경에서 이 단락을 찾아내(그러려면 지성을 사용해야 한다) 읽는다.

생각하며 읽기는 참으로 놀라운 행위다! 나는 모티머 애들러(Mortimer Adler)의 고전 「생각을 넓혀 주는 독서법」(*How to Read a Book*, 멘토)을 통해 진지한 책 읽기의 신나는 세상에 아주 감동적인 첫발을 들여놓았다. 이 책은 1939년에 처음 나왔으나 70년이 지난 지금도 계속 나오고 있다(그리고 잘 팔린다).

애들러의 독서관을 이해한다면 세상이 당신 앞에 더욱 활짝 열릴 것이다. 내가 40여 년 전에 읽고 표시해 둔 부분을 몇 군데 소개하겠다. 이 문장들을 보면 당신도 이 책을 읽고 싶은 마음이 들 것이다.

허세를 덜 부리는 사람이 가장 좋은 선생이다.…선생인 우리가 자신의 읽기 장애에 좀더 정직하다면, 자신에게 읽기가 얼마나 힘든지 얼마나 자주 더듬거리는지 좀더 솔직하게 밝힌다면, 학생들은 겉핥기 게임이 아니라 배우기 게임에 관심을 갖게 될지 모른다.[2]

더는 학생들과 **함께** 책을 읽는 법을 알지 못할 때, 선생들은 그 대신 학생들에게 강의를 할 수밖에 없게 된다.

읽기는 적극적이냐 그렇지 못하냐에 따라 더 좋아지거나 더 나빠진다.

내게는 노력이 거의 필요하지 않은 일이라도 다른 사람에게는 진지한 노력이 필요할 수 있다.

우리는 대부분 자신의 이해력이 어디까지인지 알지 못한다. 우리는 자신의 능력을 최대로 발휘해 본 적이 없다. **분야를 막론하고 거의 모든 위대한 책은 평범한 지성인이라면 누구나 이해할 만한 수준이다.** 이것이 나의 솔직한 믿음이다.

홉스는 말했다. "내가 대부분의 사람들처럼 책을 읽는다면 [그의 말은 '잘못 읽는다'는 뜻이다] 그들만큼 우둔할 것이다."

초대받지도 못할 잔치를 헛되이 바라다가 굶느니, 식탁에서 떨어지는 부스러기라도 주워 모으는 게 더 낫다.

'나는 이해한다'고 말할 수 있을 때까지, 동의한다거나 동의하지 않는다고 말하지 말고 판단을 유보하라.

자신이 틀렸다는 사실을 알았거나 자신이 틀렸는지 의심이 든다면, 논쟁에서 이겨 봐야 아무 의미가 없다.

애들러는 독서법에 관한 시각을 감격적이면서도 지혜롭게 제시한다. 당신이 몇 살이든 여태 이 책을 읽지 못했다면 꼭 구해서 읽기 바란다. 애들러의 핵심은 읽기가 능동적 행위라는 것이다. 읽기는 곧 생각하기다. 읽기는 캐내지길 기다리는 산더미 같은 보화다. 내가 말하려는 내용 중에는 그에게 영향을 받은 부분이 적지 않다.

읽기는 생각하기다

글을 읽을 때 우리의 지성은 종이에 적힌 기호를 본다. 우리는 이 기호를 문자라고 부른다. 우리는 수년간의 가르침과 관계를 통해 이러한 기호가 소리(자음과 모음)를 표현한다는 사실을 (지성을 사용해) 배웠고, 문자가 수만 가지 방식으로 결합되어 사물이나 사람이나 행위나 묘사나 개념이나 느낌을 표현하는 단어를 형성한다는 사실도 배웠다.

이렇게 형성된 수많은 단어가 실체(우유, 어둠, 기쁨, 사랑, 어머니)에 상응한다는 사실도 (지성을 사용해) 배웠다. 다른 사람들도 이러한 단어들이 무엇과 상응하는지 알기 때문에 서로 의사소통이 가능하다. 다른 사람의 머릿속에 있는 생각이 단어를 통해 우리 머릿속으로 옮겨진다.

이것이 읽기의 주요 목적이다. 내가 당신에게 "그 '헛'에서 다섯 시에 만나요."(Meet you at the Hut at five)라고 문자를 보냈다고 하자. 이 문자를 읽는 목적은 신비 체험이나 창의적 재구성을 하기 위해서가 아니다. 내 생각—내 의도—을 내 머릿속에서 당신 머릿속으로 옮기려는 것이다. 그러려면 생각해야 한다. 우리는 이런 생각을 매우 자주 하는데, 이러한 사고 행위는 사실 식은 죽 먹기다. 먼저 당신은 각 단어의 의미를 해석한다.

- '만나요' (meet, 같은 장소에 가서 서로 찾아요).
- '당신을' (you, 그 남자나 그 여자나 그들이 아니라 **당신**을).
- '에서' (at, 한 블록 떨어진 곳이 아니라 바로 그 장소에서).
- '그' (the, 당신과 나는 여러 차례 경험을 통해 '그곳'이 어디인지 안다).
- '헛' (Hut, 이것은 딩키 타운의 피자 가게를 가리키는 우리의 용어다).
- '에서' (at, 한 시간 전이나 후가 아니라 바로 그 시간에).
- '다섯 시' (five, 속도도 아니고 5년 후도 아니며 주소도 아니다. '시'를 말하며 오후를 말한다. 우리는 이것을 공유된 용례를 통해 안다).

이 문자를 읽고 해석하는 동안, 당신의 뇌는 실제로 일한다. 그러나 당신의 지성은 이런 일에 익숙하기 때문에 따로 노력이 필요하지 않다. 세 살 때라면 이렇게 하지 못했겠지만, 그동안 당신의 지성은 거듭된 훈련으로 크게 발전했으며 앞으로 얼마나 더 발전할지는 아무도 모른다!

그러므로 읽기는 생각을 동반한다. 다시 말해, 읽기는 여러 상징을 인식하고 연결해 의미를 해석하는 놀라운 행위를 동반한다. 우리는 더 복잡한 글, 곧 낯선 단어가 즐비하고 곧바로 눈에 들어오지도 않는 문장 구조나 논리적 연결이 산재한 글을 읽을 때에야 읽기가 얼마나 엄청난 일인지 깨닫는다. 이럴 때 우리는 재빨리 포기하거나 더 열심히 생각한다.

내가 주로 염두에 두는 생각이란 지성을 활용해 본문의 의미를 이해하려는 고된 노력이다. 물론, 우리는 한걸음 더 나아가 본문의 의미가 다른 본문의 의미와 어떻게 연결되고, 또 삶에서 경험으로 표현되는 의미와 어떻게 연결되는지 생각한다. 우리가 하나님의 말씀을 진정으로 이해하고 그 말씀을 세상에 적용하며 살 만큼 일관된 세계관을 정립할 때까지, 우리의 지성은 쉬지 않는다.

이러한 일관된 세계관을 정립하고 성경에 깊이 뿌리를 내리려면 저자의 의도를 이해하려는 고된 노력이 필요하다. 이것을 '저자를 좇아 저자처럼 생각하기'라고 해도 좋겠다. '저자들이 네게 해주길 바라는 그대로 **저자들**에게 하라.' 이것이 읽기의 황금률이다. 저자들은 이해받길 원하지 오해받길 원하지 않는다. 그러므로 독자의 입장에서 읽기의 황금률은 이런 의미를 내포한다. '저자가 전하려는 바를 이해하기 위해 네 지성을 사용해 열심히 노력하라.'

나도 글을 쓸 때면 독자들이 파악해 주길 바라는 개념이 있다. 독자들이 내가 쓴 문장을 내 의도와 다르게 해석한다면, 내가 어설프게 썼거나 독자들이 어설프게 읽은 것이다. 어쩌면 둘 다일지도 모른다. 그러나 어느 쪽이든 나는 실망한다. 글을 쓰는 목적은 (거짓말쟁이나 스파이가 아니라면) 이해받는 데 있기 때문이다. 그러므로 일반적으로 읽기의 목적은 저자가 이해받고 싶은 바를 이해하는 것이다. 이 목적을 무시하면 읽기의 황금률이 무너진다.

나는 내가 쓴 메모나 계약서나 연애편지가 내 의도대로 이해되길 바란다. 그러므로 나도 그렇게 **읽어야** 한다. 내가 "저는 사과 껍질에 알레르기가 있어요!"라고 썼다면, 요리사에게 "존 파이퍼는 사과를 먹지 않아요!"라고 말해서는 안 된다. 사과 껍질을 벗겨 달라고 말해야 한다. 당신이 내게 "저는 오렌지 껍질에 알레르기가 있어요!"라는 메모를 건넸다면, 나는 요리사에게 오렌지를 껍질째 갈지 말라고 말해야 한다. 단어와 문장에서 글쓴이가 전하려는 바를 이해하려고 열심히 노력하기. 이것이 읽기의 황금률이다.

문법이라는 귀한 선물

마태복음 7:7-12을 다시 주목해 보자. 우리는 곧바로 한 가지 사실과 맞닥뜨린다. 생각은 단순히 단어를 다루는 게 아니라 특정 순서로 배열된 단어를 다룬다. 예를 들면, 이 단락은 "**구하라**. 그리하면 너희에게 주실 것이요"로 시작하는데, 우리의 지성은 "구하라"(Ask)가 이 단락의 첫 단어라는 사실을 어떻게든 해석을 해야 한다. 용어를 알든 모르든, 우리는 이것이 **동사**이고 영어에서 동사가 맨 앞에 나오는 문장은 일반적으로 **명령문**—명령이나 권유—이라고 배웠다. 만약 당신이 "나는 구한다"(I ask)라고 말한다면("구하다"라는 단어가 문장 맨 앞이 아니라 둘째 자리에 나온다), 당신이 하는 일을 내게 말하는 중이다. 만약 당신이 내게 "구하라"(Ask)고 말한다면("구하다"는 단어가 맨 앞에 나온다), 전형적으로 내게 무엇인가를 하라고 말하는 중이다.

우리가 이런 규칙을 공부했든 안 했든, 또 **동사**나 **문법**, **명령법** 같은 용어를 들은 적이 있든 없든, 우리의 지성은 이러한 규칙과 용례에 익숙하며 우리는 이것들을 어떻게 이해해야 하는지 알고 있다. 그렇지 않다면 더 열심히 생각해야 한다. 아이는 아기 때부터 연습과 가르침을 통해 이것들을 배운다. 이 얼마나 귀한 선물인가!

이제부터가 정말 재미있어진다. 생각은 앞서 말한 방식으로 이루어지는데, 단어를 배열하는 규칙과 특별한 용어의 용례만으로는 문장을 이해하지 못할 수도 있다. 전형적으로, 단어와 접속사와 내용이 어우러져 문장의 핵심을 만들어 낸다. 예를 들면, **그리고**(and)라는 단어는 일반적으로 "그리하면 결과가 이러하리라"라는 뜻으로 쓰이지 않는다. 그러나 예수님은 "구하라. 그리하면(and) 너희에게 주실 것이요"라고 말씀하실 때 독자들이 이 단어를 이렇게 이해하길 원하신다. "구하라. **그리하면 결과가 이러하리니,** 너희에게 주실 것이다." 지성이 이 문장을 이렇게 이해하는 이유는 단어의 순서와 '그리고'(and)의 용법 때문만이 아니라 예수님이 하신 말씀의 내용 때문이기도 하다. "구하라"는 명령에 "너희에게 주실 것이요"라는 말씀이 이어진다. 이 사실을 토대로 우리의 머리는 (이 언어 체계에서) 선물이 구함의 결과라고 판단한다.

다시 말하지만, 당신에게는 이 정도가 식은 죽 먹기이지 않을까 싶다. 당신이라면 이 문장을 읽다가 멈칫하며 "'구하다'라는 단어가 맨 앞에 나오니까 이 문장은 명령문이네! 내가 구하는 것을 주시겠다는 하나님의 약속이 이어지니까 약속은 구함의 결과구나!"라고 말하지 않았을 것이다. 당신의 지성은 이 모두를 무의식적으로 해냈다. 훌륭하다. 이 정도 수준의 생각은 대체로 쉽다. 당신은 훈련을 잘 받은 것이다.

'만족을 미루기'의 유익

여기서 잠시 멈추어, 모든 훈련은 제2의 천성이 되어 더 큰 기쁨으로 이어지기까지 어렵고 고통스럽다는 사실을 되새겨 볼 필요가 있다. 이러한 어려움과 고통을 감내하지 않으려는 사람은 낮은 수준의 성취와 기쁨에 머물고 만다. 예를 들면, 운전 배우기는 긴장되는 일이다. 동시에 여럿을 기억해야 하기 때문이다. 변속기가 수동이라면 특히 더하다. 양쪽을 다 봐야 한다. 가속 페달에서 발을 떼고 브레이크를 밟아야 한다. 변속 페달을 밟고 기어를 옮겨야 한다. 다시 변속 페달에서 발을 떼고 방향등을 켜야 한다. 운전대를 돌리고 가속 페달을 밟아야 한다. 모든 것이 불확실하고 무섭다. 그러나 포기하면 직접 운전해서 가고 싶은 곳에 가거나 운전을 하면서 대화까지 나누는 즐거움을 포기해야 한다. 이런 즐거움은 운전이 제2의 천성이 되었을 때에야 가능하기 때문이다.

피아노, 낚시, 운동, 뜨개질, 외국어 배우기, 명작 읽기도 다르지 않다. 이런 일들은 처음에는 하나같이 어렵고 어색하다. 기술을 배우고 익히는 일은 재미없다. 기쁨은 힘겨운 노력 저편에 있다. 이것이 모든 성장의 기본이다. '만족을 미루기'의 원리는 성숙의 한 부분이다. 배우는 고통을 감내하지 않고 순간적인 만족을 구한다면 인생의 가장 큰 상을 포기하는 셈이다.

성경 읽기도 다르지 않다. 성경에 감춰진 의미를 이해하려고 열심히 노력하는 사람은 풍성한 결실을 얻는다. 성경에는 처음 읽으면 눈에 안 띄는—적어도 내 경우에는—연결(접속사)과 의미와 암시가 허다하다. 따라서 읽는 속도를 늦추고 단어와 연결(접속사)에 관해 물어야 한다. 다시 말해, 마음먹고 생각해야 한다.

지금까지 마태복음 7:7-12에 관한 우리의 생각은 대부분 자발적이고 직관적이었다. 우리는 말하고 듣고 읽는 법을 태어나 십 년 넘게 배우고 익혔기 때문에 말하고 듣고 읽는 것이 전혀 힘들지 않다. 이것이 교육이 주는 큰 기쁨이다. 내가 말하는 **교육**이란 학교 안팎에서 이뤄지는 배움을 의미한다. 학교생활(schooling)은 교육과 다르다.

이제 우리는 자신의 읽기 능력—사고 능력—이 열에 아홉은 매우 만족스럽지만, 이 능력만으로는 성경이 말하는 바를 다 알지 못한다는 사실을 깨닫는다. 우리의 시각과 이해력이 더 자라도록 마음먹고 생각하기로 선택해야 하는 순간이 온 것이다. 더 열심히 생각하기로 선택하지 않으면 평생을 아이 수준의 이해력에 머물게 된다.

질문이 이해의 열쇠다

6년간 대학에서 성경을 가르칠 때 받은 최고의 선물 중에는 조교가 직접 만들어 준 티셔츠가 있다. 뒷면에 "질문이 이해의 열쇠"라는 글귀가 찍혀 있었다.

마음먹고 더 열심히 생각해야 한다는 말은, 질문하고 그 질문에 답하기 위해 지성을 열심히 사용해야 한다는 뜻이다. 그러므로 성경 본문을 알차게 생각하는 법을 배운다는 말은 질문하는 습관을 들인다는 뜻이다.[3] 본문에 던질 질문은 사실 무궁무진하다.

- 저자는 왜 이 단어를 사용했는가?
- 저자는 왜 이 단어를 그곳이 아니라 이곳에 두었는가?
- 저자는 다른 곳에서 이 단어를 어떻게 사용하는가?
- 이 단어는 저자가 사용할 수도 있었을 다른 단어와 어떻게 다른가?
- 단어들 간의 연결 형태가 이 단어의 의미에 어떤 영향을 미치는가?
- 다음에 무슨 진술들이 이어지는가?
- 왜 저자는 이 진술들을 **왜냐하면**이나 **그러므로**, **비록**, **하려고**와 같은 단어(들)로 연결했는가? 이런 연결이 논리적인가?
- 저자의 말은 성경의 다른 저자가 말하는 내용과 어떻게 일치하는가?
- 저자의 말은 나의 경험과 어떻게 일치하는가?

어떤 사람들은 질문하며 본문을 읽는 것이 성경을 공손하게 읽는 법이냐고 물을지도 모른다. 그럴 수도 있고 그렇지 않을 수도 있다. 예를 들어 설명하면 분명해질 것이다. 예수님이 태어나기 얼마 전 천사가 마리아와 세례 요한의 아버지를 찾아와 장차 일어날 일을 알렸다. 마리아와 사가랴 둘 다 천사의 말에 질문을 했다. 천사는 사가랴에게는 진노했지만 마리아에게는 그러지 않았다. 이유가 뭘까?

이는 질문하는 사람의 마음가짐과 관련이 있었다. 천사는 사가랴에게 이렇게 말했다. "사가랴여, 무서워하지 말라. 너의 간구함이 들린지라. 네 아내 엘리사벳이 네게 아들을 낳아 주리니 그 이름을 요한이라 하라" (눅 1:13). 그러나 사가랴는 늙었고 그의 아내는 불임이었다. 사가랴는 의심했다. 사실, 믿지 않았다. 그는 자신의 의심을 질문으로 표현했다. "내가 이것을 어떻게 알리요? 내가 늙고 아내도 나이가 많으니이다"(눅 1:18).

천사는 이런 반응을 좋아하지 않았다. 사가랴는 하나님이 어떻게 이런 일을 이루실지 겸손하게 묻지 않았다. 복종하며 신뢰하는 태도로 묻지 않은 것이다. 그래서 천사는 이렇게 말했다. "나는 하나님 앞에 서 있는 가브리엘이라. 이 좋은 소식을 전하여 네게 말하라고 보내심을 받았노라. 보라. 이 일이 되는 날까지 네가 말 못하는 자가 되어 능히 말을 못하리니 이는 네가 내 말을 믿지 아니함이거니와 때가 이르면 내 말이 이루어지리라"(눅 1:19-20).

그러나 마리아는 질문할 때 마음가짐이 달랐다. 천사는 마리아에게 이렇게 말했다. "마리아여, 무서워하지 말라. 네가 하나님께 은혜를 입었느니라. 보라. 네가 잉태하여 아들을 낳으리니 그 이름을 예수라 하라" (눅 1:30-31). 물론 마리아는 당혹스러웠고, 어떻게 이런 일이 일어날 수 있는지 이해하지도 못했다. 그래서 마리아는 "나는 남자를 알지 못하니 어찌 이 일이 있으리이까?"(눅 1:34)라고 물었다. 천사는 마리아에게 진노하지 않았고, 오히려 마리아의 질문에 성심성의껏 답해 주었다. "성령이 네게 임하시고 지극히 높으신 이의 능력이 너를 덮으시리니 이러므로 나실 바 거룩한 이는 하나님의 아들이라 일컬어지리라"(눅 1:35).

질문이라고 다 좋은 것은 아니다. 문제는 마음가짐이다. 우리는 하나님이 우리에게 원하시는 바가 무엇인지 알았을 때 그분의 말씀에 기꺼이 순복하고 그분께 흔쾌히 순종하는가? 뭔가 분명하기는 하지만 머리로 잘 이해되지 않을 때 하나님의 신비를 기꺼이 받아들이는가?

매우 신비로운 바울의 글에도 잘못된 질문의 예가 나온다. 로마서 9:18-20에서 바울은 이렇게 말한다. "하나님께서 하고자 하시는 자를 긍휼히 여기시고 하고자 하시는 자를 완악하게 하시느니라." 그러자 누군가 이 말에 반문한다. "하나님이 어찌하여 허물하시느냐? 누가 그 뜻을 대적하느냐?" 바울이 듣기에 이것은 하나님께 대들며 비꼬는 질문이다. 그래서 바울은 이렇게 답한다. "이 사람아, 네가 누구이기에 감히 하나님께 반문하느냐?"[4]

질문에는 진리를 이해하고 믿으며 그 진리에 순종하려는 겸손하고 유순한 질문이 있다. 반면에, 학문적 수사와 불신앙의 냉소주의와 무관심한 묵살도 있다. 질문하는 습관을 기르라는 말은 성장하고 진리를 찾으려는 열망이 묻어나는 겸손한 질문을 하라는 뜻이다. 예수님은 이미 열두 살 때 그 습관이 몸에 배어 있었다. "사흘 후에 성전에서 만난즉 그가 선생들 중에 앉으사 그들에게 **듣기도 하시며 묻기도 하시니**"(눅 2:46).

질문하는 습관을 들이고 글을 읽는 것이 과연 **알차게** 읽는 법인지 의문이 들지도 모르겠다. "이 말씀이 무슨 뜻인지 분명하지 않나요? 그런데도 마음먹고 **깊이 생각하며** 성경을 읽어야 하나요?" 아니다. 당신이라면 그러지 않아도 괜찮다. 당신이라면 이미 뛰어난 통찰력을 갖고 있을 것이다. 진심이다. 내가 몇 시간 숙고해야(다시 말해, 생각해야) 찾아내는 것을 눈 깜짝할 사이에 찾아내는 사람들도 더러 있다.

내가 생각하는 습관을 기르려고 사용하는 방법에 대해 어느 교수가 물었다. "그거 다 목발 아닌가요?" 나는 이렇게 대답했다. "맞아요. 깊이를 헤아리지 못할 하나님의 말씀을 알차게 생각할 수 있도록 돕는다는 점에서는 그렇죠. 저는 저 자신이 장애인이라고 느껴지기 때문에 가능한 모든 도움을 받고 싶답니다." 나는 성경을 읽을 때 머리가 빨리 돌지 않고 둔한 편이다. 그래서 내 마음이 주님의 말씀을 향하고(시 119:36), 내 눈을 열어 놀라운 것을 보도록 도와달라고 열심히 기도한다(시 119:18). 내가 이렇게 할 때 하나님은 (그분의 말씀을 통해) 자극을 주신다. "내가 말하는 것을 생각해 보라"(딤후 2:7). 명철(이해)을 캐내라. "은을 구하는 것같이 그것을 구하라"(잠 2:4). 주님은 절대로 "내가 한 말을 생각하길 그쳐라. 이 말이 무슨 뜻인지 내가 말하겠다"고 말씀하지 않으신다.

다양한 질문으로 더 깊이

당신이 마태복음 7:7-12에서 귀하고 강력한 모든 것을 직관적으로 분명하게 보았는지 확인하기 위해 간단한 퀴즈를 내겠다. 예수님은 우리가 구하고 찾고 두드릴 때 하나님이 응답하신다고 말씀하신 후에, 하나님을 아들이 떡과 생선을 달라고 할 때 돌이나 뱀을 주지는 않는 인간 아버지에 비유하신다. 당신은 이러한 사실에 주목했는가? 물론 그랬으리라 믿는다.

예수님은 우리가 하나님께 구할 때 하나님이 오히려 자녀들에게 좋은 것을 주길 '훨씬 더'('하물며') 원한다고 하셨는데, 당신은 이 사실에도 주목했는가? 잘했다. 이것을 믿으면 우리 삶이 달라진다.

그러나 당신이 이렇게 물으면 어떻겠는가? "예수님은 하늘에 계신 우리 아버지께서 우리가 구하는 것을 늘 주신다고 약속하신 건가요?" 으음! 다시 읽고 확인해 보라. 예수님은 그렇게 길게 말씀하지 않으셨다. 그저 간단하게 말씀하신다. 구하라. 찾으라. 두드리라. 받을 것이요. 찾을 것이요. 문이 열리리라. 하지만 우리가 정확히 **무엇을** 받고 찾으리라고는 말씀하지 않으셨다. 인간 아버지에 대해서는 어떻게 말씀하셨는가? 아들이 구하는 바로 그것을 준다고 말씀하셨는가? 확인해 보라. 아니다. 그가 주지 **않을** 것들, 곧 돌과 뱀을 말씀하셨다.

생각해 볼 만하다. 우리가 구할 때 하나님은 정말로 주고 싶어 하신다. 이것이 본문의 핵심이다. 하나님은 인색하지 않으시다. 우리가 찾아오더라도 귀찮아하지 않으신다. 하나님은 주고 싶어 몸살이 나신다. 하나님은 우리에게 장난치지 않으신다. 하나님은 우리 도시락에 돌멩이를 넣지 않으시며, 우리가 즐겨 먹는 햄버거에 뱀을 넣지도 않으신다. 하나님은 우리에게 좋은 것을 주신다. 이것이 핵심이다.

그러나 우리가 자신에게 해로운 것을 구하면 어떻게 되는가? 내 아들 벤자민이 어렸을 때 일이다. 크래커를 달라고 보채길래 상자를 열었더니 곰팡이가 피어 있었다. 벤자민에게 크래커에 솜털이 생겼다고 했는데도 아이는 내 말을 이해하지 못하고 "그 솜털 내가 먹을 거야!"라고 했다. 그러나 나는 벤자민에게 크래커를 주지 않았다. 그날 그 아이는 다른 과자를 받았다. 물론 그가 좋아하는 과자가 아니었을지는 모르나 그 편이 그에게 더 좋았다. 벤자민은 구했고 나는 주었다. 그러나 그가 구한 바로 그것을 주지는 않았다. 나는 벤자민을 너무나 사랑했기에 그것을 주지 않았다.

물론 이런 식으로 보면, 기도뿐만 아니라 다른 가르침에 관해서도 온갖 질문이 일어난다. 이것이 핵심이다. 우리는 온갖 질문을 던진다. 우리가 더 많은 질문에 답하려 애쓰면 애쓸수록 예수님과 하늘에 계신 우리 아버지를 더 깊이 알게 되고, 두 분이 세상에서 어떻게 일하시는지도 더 깊이 알게 된다.

금고의 열쇠, '그러므로'

지금까지는 아주 잘했다. 당신은 모든 것을 눈 깜짝할 사이에 파악했고 나처럼 길게 생각하거나 많은 질문을 할 필요도 없었을 것이다. 그러나 마지막 퀴즈가 남았다. 당신은 12절 첫머리의 **그러므로**(so)라는 단어에 주목했는가? 이 단어는 기도에 관한 예수님의 가르침과 황금률의 관계를 분명하고도 설득력 있게 제시하는가? 이 부분은 이렇게 되어 있다. "하물며 하늘에 계신 너희 아버지께서 구하는 자에게 좋은 것으로 주시지 않겠느냐? 그러므로 무엇이든지 남에게 대접을 받고자 하는 대로 너희도 남을 대접하라."

여기서 **그러므로**라는 단어는 사족이 아니다. 이 단어는 매우 중요한 역할을 한다. 이 단어를 **따라서**(therefore)로 번역해도 좋을 것이다. "하나님이 너희 기도에 응답하시고, 너희에게 진정으로 좋은 것을 너희에게 주시리라. **따라서** 다른 사람에게 대우를 받고 싶은 대로 너희도 그를 대우하라." 수년 동안 이 구절을 읽었는데도 한번도 이 접속사를 눈여겨보지 않았다. 어느 선생님에게 질문하며 읽으라는 말을 듣고서야 비로소 눈에 들어왔다.

왜 **그러므로**라는 단어가 여기 있는가? 이 단어는 내 기도에 대한 하나님의 응답과 이웃 사랑의 관계에 대해 무엇을 말하는가? 나는 **그러므로**

라는 접속사가 눈에 들어오자 생각하기 시작했다. 생각하지 않았다면 내가 보았던 바를 보지 못했을 것이다. 생각하지 않는다면 예수님이 내게 하고 싶은 말씀을 이해하는 능력도 자라지 않았을 것이다.

읽기를 잠시 멈추고 **그러므로**라는 단어가 여기서 어떤 역할을 하는지 곰곰이 생각해 보고 싶은 마음이 들지 않는가? 예수님이 **그러므로**를 사이에 두고 하신 말씀이 서로 어떻게 연결되는가? 마태복음 7:11의 약속이 12절의 명령에 어떻게 힘을 보태는가?

나는 다음과 같이 생각하고 기도하며 본문을 읽었다(내가 무조건 옳다는 뜻은 아니다). 내가 대접받고 싶은 그대로 다른 사람들을 대접하기란 쉽지 않다. 그러려면 자기를 적잖게 부정해야 한다. 내가 당장 누리는 편안함과 즐거움보다 타인의 유익을 위에 두어야 한다는 뜻이다. 상대방이 강도를 만났다고 가정해 보자. 그가 도와달라고 소리친다. 그래서 나는 묻는다. 내가 저 사람이라면 어떻게 할까? 누군가 도와주길 바라지 않겠는가? 그렇다. 도와주는 게 위험한가? 그렇다. 힘들다. 예수님은 타인을 돕는 게 힘들다는 사실을 아신다. 그래서 **그러므로**라는 단어를 통해 우리에게 뭔가를 말씀하심으로써 우리가 이 힘든 일을 하도록 도우신다.

예수님은 이렇게 말씀하신다. "너희는 하늘에 계신 아버지가 있다. 그분이 너희의 필요를 공급하실 것이다. 그분이 너희를 도우실 것이다. 그분은 너희가 부를 때 응답하길 참으로 좋아하신다. 그분은 너희에게 돌이나 뱀을 주지 않으신다. 그분은 강하고 지혜로우며, 너희가 이웃을 사랑할 때 너희 편이 되신다. **그러므로** 그분을 신뢰하고 위험을 감수해라. 이 상황에서 누군가 너희에게 해주길 바라는 그대로 그에게 해주어라." 바꿔 말하면, 예수님은 **그러므로(따라서)**라는 단어를 통해 사랑의 위험을 감수할 힘을 주려 하신다.[5]

논리는 사랑을 위해 있다

논리는 그리스도인의 실제적인 삶에 참으로 중요하며, 정확한 생각에도 매우 필요하다. 이 책은 논리에 관한 책이 아니지만 여기서 잠시 짚고 넘어가야 할 것이 있다. 성경에서 **따라서**나 **왜냐하면**(because, 개역개정은 주로 "-나니"와 같은 접미사로 처리했다)이라는 단어가 나올 때마다 하나님이 논리를 사용하고 계신다는 사실이다.

내가 의미하는 **논리**(logic)란—**추론**(reason)이라고 해도 좋겠다—**그러므로**라는 단어가 어떻게 작용하는지 알게 해주고 이 단어를 잘못 사용하지 않게 해주는 생각의 방식이다. 예를 들어, 논리나 추론을 제대로 활용한다면 이렇게 말하지는 않을 것이다. "모든 개는 다리가 넷이다. 이 말은 다리가 넷이다. **그러므로** 이 말은 개다." 이런 주장을 들으면 우리는 참이 아니라고 말한다. 이런 주장이 참이 아닌 이유는 이런 전제에서 이런 결론이 도출되지 않기 때문이다. "모든 개는 다리가 넷이다"라는 말은 **오직** 개만 다리가 넷이라는 뜻이 아니다. 그러므로 "모든 개는 다리가 넷이다"라는 전제에서 "말은 개다"라는 결론은 도출될 수 없다. 개 말고도 다리가 넷인 짐승은 얼마든지 있다.

성경을 읽을 때 논리가 중요한 이유는, 성경의 영감은 **그러므로**라는 단어가 나올 때마다 전제가 결론으로 이어진다고 확신해도 좋음을 암시하기 때문이다. 이것은 전제로 돌아가 결론이 도출된 이유를 찾아낼 수 있다는 뜻이다. 다른 사람에게 대접받고 싶은 대로 그들을 대접해야 한다는 결론을 떠받치는 토대는 전제다. 거대하고 흔들리지 않는 전제다. 예수님은 우리가 이 전제를 보기 원하신다.

마태복음 7:12에서 논리는 전적으로 사랑을 돕는다. 여기서 논리는 냉랭하지 않다. 논리는 사랑의 엔진을 돌리는 연료다. 예수님이 아무 까닭도 없이 '그러므로'라고 말씀하신 게 아니다. 그분의 의도는 우리가 이 단어를 보고 이 단어를 생각하며, 하나님 아버지의 보살핌이라는 전제로 돌아가 그 전제를 믿고 위험을 감수하고 이웃을 사랑할 때 그 전제에서 힘을 얻으라는 것이다.

예수님은 이 구절의 논리와 우리 지성과 성령의 능력이 한데 어우러져, 실제로 우리 삶이 변화되고 우리가 이웃을 온전히 사랑하길 기대하신다. 이것이 바로 생각의 목적이다.

당신이라면 생각하지 않고도 이것들을 알지 않았을까 싶다. 다시 말해, 당신이라면 질문하고 해답을 생각하는 의식적인 노력 없이도 이것들을 즉시 직감적으로 알지 않았을까 싶다. 그렇다면 당신은 천 명에 하나 있을 법한 사람이므로 매일 무릎을 꿇고 하나님께 감사해야 한다. 당신은 이 즐거운 짐을 두렵고 떨리는 마음으로 져야 한다. 무릇 많이 받은 자에게는 많이 요구할 것이기 때문이다(눅 12:48).

나머지 999명이 어떻게 해야 하는지는 더 분명해진다. 우리 같은 보통 사람들은 하나님이 성경에서 주시려는 것을 받으려면 생각해야 한다. 바울이 디모데에게 한 말은 대부분의 사람들에게 여전히 유효하다. "내가 말하는 것을 **생각해 보라**. 주께서 범사에 네게 총명을 주시리라"(딤후 2:7). 대부분의 사람들에게 잠언의 조언은 지금도 꼭 필요하다. "은을 구하는 것같이 그것[명철]을 구하며 감추어진 보배를 찾는 것같이 그것을 찾으면, 여호와 경외하기를 깨달으며 하나님을 알게 되니 대저 여호와는 지혜를 주시며"(잠 2:4-6). 두 본문은 실제로 하나님이 생각이라는 우리의 끈질긴 노력을 통해 지혜의 보화를 주신다는 것을 뜻한다.

생각이 전부는 아니다

이 장에서는 내가 말하는 생각이 무엇인지를 설명했다. 그러나 생각이 전부는 아니다. 우리는 주의 깊게 관찰하고 질문한다. 그리고 그 질문에 답하려고 지성을 열심히 사용한다. 그런 후에 해답을 엮어 훨씬 더 넓은 이해, 곧 예수 그리스도의 영광을 위해 사랑하며 살도록 돕는 이해의 직물을 짠다.[6]

다음 두 장(4, 5장)에서는 예수님을 처음 믿는 과정에서 생각이 기능을 발휘한다는 **사실**과 더불어(4장), 생각이 **어떻게** 그 역할을 하는지 살펴보겠다. 4, 5장에서는 우리의 지성을 둔감하게 하고 어둡게 하며 파괴하는 죄의 영향이 암울한 배경을 이룬다. 우리는 하나님이 구원하는 믿음을 일으키실 때 우리의 지성이 중요한 역할을 하지 못한다고 추론하기 쉽다. 죄의 영향으로 우리의 지성이 왜곡되었기 때문이다. 그러나 생각은 단지 믿은 이후에, 성경을 하나님의 말씀으로 받아들인 이후에만 필수적인 것이 아니다. 생각은 믿기 이전에도, 그리스도인이 되는 과정 자체에도 필수적이다.

4장
믿음과 이성의 관계

바리새인과 사두개인들이 와서 예수를 시험하여 하늘로부터 오는 표적 보이기를 청하니 예수께서 대답하여 이르시되, "너희가 저녁에 하늘이 붉으면 날이 좋겠다 하고 아침에 하늘이 붉고 흐리면 오늘은 날이 궂겠다 하나니 너희가 날씨는 분별할 줄 알면서 시대의 표적은 분별할 수 없느냐 악하고 음란한 세대가 표적을 구하나 요나의 표적밖에는 보여 줄 표적이 없느니라" 하시고 그들을 떠나가시니라.

마태복음 16:1-4

이 책에서 나는 그리스도인들이 하나님을 알고자 할 때 지성을 어떻게 사용해야 하는지 다루고 있다. 따라서 처음 그리스도인이 되는 과정에 지성이 어떻게 관여하는지 살펴보는 것은 중요하다. 생각은 믿음 생성과 어떤 관련이 있는가? 그리스도를 믿으려면 이성을 잠시 접어 둬야 하는가? 예수님을 생각하는 것이 믿음에 이르는 길이라면 성령의 역사는 어떻게 되는가?

내가 신학교에 다니던 시절에는 '헬라적(또는 그리스적) 사고와 히브리적 사고'를 대비 시키는 것이 유행이었다. 헬라적 사고의 한 예는 아리스토텔레스적 논리인데 삼단논법이 그 기초다. "모든 인간은 죽는다. 플라톤은 인간이다. 그러므로 플라톤은 죽는다."[1] 이처럼 히브리적 사고와 헬라적 사고를 구분하는 이유는, 성경은 히브리적 사고를 하는 반면 현대 서구인들은 헬라적 사고를 하기 때문이며, 따라서 우리가 성경을 이해할 때 아리스토텔레스적 논리를 사용한다면, 그것은 원래의 문맥에 둔감하거나 역사를 모르기 때문이다. 성경은 직선적인 아리스토텔레스적 논리(때로 '서양식' 논리학이라 불린다)가 아니라 관계적, 경험적 지식에 뿌리를 둔다.

나는 줄곧 이러한 일반화와 구분이 우리를 오도할 뿐 아니라 우리에게 유익하지도 않다고 생각했다. 성경의 기운이 뼛속까지 스밀 만큼 성경에 푹 젖은 가정에서 성장했다면, 당신은 큰 철학적 선물을 받은 셈이다. 그런 사람은 비합리적인 결점이 드러나기도 전에 역겨운 냄새를 감지해 낸다. 그래서 막다른 길에서 헤매느라 시간을 허비하지 않는다.

문제는 성경 자체가 헬라적 사고와 히브리적 사고의 구분을 쓸모없게 만든다는 점이다. 적어도 이런 구분이 회자되던 방식 대로라면 그렇다. 마태복음 16:1-4을 살펴보자. 이 본문은 내가 이러한 구분에 휩쓸리지 않게 도와준 본문이다.

바리새인과 사두개인들이 와서 예수를 시험하여 하늘로부터 오는 표적 보이기를 청하니 예수께서 대답하여 이르시되, 너희가 저녁에 하늘이 붉으면 날이 좋겠다 하고 아침에 하늘이 붉고 흐리면 오늘은 날이 궂겠다 하나니 너희가 날씨는 분별할 줄 알면서 시대의 표적은 분별할 수 없느냐. 악하고 음란한 세대가 표적을 구하나 요나의 표적밖에는 보여 줄 표적이 없느니라 하시고 그들을 떠나가시니라.

아리스토텔레스적인 바리새인들

예수님은 바리새인들과 사두개인들에게 무슨 말씀을 하시는가? 2절에서 이렇게 말씀하신다. "너희가 저녁에 하늘이 붉으면 날이 좋겠다 하고." 무슨 뜻인가? 히브리 바리새인들과 사두개인들이 소위 아리스토텔레스의 삼단논법으로 생각한다는 뜻이다.

전제1: 저녁에 하늘이 붉으면 날씨가 좋으리라는 징조다.
전제2: 오늘 저녁은 하늘이 붉다.
결론: 그러므로 날씨가 좋을 것이다.

3절 전반부에도 그들이 이런 식으로 생각한다는 사실이 거푸 드러난다. 그들은 아침에 이렇게 말한다. "하늘이 붉고 흐리니 오늘은 날이 궂겠는 걸!" 이번에도 소위 서구적이며 직선적인 방식으로 생각한다.

전제1: 아침에 하늘이 붉으면 날씨가 궂으리라는 징조다.

전제2: 오늘 아침은 하늘이 붉다.

결론: 그러므로 날씨가 궂을 것이다.

예수님은 이러한 관찰과 추론에 대해 "너희가 날씨는 분별할 줄 아는도다"라고 답하셨다. 달리 표현하면 이렇다. "너희는 눈과 지성을 활용해 자연 세계에서 바른 결론을 도출하는 법을 아는구나!" 따라서 예수님은 이들이 활용한 경험적 관찰과 합리적 판단을 **인정하셨다**. 사실, 바로 이러한 인정 때문에 뒤이은 부정이 정당해진다.

예수님은 3절 끝에서 "[너희가] 시대의 표적은 분별할 수 없느냐?"고 물으신다. 예수님은 "너희가…**할 수 없다**"고 말씀하신다. 이들에게 자신이 해야 할 일을 해낼 만한 감각적 능력과 이성적 능력이 없다는 뜻이 아니다. 이들은 세상살이에 필요한 관찰과 숙고에 매우 능했다.

그렇다면 왜 이들은 시대의 표적을 분별할 때 이 같은 능력을 사용하지 **못했을까**? 이 질문의 답을 알면 믿음과 이성의 관계가 보인다. 이들은 추리력이 뛰어났지만 그 능력을 예수님을 믿는 데 활용하지 못했다. 무엇이 잘못되었는가? 왜 이들은 자연을 대할 때는 생각이 씽씽 돌아가면서, 정작 그리스도 안에서 하나님의 임재를 지각하는 데는 그다지도 형편없었는가?

그 해답이 4절에 나온다. "악하고 **음란한** 세대가 표적을 구하나 요나의 표적밖에는 보여 줄 표적이 없느니라." 무슨 뜻인가? **음란**은 이들이 눈과 지성을 활용해 표적(징후)을 해석하지 못한다는 사실, 곧 예수님이 진정 누구인지 인식하지 못한다는 사실과 무슨 상관이 있는가?

이들이 '음란하다'는 말씀의 핵심은 이것이다. 예수님은 성경 다른 곳에서 자신을 자기 신부, 곧 자신의 백성을 얻으러 세상에 오신 신랑(마 9:15; 25:1 이하)으로 묘사하셨다. 예수님은 지금 개개인이 아니라 전체를 생각하신다. 교회 전체가 그리스도의 신부다. 예수님은 교회 전체에게 약속된 '남편'이시다.

그러나 자신을 하나님의 백성으로 생각하는 사람들은 예수님을 남편으로 받아들이려 하지 않았다. 예수님은 이들이 기대했던 분이 아니었고, 이들은 그분의 백성이나 신부가 되려 하지 않았다(눅 14:18-20을 보라). 이런 의미에서 이들은 **음란했다**. 이들은 다른 배우자, 곧 다른 신들과 다른 보화에 마음을 빼앗겼다. 예수님은 자신의 신부가 되어야 할 유대 지도자들이 사람의 칭찬(마 6:5)과 돈(눅 16:14)과 자기 자신(눅 18:9)과 끊임없이 애정 행각을 벌인다고 지적하셨다. 이들은 영적으로 음란했다.

이것이 바리새인들이 표적을 구한 이유다. 이들은 예수님이 메시아라는 증거가 부족하므로 그분을 자신의 신랑으로 받아들이지 않는 것이 당연하다는 논리를 펴려 한다. 그러나 문제는, 이들이 예수님을 신랑으로 받아들이길 **원하지** 않는다는 것이다. 이들은 음란의 영에게 지배당했다. 이들은 다른 만족거리를 더 좋아했다.

비이성적 행위의 뿌리

예수님의 반응으로 볼 때, 이들은 이미 필요한 모든 표적을 받았고 **자신이 원하는 것**에 관해 추론하고 타당한 판단을 내릴 감성과 지성도 충분했다. 이들이 바다의 안전을 보장하는 진정한 표적을 보겠다던 진짜 이유는 자기 생명을 사랑하기 때문이었다. 그래서 이들은 일출과 일몰을 분명하게 생각하는 일에는 능력을 십분 발휘했다.

그러나 예수님을 분명하게 생각하는 일에는 그러지 못했다. 이들이 예수님에게 회의적인 태도를 보인 까닭은 증거나 이성적 능력이 부족했기 때문이 아니라 음란했기 때문이다. 예수님은 이들의 마음이 **악하다**고 말씀하신다(4절). 이들은 악한 마음 때문에 이성적 능력에 장애가 생겼고 예수님에 관해 도덕적으로 바른 추론을 하지 못했다.

죄가 우리 생각에 어떤 장애를 일으키는지 아신 분은 예수님만이 아니었다. 바울도 에베소서 4:18에서 인간의 전적 타락에 대해 이렇게 말했다. "그들의 총명이 어두워지고 그들 가운데 있는 무지함과 **그들의 마음이 굳어짐으로 말미암아** 하나님의 생명에서 떠나 있도다." 달리 말하면, 인간의 비이성(불합리, "그들의 총명이 어두워지고")과 영적 무지("그들 가운데 있는 무지함")의 밑바닥에는 **굳은 마음**이 있다는 것이다. 우리는 자기중심적인 마음 때문에 이성이 뒤틀려, 실재하는 존재에 대해 참된 추론을 이끌어내지 못하는 지경에 이르렀다. 우리가 하나님의 존재를 강력히 부인하면, 우리의 감각적 능력과 이성적 능력은 하나님이 계시다고 추론하지 못하게 된다.

고린도후서 3:14에서, 바울은 마음(mind, 지성)이 '완고해진다'(*eporothe*)고 말했다. 디모데전서 6:5에서는 마음이 '부패하여진다'(*diephtharmenon*)고 말했고, 로마서 1:21에서는 사람들이 불의로 진리를 막기 때문에(롬 1:18) 생각이 '허망해지고'(*emaraiothesan*), '어두워지며'(*eskotisthe*), '미련해진다'(*asunetos*)고 말했다("그 생각이 허망하여지며 미련한 마음이 어두워졌나니", 개역개정). 달리 말하면, 불의가 사고력에 장애를 일으켰다(딤후 3:8; 4:2-4도 보라). 부패한 마음이 비이성적 행위의 가장 깊은 뿌리다.

우리는 음란한 세대다. 우리는 그리스도를 높이는 진리보다 인간 중심의 오류를 더 사랑한다. 우리의 이성적 능력은 이러한 음란한 사랑의 종이 되었다. 예수님은 "너희가 날씨는 분별할 줄 알면서 시대의 표적은 분별할 수 없느냐"고 말씀하시면서 바로 이 점을 드러내셨다. 달리 표현하면 이런 뜻이다. "너희가 간음할 상대를 찾을 때는 머리가 씽씽 돌아가면서(위로와 바다의 안전을 그리스도보다 더 귀하게 여길 때처럼), 정작 그리스도를 높이는 진리의 표적은 보지 못하는구나!"

우리의 지성이 그리스도를 높이는 진리의 표적을 보지 못한다는 사실은, 그리스도를 처음 믿는 과정에서 추론과 생각이 아무 역할도 못한다는 결론으로 이어지는 듯 보인다. 그러나 성경은 이런 결론에 이르지 않는다.

신약 성경은 우리가 그리스도인으로서 대화하고 성장하며 순종하는 과정에서 지성을 사용한다고 도처에서 말하고 있다. 예를 들면, 누가는 사도행전에서 최소 10회에 걸쳐 사람들을 '설득해'(개역개정은 주로 '강론하다'로 번역한다—역주) 그리스도를 믿게 하고 그들을 세워 주는 것이 바울의 전략이었다고 말한다(행 17:2, 4, 17; 18:4, 19; 19:8, 9; 20:7, 9; 24:25). 바울은 또한 고린도의 그리스도인들에게, 자신은 남을 가르치려고 알아듣지 못할 일만 마디 말을 방언으로 하느니 알아들을 다섯 마디 말을 마음(지성)으로 하겠다고 했다(고전 14:19). 바울은 에베소의 그리스도인들에게 "그것을 읽으면 내가 그리스도의 비밀을 깨달은 것을 너희가 알 수 있으리라"(엡 3:4)고 했다. 바꿔 말하면, 지성을 활용해 읽는 정신적 행위가 하나님의 비밀(신비)에 이르는 길이라는 것이다.

여기서도 우리의 생각과 하나님의 조명의 관계를 다루는 이 책의 핵심이 나타난다. 바울이 디모데후서 2:7에서 한 말을 떠올려 보라. "내가 말하는 것을 **생각해 보라. 주께서 범사에 네게 총명을 주시리라.**" 수많은 사람이 이 구절을 이해할 때 어느 한쪽으로 치우친다. 어떤 사람들은 "내가 말하는 것을 생각해 보라"는 부분을 강조한다. 이들은 이성과 생각의 필수적인 역할은 힘주어 말하지만, 진리를 받아들일 수 있게 하시는 하나님의 초자연적 역할은 자주 축소한다. 반대로 어떤 사람들은 이 구절의 후반부, "주께서 범사에 네게 총명을 주시리라"는 부분을 강조한다. 이들은 하나님의 조명이 없으면 이성도 무용지물이라고 힘주어 말한다.

그러나 바울이라면 이런 식으로 나누지 않았을 것이다. 내가 이 책을 쓰는 목적은 이 부분에서 바울을 따르라고, 좌로나 우로 치우치지 말고 인간의 생각과 하나님의 조명하시는 역할을 모두 인정하라고 호소하기 위해서다. 바울에게 이것은 **양자택일**이 아니라 **둘 모두**의 문제다. "**내가 말하는 것을 생각해 보라.** [왜냐하면] **주께서 범사에 네게 총명을 주시리라.**" **왜냐하면**이라는 짧은 단어에 주목하라. 우리에게 "왜 이 단어가 여기 있는가?"라고 묻게 하는 아주 중요한 접속사다. 이 단어는 우리에게 깊이 생각하라고 손짓한다.

여기서 "왜냐하면"이라는 단어는 우리에게 총명(이해력)을 주시려는 하나님의 의지가 우리 생각의 대체물이 아니라 **근거**임을 의미한다. 바울은 "하나님이 네게 총명을 주시리라. 그러니 내가 말하는 것을 생각하느라 시간 낭비하지 마라"고 하지 않는다. 또한 "내가 말하는 것을 열심히 생각하라. 모든 것이 네게 달렸나니, 하나님은 지성을 조명하지 않으시느니라"고도 말하지 않는다. 바울은 하나님의 은사가 우리 노력의 근거라고 힘주어 말한다. 바울은 하나님이 빛을 비추시기에 우리가 빛을 따를 수 있다고 말한다. "내가 말하는 것을 생각해 보라. **왜냐하면** 주께서 범사에 네게 총명을 주실 것이기 때문이다."

하나님의 선물인 총명을 깊이 믿지 않은 채 생각만 하는 사람이 총명을 얻으리라고 믿을 근거는 없다. 하나님의 말씀을 생각하지 않은 채 하나님의 선물인 총명을 기다리기만 하는 사람이 총명을 얻으리라고 믿을 근거 역시 없다. **둘 모두다**. **양자택일**이 아니다.

좋은 땅은 깨닫는다

바울은 자신의 말을 생각해 보라고 명령한다. 네 지성을 활용하라. 하나님의 말씀을 들을 때 네 추리력을 동원하라. 다른 곳에서 예수님은 우리가 그렇게 하지 않을 때 일어날 일을 경고하실 뿐더러 우리가 그렇게 할 때 임할 복까지 말씀하셨다. 예수님은 네 가지 땅을 비유로 말씀하셨다(마 13:3-9). 말씀의 씨를 뿌렸으나 처음 세 땅은 열매를 내지 못했다. 네 번째 땅에서만 열매가 맺혔다. 무슨 차이인가?

첫째 땅과 넷째 땅을 비교하면 문제가 어렴풋이 드러난다. 예수님은 첫째 땅, 곧 길섶에 뿌린 씨를 말씀하신다. "아무나 천국 말씀을 듣고 **깨닫지 못할** 때는 악한 자가 와서 그 마음에 뿌려진 것을 **빼앗나니**"(마 13:19). 예수님은 깨닫지 못함(몰이해)에 초점을 맞추신다. 말씀을 이해하지 못하면 말씀을 빼앗긴다. 그러므로 지성을 활용한 이해는 선택이 아니다. 이것은 회심과 결실에 더없이 중요하다. 우리의 생명이 여기에 달렸다. 그다음으로 예수님은 넷째 땅, 곧 옥토에 뿌린 씨를 말씀하신다. "좋은 땅에 뿌려졌다는 것은 말씀을 **듣고 깨닫는** 자니 결실하여 어떤 것은 백 배, 어떤 것은 육십 배, 어떤 것은 삼십 배가 되느니라"(마 13:23). 생명 없는 땅과 결실하는 땅의 차이는 깨달음(이해)에 있다.

바울이 로마서 10:17에서 말하듯이, 믿음은 들음에서 나며 들음은 그리스도의 말씀으로 말미암는다. 그러므로 들음이 중요하다. 그러나 예수님은 듣기만 하고 깨달음이 없으면 열매를 맺지 못한다고 말씀하신다. 바울은 우리가 하나님의 말씀을 들을 때 듣는 바를 반드시 '생각해야' 한다고 말한다. 그러지 않으면 예수님의 책망을 피하지 못한다. "그들이… 들어도 듣지 못하며 깨닫지 못함이라"(마 13:13).

그러므로 비록 타고난 지성이 부패하고 어두우며 어리석더라도, 신약 성경은 우리가 믿음에 이르고 다른 사람들을 믿음에 이르도록 인도하며 그리스도인으로서 성장하고 순종하는 과정에서 지성을 사용하라고 요구한다. 생각하지 않으면 믿음을 깨우거나 강하게 할 길이 없다.

그러나 우리의 생각이 죄악으로 심하게 일그러졌는데 이것이 어떻게 가능한가? 이런 일이 어떻게 일어나는가? 믿음을 깨울 때 우리의 생각과 하나님의 조명이 어떻게 연결되는가? 이 질문에 답하기 전에 믿음이 무엇인지 분명하게 정의해야 한다. 다음 장에서는, 구원하는 믿음(구원에 이르는 믿음)이란 무엇이며, 그 믿음이 사람의 생각과 하나님의 조명을 통해 어떻게 생겨나는지 살펴보겠다.

5장
영적 시력을 일깨우는 생각하기

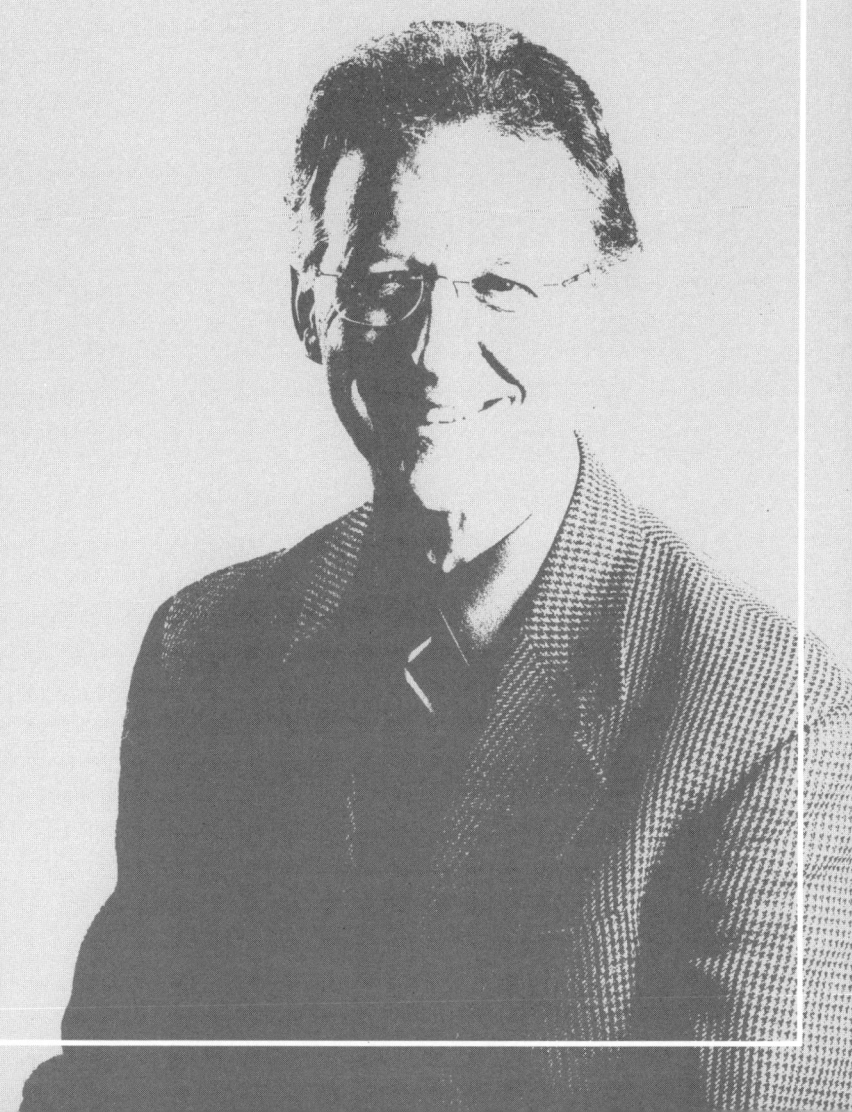

그중에 이 세상의 신이 믿지 아니하는 자들의 마음을 혼미하게 하여 그리스도의 영광의 복음의 광채가 비치지 못하게 함이 그리스도는 하나님의 형상이니라. 우리는 우리를 전파하는 것이 아니라 오직 그리스도 예수의 주 되신 것과 또 예수를 위하여 우리가 너희의 종 된 것을 전파함이라. 어두운 데에 빛이 비치라 말씀하셨던 그 하나님께서 예수 그리스도의 얼굴에 있는 하나님의 영광을 아는 빛을 우리 마음에 비추셨느니라.

고린도후서 4:4-6

우리는 (앞 장에서부터) 다음 질문의 해답을 찾고 있다. 생각은 구원하는 믿음이 일어나는 과정에 어떻게 관여하는가? 이 질문이 특히 문제가 되는 이유는, 여태껏 살펴봤듯이 우리의 영적 무지 탓에 우리의 생각이 심하게 일그러졌기 때문이다. 우리는 일반적으로 자기 욕구를 정당화하려고 지성을 활용한다. 우리는 죄악된 본성을 가진 "악하고 음란한 세대"다. 그런데 어떻게 우리의 생각이 그리스도를 처음 믿는 과정에 긍정적으로 관여할 수 있는가? 이 질문에 답하기 위해서는 먼저 믿음의 본질이 무엇인지 분명하게 밝혀야 한다.

마지막에 중요한 믿음은 오로지 하나, 곧 구원하는 믿음이다. 그것은 그리스도의 의가 **칭의**[1] 안에서 우리의 의로 여겨지고 그리스도의 능력이 **성화**[2]를 위해 우리에게 흘러들도록 우리를 그리스도와 하나로 연합시키는 믿음이다. 바꿔 말하면, 여기서 내가 관심을 갖는 믿음이란 일반적인 믿음, 곧 타종교의 믿음이나 과학을 신봉하는 믿음이나 부모에 대한 자녀의 믿음이나 그리스도 외에 다른 것을 믿는 믿음이 아니다. 내가 관심을 두는 믿음은 오직 하나, 영생을 얻는 믿음이다. 이것은 구원하는 믿음이고(행 16:31; 롬 10:9), 의롭게 하는 믿음이며(롬 3:28; 갈 2:16), 거룩하게 하는 믿음이다(행 26:18; 벧전 4:11).

믿음의 본질을 파악하려면 **왜** 믿음만이 우리를 의롭게 하는지 깊이 생각해야 한다. 왜 사랑을 비롯한 다른 덕목이 아니라 오직 믿음이어야 하는가? 그레셤 메이첸은 1925년에 「믿음이란 무엇인가?」(*What Is Faith?*)에서 이렇게 답했다.

신약 성경에서 구원의 성취와 관련해 사랑이나 인간 내면의 다른 무엇이 아닌, 믿음이 독점적 위치를 갖는 진짜 이유는…믿음이란 그 무엇을 **행한다**는 뜻도, 그 무엇이 **된다**는 뜻도 아닌, **그 무엇을 받는다**는 뜻이기 때문이다. 그러므로 우리의 믿음이 우리를 구원한다는 말은 하나님이 우리를 구원하신다는 뜻으로, 털끝만큼도 우리가 자신을 구원한다는 뜻이 담겨 있지 않다.[3]

달리 말하면, 우리는 사랑이 아니라 오직 믿음으로 의롭게 되는데, 이는 하나님이 우리 외부에서 결정적인 구원을 이루셨음을, 또 그리스도의 인격과 사역이 하나님이 우리를 받아들이는 유일한 근거임을 아주 명확히 하시기 때문이다.

백여 년 전, 앤드류 풀러(Andrew Fuller, 영국에서 인도 선교사 윌리엄 캐리를 도왔던 핵심 후원자)도 똑같이 설명했다.

> 칭의는 믿음에서 비롯된다. 왜냐하면, 우리가 믿음으로 그리스도를 영접하기 때문이다. 따라서 다른 어떤 은혜가 아니라 **오직 믿음으로 말미암는다**. 믿음이란 특별히 **은혜를 받아들이는 것**일 뿐, 다른 무엇이 아니다. 만약 우리가 회개나 사랑이나 다른 어떤 은혜로 의롭게 된다면, 우리는 자신 속의 선한 무엇이 **고려되어** 자신에게 복이 임했다고 생각할지 모른다. 그러나 이신칭의는 이런 개념을 전혀 내포하지 않는다.[4]

그러므로 믿음은 '특별하게 받는 은혜'라는 점에서 다른 은혜나 덕목과 구분된다. 그래서 바울은 에베소서 2:8에서 "너희는 그 **은혜에 의하여 믿음으로 말미암아** 구원을 받았으니"라고 말했다. 하나님에게서 오는 **은혜**가 우리 속에서 **믿음**과 연결된다(롬 4:16을 보라). 은혜는 하나님의 거저 주심이고, 믿음은 무력한 상태에서 받아들이는 행위이기 때문이다. 하나님이 믿음으로 우리를 의롭다 하실 때, 그분은 믿음을 덕으로 보지 않고 그리스도를 받아들이는 것으로 보신다. 그러므로 우리의 칭의는 우리의 덕이 아니라 그리스도의 덕이다.[5]

믿음은 무엇을 받아들이는가?

이제 핵심 질문은 이것이다. 믿음은 의롭게 하는 믿음이 되기 위해 무엇을 받아들이는가? 해답은 예수님을 받아들인다는 것이다. "주 예수를 믿으라. 그리하면 너와 네 집이 구원을 받으리라"(행 16:31). "[그를] 영접하는 자, 곧 그 이름을 **믿는** 자들에게는 하나님의 자녀가 되는 권세를 주셨으니"(요 1:12). 믿음이 구원하는 이유는 믿음이 예수님을 받아들이기(영접하기) 때문이다.

그러나 이것이 실제로 무엇을 뜻하는지 분명히 해야 한다. 왜냐하면 너무나 많은 사람이 그리스도를 영접하고 그분을 믿는다 하면서, 자신이 영적으로 살아 있다는 증거는 전혀 보여 주지 못하고 있기 때문이다. 이들은 예수님의 영적 아름다움에 반응하지 않는다. 그리스도의 영광에 감동하지도 않는다. 이들에게는 "모든 것을 해로 여김은 내 주 그리스도 예수를 아는 지식이 **가장 고상하기** 때문이라. 내가 그를 위하여 모든 것을 잃어버리고 배설물로 여김은 **그리스도를 얻고**"(빌 3:8)라고 고백한 사도 바울의 영이 없다. 그러면서도 이들은 자신이 그리스도를 영접했다고 말한다. 마치 그리스도를 '영접하되' 그분을 참 모습 그대로 받아들이는 것은 불가능하다는 듯 말이다.

이 문제를 이렇게 설명해도 될 것이다. 이들은 '그리스도를 영접할' 때 그분을 **최고로 귀한 존재**로 받아들이지 않는다. 단지 죄를 사하는 분으로(죄책감에서 벗어나고 싶기 때문에), 지옥에서 건지는 분으로(고통에서 벗어나고 싶기 때문에), 치유자로(질병에서 벗어나고 싶기 때문에), 보호자로(안전하고 싶기 때문에), 창조자로(인격적인 우주를 원하기 때문에), 역사의 주인으로(질서와 목적을 원하기 때문에) 받아들일 뿐이다. 이들은 그리스도를 자신에게 가장 소중한 분으로 받아들이지 않는다. 이들은 바울이 "내 주 그리스도 예수를 아는 지식이 **가장 고상하기** 때문이라"고 고백했을 때처럼 그렇게 그분을 받아들이지 않는다. 이들은 그리스도를 참 모습 그대로, 우주의 그 무엇보다 영광스럽고 아름다우며 놀랍고 만족스러운 존재로 받아들이지 않는다. 이들은 **그분을** 자랑하지 않고, **그분을** 보화로 여기지도 않으며, **그분을** 귀히 여기지 않고, **그분을** 기뻐하지도 않는다.

이런 방식으로 그리스도를 '받아들이는'(영접하는) 일은 거듭나지 못한 '자연인'(육에 속한 사람)에게도 얼마든지 가능하다. 굳이 사람의 본성이 변하지 않고도 가능한 일이다. 사람들은 거듭나지 않고도 죄책감과 고통과 질병이 없는 안전하고 부유한 생활을 좋아한다. 영적 생명이라고는 찾아볼 수 없는 모든 자연인이 이런 것들을 좋아한다. 그러나 예수님을 더없이 귀한 보화로 받아들이려면 새로운 본성이 필요하다. 어느 누구도 자연적으로 이렇게 하지는 못한다. 거듭나야 한다(요 3:3). 그리스도 안에서 새로운 피조물이 되어야 한다(고후 5:17; 갈 6:15). 영적으로 살아나야 한다(엡 2:1-4). "성령으로 아니하고는 누구든지 [진심으로] 예수를 주시라 할 수 없느니라"(고전 12:3).

그러므로 구원하는 믿음이란 그리스도를 참 모습 그대로, 실제 그대로, 즉 우주의 그 무엇보다 영광스럽고 아름다우며 놀랍고 만족스러운 존재로 받아들이는 것이다. 구원하는 믿음은 이렇게 말한다. "당신을 나의 구주, 나의 주님, 나의 가장 귀한 보화로 영접합니다. 나의 주 예수 그리스도를 아는 지식이 가장 고상하기에 모든 것을 해로 여깁니다"(참고 빌 3:8).

이런 이유에서, 예수님은 "너희 중의 누구든지 자기의 모든 소유를 버리지 아니하면 능히 내 제자가 되지 못하리라"(눅 14:33)고 말씀하셨다. 또한 "아버지나 어머니를 나보다 더 사랑하는 자는 내게 합당하지 아니하고 아들이나 딸을 나보다 더 사랑하는 자도 내게 합당하지 아니하며"(마 10:37)라고 말씀하셨다. "천국은 마치 밭에 감추인 보화와 같으니 사람이 이를 발견한 후 숨겨 두고 기뻐하며 돌아가서 자기의 소유를 다 팔아 그 밭을 사느니라"(마 13:44).

예수님은 그분의 무한한 영광 때문에 무한히 귀하고 무한히 만족스러운 분이다. 구원하는 믿음은 **이러한** 그리스도를 받아들인다. 우리는 충만한 기쁨을 지금 경험하거나 절정의 만족을 이생에서 체험하지는 않으나 그것을 맛보고(시 34:8), 그것을 어디서 찾아야 하는지 알며(요 6:35), "그리스도 [예수]께서 나를 사로잡으셨으므로…그것을 붙들려고 좇아간다"(빌 3:12, 새번역).

영적 시력을 일깨우다

믿음이 무엇인지 분명하게 정의했으니, 이제 우리의 생각과 하나님의 조명이 어떤 상호 작용을 통해 믿음을 깨우는지 물어야 할 차례다. 지금껏 살펴본 구원하는 믿음의 본질이 구원하는 믿음이 충분하고 합당한 근거와 그 근거를 아는 방법을 결정한다. 구원하는 믿음은 단지 사실 자체, 즉 예수는 메시아이고, 그리스도는 완전하게 살았으며, 그리스도는 죄인들을 위해 죽었고, 그리스도는 하나님이며, 그리스도는 죽은 자 가운데서 다시 살아났다와 같은 사실 자체에 근거해서는 안 된다. 마귀도 이 모든 사실을 믿는다(약 2:19).

구원하는 믿음의 본질은 사실 그 이상을 근거로 요구한다. 앞서 말했듯이, 구원하는 믿음은 단지 사실을 받아들이는 게 아니다. 그리스도를 우리를 위해 죽고 부활하셨으며 무한히 영광스럽고 놀랍도록 아름다우며 최고로 귀한 분으로 받아들이는 것이다. 그러므로 이러한 그리스도의 영광과 아름다움과 가치를 볼 줄 아는 영적 시력이 구원하는 믿음의 근거여야 한다.

이러한 영적 시력은 복음의 역사적 사실을 생각하는 것과 분리되지 않는다. 우리는 오래된 이야기를 지성으로 듣고 이해해야 한다. 그러나 복음을 듣고 이해하는 것은 복음에서 그리스도의 신적 영광을 보는 것과 다르다. 구원하는 믿음을 깨우고 세우는 과정에서 인간의 이성—복음의 사실을 배우고 설명하고 변호하기 위한 지성의 활용—은 **필수적인** 역할을 하지만 **결정적인** 역할을 하지는 않는다. 우리는 복음의 이야기를 듣고 복음의 사실과 교리를 바르게 이해해야 하지만, 구원하는 믿음의 결정적 근거는 복음에 나타난 그리스도의 영광이다.

다음은 이러한 핵심을 제시하는 중요한 본문이다.

> 그중에 이 세상의 신이 믿지 아니하는 자들의 마음을 혼미하게 하여 그리스도의 영광의 복음의 광채가 비치지 못하게 함이니 그리스도는 하나님의 형상이니라. 우리는 우리를 전파하는 것이 아니라 오직 그리스도 예수의 주 되신 것과 또 예수를 위하여 우리가 너희의 종 된 것을 전파함이라. 어두운 데에 빛이 비치라 말씀하셨던 그 하나님께서 예수 그리스도의 얼굴에 있는 하나님의 영광을 아는 빛을 우리 마음에 비추셨느니라. (고후 4:4-6)

이 본문에 대한 여섯 가지 고찰은 인간의 생각과 하나님의 계시가 어떻게 어우러져 구원하는 믿음을 깨우는지 분명하게 보여 준다.

1) 그리스도의 영광이 복음에 나타난다

4절은 복음이 "그리스도의 영광의 복음"이며 "그리스도는 하나님의 형상"이라고 말한다. 구원하는 믿음이 복음에 반응하고 그리스도를 참 모습 그대로, 무한히 영광스런 분으로 받아들이려면 이것(복음에 나타난 그리스도의 영광)을 반드시 보아야 한다. 조나단 에드워즈 역시 이 본문에 대해 같은 말을 했다. "더없이 분명한 사실이 있다. 본문은 복음이 제시하는 구원하는 믿음이…복음이 드러내는 하나님의 영광스러운 것들을 보도록 조명받은 지성에서 일어난다고 말한다는 점이다."[6]

바꿔 말하면, 구원하는 믿음의 근거는 복음에 나타난 그리스도의 영광이다. 그리스도의 '신적 영광'과 복음의 객관적 사실 및 사건을 분리해서는 안 된다. 복음에 그리스도의 영광이 계시된다. 그리스도의 영광스런 계시는 복음에 나타난 그리스도를 생각하는 행위와 무관한 신비 체험이 아니다. 시편 기자가 하늘이 하나님의 영광을 선포한다고 노래했듯이(시 19:1), 바울은 복음이 그리스도의 영광을 선포한다고 말한다. 우리가 복음을 생각하길 그친다면 그리스도의 영광을 보지 못하게 된다. 우리가 보는 것은 "그리스도의 영광의 **복음의 광채**"("그리스도의 영광을 선포하는 복음의 빛", 새번역)이다.

2) 그리스도의 영광이 실제로 복음 안에 있다

이러한 신적 영광이 실제로 복음 안에 있다. 그렇지 않다면 바울은 "이 세상의 신이 믿지 아니하는 자들의 마음을 **혼미하게 했다**"고 말하지 않았을 것이다. 실제로 뭔가 있지 않다면 굳이 눈이 멀지(혼미해지지) 않아도 볼 수 없다. 그러나 실제로 뭔가 있다면 눈이 멀어야 보지 못한다. 그러므로 "그리스도의 영광의 복음의 광채"가 실제로 존재한다. 이것은 자증적인 신적 영광이다. 조나단 에드워즈는 이것을 가리켜 "복음에 [나타나는] 형언하지 못할 분명한 탁월함"[7]이라고 말한다.

구원하는 믿음은 그것을 뒷받침하는 진정한 이유들이 있다는 점에서 '이성적'이다. 구원하는 믿음의 근거는 꾸며낸 이야기가 아니라 복음에 나타난 그리스도의 영광이다. 그것은 진짜 복음이며 진짜 영광이다.

3) 그리스도의 영광이 복음의 사실을 통해 나타난다

5절은 우리가 첫째 고찰에서 살펴본 바를 분명하게 확증한다. 이러한 '분명한 탁월함', 곧 복음에 담긴 그리스도의 영광은 성령이 주시는 환상이나 꿈이나 속삭임에서 나타나지 않는다. 성령의 감동을 받은 사도가 그리스도의 복음을 전할 때처럼, 성경에 나오는 그리스도 이야기에서 나타난다. 5절을 보라. "우리는 우리를 전파하는 것이 아니라 오직 그리스도 예수의 주 되신 것과 또 예수를 위하여 우리가 너희의 종 된 것을 전파함이라."

여기가 생각과 이성의 자리다. 바울은 지성을 사용해 복음의 사실을 선포하고 설명하며 변호하고 확증한다. 우리는 지성을 사용해 복음을 듣고 그 의미를 이해하며 그 주장을 가늠한다. 바울은 예수님은 그리스도이고 죽은 자 가운데서 다시 살아나셨으며 우리의 죄 때문에 돌아가셨다고 논증한다.[8] 그는 사실과 논증으로 추론하고(reason, 강론하고) 그리스도를 제시한다. 그러므로 그리스도의 자증적 영광을 보는 일과 복음의 진리를 이성적으로 제시하고 증명하며 받아들이는 일은 서로 분리되지 않는다. 합리적 제시와 받아들임—지성의 일—은 필수다.

4) 구원하는 믿음의 결정적 근거는 마음의 눈을 여는 것이다

이제 우리는 구원하는 믿음의 본질과 구원하는 믿음의 근거가 어떻게 조화를 이루는지 알았다. 복음에 나타난 그리스도의 영광이 구원하는 믿음의 결정적 근거인 이유는, 구원하는 믿음은 그리스도를 무한히 영광스럽고 가장 귀한 분으로 받아들이는 것이기 때문이다.[9] 뒤집어 말하면, 구원하는 믿음은 그리스도를 우리의 최고 보화로 받아들이는 것이다. 그러므로 구원하는 믿음의 근거는 그리스도를 최고로 아름답고 귀한 분으로 보는 영적 시력이다. 6절은 우리가 본질상 눈이 멀고 거역하는 존재임에도 불구하고 어떻게 그리스도를 이렇게 볼 수 있는지 설명한다.

이러한 강렬한 영적 빛을 보는 것은 하나님의 선물이다. 이것이 6절의 핵심이다. "어두운 데에 빛이 비치라 말씀하셨던 그 하나님께서 예수 그리스도의 얼굴에 있는 하나님의 영광을 아는 빛을 우리 마음에 비추셨느니라." 하나님이 우리 마음에 빛을 비추셨고, 이것이 우리가 보는 데 결정적 역할을 한다.

4절에 따르면, 우리가 "하나님의 형상이신 그리스도의 영광을 선포하는 복음의 빛"(새번역)을 보지 못했던 까닭은 이 세상의 신이 우리 눈을 멀게 했기 때문이다. 추론과 역사적 논증만으로는 영적 시력을 회복하지 못한다. 이것이 생각의 한계다. 그럼에도 복음의 사실에 대한 합리적 선포와 이해는 꼭 필요하다. "우리는…그리스도 예수의 주 되신 것…을 전파함이라"(5절).

그러나 이제 6절에서 결정적인 변화가 일어난다. 하나님이 우리 마음(heart)의 눈을 여신다. 십자가에서 죽고 부활하신 (그리고 선포와 가르침을 통해 합리적으로 제시된) 그리스도의 복음이 "형언하지 못할 분명한 탁월함"으로, "예수 그리스도의 얼굴에 있는 하나님의 영광"으로 빛난다. 우리의 마음이 변화되었다는 뜻이다. 영적 생명이 영적 죽음을 대신하고(엡 2:5), 영적 시력이 영적 맹목을 대신했다(4절과 6절이 대조를 이룬다).

이제 우리의 마음이 그리스도를 무한히 귀한 분으로 보게 되었고, 진리를 거역하는 우리의 저항은 극복되었다. 우리의 욕망이 변화되었기에, 우리의 생각 역시 더 이상 거짓된 욕망의 노예가 아니다. 이제 그리스도가 최고의 보화가 되셨고, 우리의 생각은 복음의 진리에 순응한다. 우리는 더는 생각을 통해 복음을 왜곡하지 않는다. 복음이 어리석다고 말하지도 않는다. 복음이 지혜요 능력이며 영광이라고 말한다(고전 1:23-24).

고린도후서 4:6이 묘사하는 바는 거듭남과 동일하다.[10] 변화는 심오하다. 이것이 앞서 제시한 "어떻게 이처럼 어두워지고 죄악된 마음이 구원하는 믿음을 일으키는 생각의 길을 낼 수 있는가?"라는 질문을 해결하는 열쇠다. 이 질문의 해답은 하나님의 조명과 거듭남 때문에 우리의 마음이 실체를 지각하는 방식에 심오한 변화가 일어난다는 것이다.

이 책 4장으로 돌아가 보면, 이것은 이제 우리가 우리 신랑의 영광을 그 무엇보다 귀하게 본다는 뜻이다(마 9:15; 25:1). 그분 외에 다른 만족을 구하던 우리의 음란한 욕망(마 16:4)이 그분과 함께 십자가에 못 박혔다(갈 2:20; 골 3:3-5). 이제 우리의 마음은 변화되어 그리스도의 가치에 관한 진리와 조화를 이룬다. 바로 이런 이유로, 우리의 지성(생각하기)은 복음에 기여할 수 있고, 구원하는 믿음을 일으키는 겸손한 동인이 될 수 있다.

5) 구원하는 믿음은 이성적이다

구원하는 믿음의 근거는 이성적 근거이며, 여기서 도출되는 확신은 이성적 확신이다. 이 확신은 단순히 사실에 관한 생각이나 추론이 도출하는 확신을 초월하지만 그 자체가 이성적인 확신이다. 조나단 에드워즈는 이렇게 설명한다. "내가 말하는 이성적 확신은 진정한 증거나 합당한 이유나 정당한 근거에 기초한 확신이다."[11] 구원하는 믿음, 곧 그리스도를 무한히 영광스런 존재로 받아들이는 것은 그분의 신적 영광을 보는 영적 시각에 근거해야 하며, 이것이야말로 가장 이성적이다.[12]

6) 이것이 영적 확실성에 이르는 유일한 길이다

인간의 생각과 하나님의 조명의 상호작용을 이렇게 이해하는 것은 매우 중요하다. 왜냐하면 보통 사람들은(나도 이들 가운데 하나다) 다른 어떤 방법으로도 기독교의 진리에 관한 흔들리지 않는 확신에 이르지 못하기 때문이다. 우리의 유일한 확신이 이성적이고 역사적이며 철학적인 논증에 달렸다면, 대부분의 사람들은 시간이 없거나 자료가 없거나 훈련을 받지 못해 이처럼 방대한 추론을 실행에 옮기지 못할 것이다. 이러한 작업에 매진하는 사람들이라도 개연적인 것만 알 뿐 영적 확신은 얻지 못한다. 그러나 사도 요한은 "내가 하나님의 아들의 이름을 믿는 너희에게 이것을 쓰는 것은 너희로 하여금 너희에게 영생이 있음을 알게 하려 함이라"(요일 5:13)고 했다. 우리는 단지 그러길 바라는 게 아니라 복음이 참되며 자신이 구원받았음을 **알아야** 한다.

조나단 에드워즈는 지적으로 탁월했다. 논쟁으로는 그를 이길 사람이 없었다. 그러나 이 부분에서 에드워즈를 움직인 것은 18세기의 호사투누크 인디언들에 대한 부담감이었다. 그는 뉴잉글랜드에서 인디언들과 가까운 지역에 살았다. 인디언들은 어떻게 그리스도를 믿는 확고한 이성적 믿음에 이를 수 있을까? 이와 똑같은 관심이 나를 움직인다. 어떻게 기독교를 지성인들에게 권하고 변호해야 하느냐에 머물지 않고, 나의 평범한 이웃들과 세계 도처에 산재한 수많은 미전도 종족에게 선포할 수 있을까? 이들은 여러 세대 후에나 교육을 받을 텐데 그때까지 기다릴 수는 없다. 조나단 에드워즈는 자신의 부담감을 이렇게 표현했다.

> 사람들이 복음의 내적 증거를 통해…복음의 영광을 봄으로써, 복음의 진리에 대해 이성적이고 견고한 신념과 확신에 이르지 못한다면, 무지한 사람들과 역사를 모르는 사람들이 복음에 대해 철저하고 유효한 확신을 갖기란 도무지 불가능하다. 이러한 확신이 없어도 이들은 복음의 상당한 개연성을 보기는 할 것이다. 어쩌면 식자들과 역사가들의 말을 신뢰하는 편이 바람직할지도 모르겠다.…그러나 확신을 가지려면, 즉 아주 분명하고 확실하며 명확하기에 그리스도를 위해 용감하게 모든 소유를 팔고, 확신에 차 두려움 없이 모든 것을 해로 여기며, 가장 심하고 오랜 고통을 견디고, 세상을 발등상으로 삼으며, 모든 것을 배설물로 여길 만한 확신을 가지려면, 이들이 역사에서 얻는 증거로는 부족하다.[13]

그렇다. 나는 이러한 그리스도인을 깨우고 싶다. 두려워하지 않고, 모든 것을 해로 여기며, 그리스도를 위해 가장 어려운 고난도 견디며, 마귀를 밟으며, 그리스도를 위해 모든 것을 배설물로 여기며, 그리스도 때문에 죽음을 맞더라도 그 죽음마저 유익하게 여길 줄 아는, 그런 그리스도인을 깨우고 싶다.

그러므로 나의 결론은, 우리가 지성을 사용해야 하지만 지성만으로는 부족하다는 것이다. 우리는 복음을 선포하고 설명하며 확증하고 이해하는 일에 이성을 훈련시켜야 한다. 성도에게 단번에 주신 믿음을 위해 싸워야 한다(유 3). 복음을 변호하고 확증하기 위해 바울처럼 감옥에 갈 준비도 되어 있어야 한다(참고. 빌 1:7). 이것은 필수다.

그러나 우리는 그리스도를 위해 새로워진 지성을 사용할 때 복음을 선포하고 듣는 자리에 성령이 함께하시도록 바울처럼 기도해야 한다. "어두운 데에 빛이 비치라" 말씀하신 하나님이 우리의 마음을 비추어 우리로 예수 그리스도의 얼굴에 있는 하나님의 영광을 보게 해 달라고 기도해야 한다. 그렇게 될 때에야 진정한 믿음이 깨어나고, "모든 것을 해로 여김은 내 주 그리스도 예수를 아는 지식이 가장 고상하기 때문이라"(빌 3:8)고 고백하는 진정한 그리스도인들이 생겨난다.

회심에서 첫째 계명으로

지금까지는(4, 5장) 그리스도를 처음 믿는 과정에서 생각이 어떤 역할을 하는지 살펴보았고, 6장부터는 우리가 하나님을 사랑하라는 대계명을 성취하는 과정에서 생각이 어떤 역할을 하는지 살펴보겠다. 예수님은 우리에게 지성을 다해 하나님을 사랑하고 말씀하셨다(마 22:37). 어떤 사람들은 "부지런히 생각하고 열심히 생각하라. 그러면 이러한 생각의 행위가 곧 하나님을 사랑하는 것이다"라는 의미인 양 이 말씀을 대한다. 내가 보기에는 맞는 말 같지 않다.

나는 지성을 다해 하나님을 사랑한다는 말은, **하나님을 가장 소중히 여길 때 느낄 수 있는 충만을 일깨우고 표현하는 데 우리의 생각이 전적으로 참여한다**는 뜻이라고 말하겠다. 하나님을 보화로 여기는 것이 하나님을 사랑함의 본질이며, 지성은 그 보화의 진리와 아름다움과 가치를 이해함으로써 (불완전하게, 부분적으로, 그러나 진정으로) 우리가 하나님을 사랑하도록 돕는다. 하나님을 알지 못하면 하나님을 사랑하지 못한다. 예수님은 하나님을 보여 주는 가장 완전한 계시다. 따라서 예수님을 진정으로 알면 하나님을 알 수 있다. 그러므로 거듭 보았듯이, 하나님 알기와 하나님 사랑하기에서 읽기―즉, 생각하기(3장)―가 아주 중요한 역할을 한다. 지성으로 하나님 사랑한다는 말을 이렇게 이해하는 성경적 근거는 무엇인가? 이제 이 문제로 눈을 돌려 보자.

6장
지성을 다해 하나님을 사랑하라는 계명

그들 중의 한 율법사가 예수님을 시험하려고 그분께 물었다. "선생님, 어느 것이 가장 큰 계명입니까?" 그러자 예수님이 그에게 대답하셨다. "네 마음을 다하고, 네 영혼을 다하며, 네 지성을 다하여 주 너의 하나님을 사랑하라. 이것이 크고 첫째 되는 계명이다. 그리고 둘째는 이와 같다. 네 이웃을 네 자신만큼 사랑하라. 모든 율법과 선지자가 이 두 계명에 달렸다.

마태복음 22:35-40(NASB 역자 사역)

어느 바리새인이 예수님께 물었다. "선생님, 어느 것이 가장 큰 계명입니까?" 예수님은 이렇게 대답하셨다. "네 마음을 다하고, 네 영혼을 다하며, 네 지성을 다하여 주 너의 하나님을 사랑하라. 이것이 크고 첫째 되는 계명이다. 그리고 둘째는 이와 같다. 네 이웃을 네 자신만큼 사랑하라. 모든 율법과 선지자가 이 두 계명에 달렸다"(마 22:35-40, NASB 역자 사역). 그러므로 성경에서 가장 큰 계명은 하나님을 사랑하는 것이다. 예수님은 우리의 마음과 영혼뿐 아니라 지성을 다해 하나님을 사랑하라고 말씀하신다.

"네 지성을 다하여"(개역개정은 "뜻을 다하여") 하나님을 사랑한다는 말은 무슨 뜻인가? 나는 이 말이 우리의 생각을 특정 방향으로 향하게 한다는 뜻, 즉 **하나님을 가장 소중히 여길 때 느낄 수 있는 충만을 일깨우고 표현하는 데 우리의 생각이 전적으로 참여한다**는 뜻이라고 생각한다.

이를 네 부분으로 나눠 설명한 후에 이 말이 예수님의 말씀에서 비롯되었음을 논증하겠다.

첫째, 내가 지성의 행위를 '생각'이라고 말하는 것에 주목하라. 지성으로 하나님을 사랑한다는 말은 지성을 사용해 생각하는 것을 통해 하나님을 사랑한다는 뜻이다.

둘째, 내가 "네 지성을 **다**하여 하나님을 사랑하라"는 구절에서 '다한다'는 말을 지성의 전적 참여라는 의미로 해석하는 데 주목하라. "우리의 생각이…**전적으로** 참여한다."

셋째, 나는 하나님을 사랑한다는 말을 무엇보다도 하나님을 소중히 여긴다는 뜻으로 정의한다. 다시 말해, 이는 하나님을 귀하게 여기고, 그분을 기뻐하며, 그분을 찬미하고, 그분을 소중히 여기는 것이다. 곧 바울이 "모든 것을 해로 여김은 내 주 그리스도 예수를 아는 지식이 가장 고상하기 때문이라"(빌 3:8)고 말할 때 예수님에 대해 표현했던 것과 같다. 하나님을 향한 사랑은 애정(affection)과 관련이 있다. 관념과 생각과 생각하는 행위도 아주 중요하지만(앞으로 살펴볼 것이다), 이것이 사랑은 **아니다**.

넷째, 나는 생각과 사랑이 같다고 말하지 않는다. 생각은 사랑을 '깨우고' '표현하는' 역할을 한다. 내가 이렇게 말하는 이유는 마귀도 하나님에 관한 올바른 생각을 **하기** 때문이다. 그러나 이러한 생각이 사랑은 아니다. 생각이 사랑이 되려면 생각에 그쳐서는 안 된다.

간략하게 살펴보았으니, 이제 논증으로 넘어가자.

마음, 영혼, 지성의 의미

마음(heart), **영혼**(soul), **지성**(mind)이란 용어는 무엇을 가리키는가? 성경 안에서 이들의 의미는 서로 겹친다. 그러나 각기 초점이 다르다. **마음**과 **지성**의 경우, 사복음서에서 **지성**(*dianoia*)이라는 단어는 하나님을 사랑하라는 명령 외에 단 한 곳, 누가복음 1:51에만 나온다. 여기서 이 단어는 '생각'으로 번역되고, 이 생각은 놀랍게도 '마음'에서 일어난다. "그의 팔로 힘을 보이사 **마음의 생각**(*dianoia*)이 교만한 자들을 흩으셨[다]." 그러므로 **지성**과 **마음**이 서로 겹친다. 마음에는 마음의 생각이 있고, 지성에는 지성의 '영'(spirit) 또는 바울이 에베소서 4:23에서 말하듯이 지성의 '마음'이 있다. "**지성의 영**(spirit of your mind, 개역개정은 "심령", 새번역은 "마음의 영")을 새롭게 하라." 그렇더라도 지성과 마음은 동일하지 않다.

영혼의 경우, 예수님의 말씀을 생각해 보라. "몸은 죽여도 **영혼**은 능히 죽이지 못하는 자들을 두려워하지 말고 오직 몸과 **영혼**을 능히 지옥에 멸하실 수 있는 이를 두려워하라"(마 10:28). 이것은 **영혼**이 생명이나 몸이 아닌 인성임을 암시한다. 몸이 죽어도 영혼은 살아 있다. 그러므로 영혼은 마음(heart)과 지성(mind)을 포함한다. 왜냐하면 예수님은 비록 몸은 썩어도 영혼은 건짐을 받는다고 말씀하시는데, 영혼의 일부인 마음과 지성도 이러한 건짐의 대상이기 때문이다.

그렇다면 우리는 이 용어들에 대해 어떻게 말해야 하는가? 이렇게 요약할 수 있겠다. **마음**은 생각을 배제하지 않는 의지적이고 감성적인 삶의 중심을 강조한다(눅 1:51). **영혼**은 인간의 생명을 하나의 전체로서 강조하지만("사람이 생령이 되니라", 창 2:7), 이따금 몸과 구분된다(마 10:28). **지성**은 생각하는 능력을 강조한다. 마가복음 12:30에서처럼, **힘**이라는 용어가 추가될 때, 지성은 육체적으로나 정신적으로나 활기차게 노력하는 능력을 강조한다(막 5:4; 눅 21:36).

그러므로 이 용어들이 함께 사용될 때의 핵심은 우리의 전 존재로 하나님을 소중히 여겨야 한다는 것이다. 즉, 우리의 모든 부분이 하나도 빠짐없이 하나님을 사랑하는 일에 참여해야 한다. 반복되는 단어 '다하다'("네 마음을 **다하고**, 네 영혼을 **다하며**, 네 지성을 **다하여**")는 하나님을 소중히 여기는 일에 모든 기능이 단지 참여하는 정도가 아니라 **완전히** 참여해야 한다는 뜻이다. 우리는 가장 높은 수준에서 하나님을 소중히 여겨야 한다. 우리는 폭넓게(**모든** 기능으로), 집중적으로(**온전한** 기능으로), 하나님을 가장 소중히 여겨야 한다.

그래서 나는 마태복음 22:37의 '지성'이라는 단어가 **생각**에 특별히 집중하는 우리의 이러한 면을 가리킨다고 본다. 지성을 다해 하나님을 사랑한다는 말은, 하나님을 가장 소중히 여길 때 느낄 수 있는 충만을 일깨우고 표현하는 데 우리의 생각이 전적으로 참여한다는 뜻이다.

왜 나는 하나님을 사랑하는 것을 주로 하나님을 소중히 여기는 것으로 정의하는가? 왜 나는 하나님을 사랑하는 것이 단지 생각이나 행동이 아니라 본질적으로 감정의 경험이라고 믿는가? 이에 대해서는 가벼운 힌트도 있고, 확실한 이유도 있다.

가벼운 힌트

가벼운 힌트 가운데 하나는 예수님의 명령에서 단어들이 배열된 **순서**를 보면 마음이 가장 먼저 나온다는 사실이다. "네 **마음**을 다하고, 네 영혼을 다하며, 네 지성을 다하여." 이는 하나님을 향한 사랑의 가장 깊은 근원이 마음이며, 마음이 영혼과 지성의 행위를 통해 표현됨을 암시한다.

또 다른 힌트는 누가가 대계명을 기록할 때, 나머지 세 단어와 달리 '마음'에만 다른 전치사를 사용했다는 사실이다. "네 마음을 다하고[ex], 네 영혼을 다하며[en], 네 힘을 다하고[en], 네 지성을 다하여[en] 주 너의 하나님을 사랑하라"(눅 10:27, NASB 역자 사역). 영어 번역에서는 이런 차이가 드러나지 않지만, '마음'에 사용된 전치사(ex)는 마음이 하나님을 향한 우리 사랑의 근원임을 암시한다. 반면에, 영혼과 힘과 지성에 사용된 전치사(en)는 이것들이 사랑의 도구임을 암시한다. 이것이 사랑이 무엇보다도 마음의 감정이라는 가벼운 힌트다. 정확히 말하자면, 확증이 아니라 암시다.

또 다른 힌트는 모세가 신명기 30:6에서 하나님이 **마음**에 할례를 행하실 것이므로 언젠가 하나님을 새로운 방법으로 사랑하는 것이 가능하다고 약속했다는 것이다. "네 하나님 여호와께서 네 마음과 네 자손의 마음에 할례를 베푸사 너로 마음을 다하며 뜻을 다하여 네 하나님 여호와를 사랑하게 하사 너로 생명을 얻게 하실 것이며." 하나님을 향한 사랑이 가능하도록 **마음**에 변화가 일어나야 한다는 데 초점이 맞춰져 있다. 그리고 이 사랑은 "뜻(soul, 영혼)을 다해…사는" 것으로 표현된다. 이 약속은 예수님에게서 성취되었다. 왜냐하면 예수님은 우리 죄 때문에 돌아가셨고, 하나님을 '강렬하게 아름다운' 분으로 보도록 우리 마음을 변화시키시기 때문이다(마 11:27; 요 17:26).

확실한 이유들

'강렬하게 아름다운'이란 표현을 사용한 이유는 초점을 가벼운 힌트에서 확실한 이유로 옮기기 위해서다. 나는 이 표현을 통해 다음의 두 가지 논증을 강조하고자 한다. 첫째, 하나님을 사랑하는 것은 결정이 아니다. 우리는 클래식 음악이나 컨트리 음악을 사랑하겠다고 결정하지 못한다. 그 음악에 강렬하게 끌려야 한다. 우리 속에서 변화가 일어나야 한다. 이러한 변화 때문에 그 음악에 매력을 느끼는 강렬한 감각이 깨어난다. 하나님을 사랑할 때도 마찬가지다. 우리는 단순히 하나님을 사랑하기로 결정하는 것이 아니다. 우리 속에서 변화가 일어나고, 그 결과 하나님의 강렬한 매력에 끌린다. 하나님의 영광, 곧 하나님의 아름다움이 우리의 찬미와 기쁨을 재우친다. 하나님이 우리의 가장 귀한 보화가 되신다. 우리가 그분을 사랑하게 되는 것이다.

내가 '강렬하게 아름다운'이라는 표현을 통해 또 하나 강조하고 싶은 것은, 하나님을 향한 사랑은 본질적으로 생각이나 행동이 아니라 애정이며 관념이나 행위가 아니라 기쁨이라는 점이다. 하나님은 우리의 가장 큰 즐거움이다. 우리는 그분을 알고, 그분을 보며, 그분과 함께하고, 그분처럼 되기를 그 무엇보다 더 좋아한다. 이렇게 믿는 데는 확실한 이유가 있다.

첫째, 예수님은 첫째 계명과 둘째 계명을 구분하시며 이렇게 말씀하셨다. "네 마음을 다하고, 네 영혼을 다하며, 네 지성을 다하여 주 너의 하나님을 사랑하라. 이것이 크고 첫째 되는 계명이다. 그리고 둘째는 이와 같다. 네 이웃을 네 자신만큼 사랑하라"(마 22:37-39, NASB 역자 사역). 둘째 계명은 첫째 계명과 닮았지만 동일하지는 않다. 달리 말하면, 둘째 계명은 첫째 계명이 아니다. 하나님 사랑과 이웃 사랑은 같지 않다. 첫째 계명은 일차적이며, 이보다 큰 계명이 없다. 둘째 계명은 이차적이며 첫째 계명—하나님 사랑하기—에 달렸다.

둘은 확실히 분리되지 않는다. 진정한 하나님 사랑은 이웃 사랑을 낳기 때문이다. 그러나 분명 다르다. 이웃을 향한 생각과 사랑의 행위가 하나님 사랑하기와 똑같지는 않다. 이웃을 향한 생각과 사랑의 행위는 하나님을 향한 사랑의 **넘침** 혹은 열매다. 하나님 사랑하기와 이웃을 대하는 방식은 동의어가 아니다. 하나님 사랑하기는 하나님을 향한 강렬한 찬미와 충성과 기쁨이다.

둘째, 바리새인들이 제자들의 거리낌 없는 행동을 비판하자 예수님이 이들을 꾸짖으셨다. "이사야가 너희 외식하는 자에 대하여 잘 예언하였도다. 기록하였으되 이 백성이 입술로는 나를 공경하되 마음은 내게서 멀도다"(막 7:6-7). 바꿔 말하면, 예수님은 외적 행위는—그분을 향한 종교적 행위라 하더라도—예배의 본질이 아니라고 말씀하신다. 외적 행위는 사랑의 본질이 아니다. 마음에서 일어나는 것이 본질이다. 외적 행위는, 그것이 하나님을 그 무엇보다 소중히 여기는 거침없는 마음에서 비롯될 때 하나님을 기쁘게 한다.

셋째, 예수님은 이렇게 말씀하셨다. "한 사람이 두 주인을 섬기지 못할 것이니 혹 이를 미워하고 저를 사랑하거나 혹 이를 중히 여기고 저를 경히 여김이라. 너희가 하나님과 재물을 겸하여 섬기지 못하느니라"(마 6:24). 하나님 사랑하기의 반대는 하나님 '미워하기'와 하나님 '경히 여기기'(업신여기기)이다. '미워한다'와 '경히 여긴다'는 모두 매우 감정적인 단어다. 따라서 이와 상반되는 단어 역시 강한 감정이라는 것을 알 수 있다. 그러므로 하나님 사랑하기는 단순한 외적 행위가 아니라 강한 내적 감정이다.

그러나 어떤 사람은 '섬기다'가 마태복음 6:24의 핵심 단어이며, 따라서 하나님 사랑하기가 하나님 섬기기임을 암시한다고 말할지 모르겠다. 그러나 이것은 이 구절이 말하는 바가 아니다. 이 구절은 우리가 두 주인(하나님과 돈)을 섬기지 못하는 이유가 섬김의 행위 뒤에 상반되는 격정, 곧 '미움 대 사랑,' '헌신 대 경멸'이 있기 때문이라고 말한다. 예수님은 하나님 사랑하기와 하나님 섬기기를 동일시하지 않으신다. 예수님은 하나님 섬기기의 뿌리를 하나님 사랑하기에 두신다. 하나님 사랑하기는 마치 사람들이 돈을 소중히 여기는 것처럼, 그러나 훨씬 더 깊게, 전혀 다른 이유로 하나님을 소중히 여기는 것이다.

하나님 사랑하기란 본질적으로 하나님을 가장 소중히 여기는 것이다. 하나님을 가치 있게 여기고, 그분을 귀하게 여기며, 그분을 찬미하고, 그분을 기뻐하는 것이다. 지성을 다해 하나님을 사랑한다는 말은 **하나님을 가장 소중히 여길 때 느낄 수 있는 충만을 일깨우고 표현하는 데 우리의 생각이 전적으로 참여한다**는 뜻이다.

하나님, 내 모든 기쁨의 즐거움

하나님을 향한 사랑을 이렇게 보는 방식은 시편에서 확인할 수 있다. 예수님은 자신을 시편의 목적과 초점과 성취로 보셨고(마 5:17; 눅 24:27; 요 5:39), 따라서 시편 기자들의 체험을 확대하고 성취하는 사랑을 요구하실 것이다. 시편 기자들은 하나님을 향한 사랑을 노래하는데, 그 사랑은 배타적(독점적)이다. "하늘에서는 주 외에 누가 내게 있으리요? 땅에서는 주 밖에 내가 사모할 이 없나이다"(시 73:25). "내가 여호와께 아뢰되 주는 나의 주님이시오니 주밖에는 나의 복이 없다 하였나이다"(시 16:2).

시편 기자들은 이웃 사랑도 노래한다(시 16:3). 그렇다면 하나님을 향한 배타적(독점적) 사랑은 무엇을 의미하는가? 우리는 시편 43:4에서 실마리를 얻는데, 여기서 시인은 "내가 하나님의 제단에 나아가 **나의 큰 기쁨의 하나님께** 이르리이다"라고 노래한다. "나의 큰 기쁨의 하나님"을 문자적으로 표현하자면 "나의 즐거움의 기쁨" 또는 "나의 환희의 기쁨"이다.[1] 하나님이 우리에게 기쁨 중의 기쁨이 되신다는 뜻이다.

바꿔 말하면, 내가 하나님이 지으신 모든 좋은 것을 기뻐할 때, 언제나 그분이 내 기쁨의 중심이고 내 기쁨의 즐거움이다. 내가 무엇을 기뻐하든, 언제나 하나님이 내 기쁨의 중심이다. 하나님이 중심이 아닌 기쁨은 모두 공허한 기쁨이며, 결국 거품처럼 꺼져 버린다. 그래서 아우구스티누스는 이렇게 기도했다. "무엇이든 당신과 겸하여 사랑하는 자는 당신을 지극히 적게 사랑하는 자입니다. 당신을 위해 그것을 사랑하는 것이 아니기 때문입니다."[2]

마지막으로, 내가 이 장을 시작하며 간략히 제시했던 것 중에서 분명히 해야 할 것이 있다. 나는 생각이 하나님 사랑하기와 어떻게 연결되는지를 말하면서, 생각이 사랑을 '깨우고' '표현한다'고 했다. 하나님을 향한 사랑의 불은 생각이라는 기름을 필요로 하는데, 그 불은 또한 생각과 행동의 엔진을 돌린다. 순환이 일어나는 것이다. 생각은 불에 기름을 끼얹고, 불은 더 많은 생각과 행동을 유발한다. 나는 하나님을 알기에 하나님을 사랑한다. 나는 하나님을 사랑하기에 하나님을 더 알기 원한다.

토머스 굿윈(Thomas Goodwin)은 영국 청교도 목사였으며, 옥스퍼드의 모들린 대학 총장을 지내기도 했다. 그는 진지한 생각과 영적 감정이 서로에게 끼치는 놀라운 유익을 이렇게 표현했다.

> 생각과 감정은 상호 원인(*sibi mutuo causae*)이 된다. "[내가] 묵상할 때에 불이 붙으니"(시 39:3). 그러므로 생각하면 감정이 일어나고 타오른다. 감정이 타오르면 생각이 끓는다. 따라서 이제 막 하나님께 돌아온 사람들, 새롭고 강렬한 감정을 가진 사람들은 어느 때보다 하나님을 기쁘게 생각할 줄 안다.[3]

생각과 사랑이 서로 연결되는 핵심적인 이유는 하나님을 알지 않고는 하나님을 사랑하지 못하기 때문이며, 우리는 성령이 주신 지성을 사용해 하나님을 알 수 있다. 그러므로 '지성을 다해 하나님을 사랑한다'는 말은, 하나님을 최고로 소중하게 여기려는 목적에서 그분을 알기 위해 자신의 모든 사고력을 동원한다는 뜻이다.

하나님은 근거 없는 사랑에 높임을 받지 않으신다. 사실, 근거 없는 사랑이란 없다. 우리가 하나님을 전혀 알지 못한다면, 우리의 지성에는 사랑을 깨울 만한 게 전혀 없을 것이다. 하나님을 향한 사랑이 하나님을 아는 지식에서 나오지 않는다면, 그것을 **하나님을 향한** 사랑이라 부르는 것은 무의미하다. 우리 마음에 모호한 끌림이 있거나 우리 영혼에 흐릿한 감사가 있을지는 모르지만, 이러한 끌림과 감사가 하나님을 아는 지식에서 비롯되지 않는다면, 그건 하나님을 향한 사랑이 아니다.

예수님을 예배하지 않는다면 하나님을 사랑하는 것이 아니다

예수님은 하나님을 드러내는 가장 충만한 계시다. 예수님은 "나를 본 자는 아버지를 보았거늘"(요 14:9)이라고 말씀하셨다. 예수님을 얼마나 사랑하고 아는가를 보면 하나님을 얼마나 사랑하고 아는가를 가늠할 수 있다. 그래서 예수님은 이렇게 말씀하셨다. "다만 하나님을 사랑하는 것이 너희 속에 없음을 알았노라. 나는 내 아버지의 이름으로 왔으매 너희가 영접하지 아니하나"(요 5:42-43). 예수님의 대적들은 그분을 영접하지 않기 때문에 그들 속에 하나님을 사랑하는 것이 없다. "나를 저버리는 자는 나 보내신 이를 저버리는 것이라"(눅 10:16 하). 이들이 하나님을 사랑한다면, 예수님도 사랑할 것이다. 왜? 예수님은 그 어느 계시보다 하나님을 더 분명하고 충만하게 나타내시기 때문이다.

그러므로 예수님이 **우리의 지성을 다해** 하나님을 사랑하라고 말씀하신 핵심적인 이유는 지성이 예수님을, 곧 하나님을 생각하도록 하기 때문이다. 우리가 지성을 사용해 예수님의 인격과 사역에 나타난 하나님의 충만한 계시를 알고 생각하지 않는다면 하나님을 알지 못한다. 하나님을 알지 못하면 그분을 사랑하지 못한다. 하나님을 사랑하지 못하면 지성을 사용하는 모든 부분에서 그분의 가치를 표현하지 못한다.

그러므로 하나님이 우리에게 지성을 주신 목적은, 우리가 성령의 도움을 받아 생각함으로써 예수님을 통해 하나님의 진리와 아름다움과 가치를 알고, 그분을 모든 것보다 소중히 여기며, 우리의 지성으로 할 수 있는 모든 방법으로 이것을 표현하는 데 삶을 바치게 하기 위해서다. 또는 내가 이 장을 시작하며 말했듯이, 지성을 다해 하나님을 사랑한다는 말은, **하나님을 가장 소중히 여길 때 느낄 수 있는 충만을 일깨우고 표현하는 데 우리의 생각이 전적으로 참여한다**는 뜻이다.

그러나 만약 아는 일이 불가능하고 알아야 할 대상이 없다면, 내가 지금껏 한 말은 모두 무의미해질 것이다. 나의 목적은 하나님을 사랑하기 위해 그분을 힘써 알도록 당신을 독려하는 것이다. 그러나 실재에 대한 믿을 만하고 객관적인 지식이 없다면, 이런 나의 목적은 무의미해질 것이다. 안타깝게도 우리 시대에는 이런 지식이 불가능하다는 생각이 널리 퍼져 있다.

이러한 태도를 일컬어 **상대주의**라고 한다. 앞으로 몇 장에 걸쳐 상대주의란 무엇이고, 예수님은 상대주의를 어떻게 생각하셨는지 살펴보겠다. 7장에서는 상대주의가 지적으로 매력적이지도 않으며 도덕적으로 올바르지도 않음을 입증하겠다. 상대주의는 감성적인 만족을 준다. 이는 상대주의가 외부의 판단으로부터 개인의 기호와 취향을 지켜 주는 듯 보이기 때문이다. 예수님은 지성이 이렇게 얼토당토않게 사용되는 것을 아셨고, 이러한 현상을 좋게 여기지 않으셨다.

8장에서는, 상대주의라는 질병의 일곱 가지 부정적인 영향에 예방 주사를 놓음으로써, (원한다면) 당신이 상대주의에 감염되지 않도록 면역 체계를 구축하겠다.

7장
예수님이 만난 상대주의자들

예수께서 성전에 들어가 가르치실 새 대제사장들과 백성의 장로들이 나아와 이르되 네가 무슨 권위로 이런 일을 하느냐? 또 누가 이 권위를 주었느냐? 예수께서 대답하시되 나도 한 말을 너희에게 물으리니 너희가 대답하면 나도 무슨 권위로 이런 일을 하는지 이르리라. 요한의 세례가 어디로부터 왔느냐? 하늘로부터냐 사람으로부터냐? 그들이 서로 의논하여 이르되 만일 하늘로부터라 하면 어찌하여 그를 믿지 아니하였느냐 할 것이요, 만일 사람으로부터라 하면 모든 사람이 요한을 선지자로 여기니 백성이 무섭다 하여 예수께 대답하여 이르되 우리가 알지 못하노라 하니 예수께서 이르시되 나도 무슨 권위로 이런 일을 하는지 너희에게 이르지 아니하리라.

마태복음 21:23-27

이제껏 여러 장에서 살펴보았듯이, 우리는 하나님과 그분의 길을 알 수 있다. 이생에서 확실하고 완전하게 알지는 못하더라도(고전 13:12) 진정으로 알 수 있다(요 14:9). 생각은 실재(실체)가 없는 삶의 무대에서 즐기는 오락이 아니다. 생각은 실재하시는 하나님을 아는 데 실제로 유익하다. 생각은 하나님이 자신에 관해, 세상에 관해, 우리가 세상에서 어떻게 살아야 하느냐에 관해 드러내신 계시를 아는 데 실제로 유익하다. 그리고 5장에서 보았듯이, 하나님은 생각이 복음에 나타난 그리스도의 영광을 아는 데 유익하도록 계획해 놓으셨다. 이것은 우리가 그리스도를 믿게 되고 죄사함을 받아들이며 영생을 선물로 받는 과정에서 생각이 필수라는 뜻이다.

그러나 어느 때나 지성을 달리 사용하는 사람들은 있었다. 어떤 사람들은 우리 외부에는 인식 가능한 객관적 실체가 없다고 주장한다. 이들은 우리의 생각이 하나님이나 외부의 그 무엇에 대해서 믿을 만한 지식을 낳지 못하며, 다만 개인이나 공동의 선호와 시각을 표현할 뿐이라고 말한다. 따라서 생각은 하나님의 본성과 뜻 안에 분명하게 드러나는 보편타당한 진리나 아름다움이나 선으로 우리를 인도하지 못한다. 우리는 생각을 통해 자기 느낌과 지각을 표현할 뿐이다. 그러나 이런 표현은 우리 외부에 존재하는 보편타당한 진리와 일치하지 않는다.

이것이 바로 세상을 보는 **상대주의**적 관점이다. 상대주의 시각으로 보면, **진리**—어쨌든 이 용어를 사용한다면—는 하나님과 인간과 삶에 관해 보편적으로 참인 진술을 가리키는 것이 아니다. 그것은 우리 자신의 내적인 정직, 곧 자신이 세상을 보는 방식 그대로 행동하는 것을 말할 뿐 모든 사람이 동의해야 하는 진리를 가리키지는 않는다. 진리를 부정하는 이러한 관점이 참이라면(이 말 자체도 모순이다) 나는 이 책을 지금 같은 방식으로 써서는 안 된다.

내 목적은 당신이 하나님을 사랑하기 위해 하나님을 힘써 알도록 북돋우는 것이다. 이러한 목적은 한 가지 확신에 근거한다. 하나님이 존재하며, 그분이 자신과 자신의 뜻을 성경을 통해, 무엇보다도 예수 그리스도 안에서 계시하셨고 자신의 세상에서도 계시하셨다는 확신이다. 그리고 하나님은 절대 변하지 않으신다. 그러므로 하나님은 사람과 세상과 삶에 관한 진리를 지탱하는 확고하고 보편적이며 절대로 변하지 않는 기초가 되신다. 하나님과 그분의 말씀이 진리다. 나의 목적은 당신이 이 진리를 아는 수단으로 생각을 받아들이도록 독려하는 것이다.

이런 진리가 존재하지 않거나 존재하더라도 알 길이 없다면 이러한 목적은 무의미하다. 그러므로 나는 상대주의가 분명히 잘못된 시각일 뿐더러 실제로 매우 해롭기까지 한 시각이라고 생각한다. 그래서 이 장과 다음 장에서는 상대주의가 무엇이고, 예수님이 상대주의를 어떻게 생각하셨으며, 왜 상대주의가 실제로 악한지 살펴볼 것이다.

상대주의란 무엇인가?

우리는 먼저 상대적 지식이 있다는 사실에 동의해야 한다. 더 나아가, 상대적인 생각이 좋을 뿐 아니라 불가피하다고 말해야 한다.

예를 들어, 내가 '버락 오바마는 키가 크다'고 말했다고 하자. 이 말은 기준에 따라 참이 되기도 하고 거짓이 되기도 한다. 나를 기준으로 한다면, '버락 오바마는 키가 크다'는 말은 참이다. 그러나 시어스 타워나 기린이 기준이라면 이 말은 거짓이다. 그러므로 '버락 오바마는 키가 크다'는 말은 그 순간의 기준에 따라 참이 되기도 하고 거짓이 되기도 한다. 즉,

'상대적이다.'

이것은 생각하고 말하는 데 적절하면서도 불가피한 방식이다. 이런 의미에서 진리 주장이 상대적이라고 말하지 못한다면 사람들이 실제로 진리를 말하는데도 그들이 말하는 문맥이나 기준을 알지 못해 그들이 틀렸다고 몰아붙이게 될 것이다.

이런 예는 일상적인 언어생활에서 흔하게 나타난다. **나의 아버지는 오래 사셨다.** 사람의 평균수명이 기준이라면 이 말은 참이다. 그러나 문명이나 삼나무가 기준이라면 이 말은 거짓이다. **그 자동차는 과속했다.** 제한 속도 시속 60킬로미터가 기준이라면 이 말은 참이다. 그러나 자동차 경주가 기준이라면 이 말은 거짓이다. **아기가 큰소리로 울었다.** 사람들이 나누는 대화소리가 기준이라면 이 말은 참이다. 그러나 천둥소리가 기준이라면 이 말은 거짓이다. 이런 예는 허다하다.

왜 우리는 이러한 생각의 방식을 **상대주의**라고 하는가? '버락 오바마는 키가 크다'고 말하는 사람이나 '버락 오바마는 키가 작다'고 말하는 사람이나 자기 말이 참이라고 입증하는 객관적인 외부 기준을 가지고 말하기 때문이다. 한 사람은 사람을 기준으로 말했고, 다른 사람은 기린을 기준으로 말했다. 그러므로 상대방의 기준이 무엇인지 안다면, 두 사람은 서로의 주장에 동의할 수도 있고 동일한 기준을 토대로 논증할 수도 있다. 이러한 논증이 가능한 까닭은 상대주의 때문이 아니다. 사실 이러한 논증이 가능한 까닭은 오로지 하나뿐인데, 그것은 논증자들이 상대주의를 거부하기 때문이다.

그렇다면 우리가 일반적으로 말하는 **상대주의적 사고방식**이란 무엇인가? 어떤 사람이 다음과 같이 말한다면 우리는 상대주의를 대하고 있는 것이다.

- 진술의 참과 거짓을 판가름하는 객관적인 외적 기준이란 없다.
- 외적 기준이 있을지라도 우리는 그런 기준이 있는지 알 수 없다.
- 객관적 기준이 있고, 우리는 그런 기준이 있음을 안다. 그러나 아무도 그것이 무엇을 의미하는지 알지 못하며, 따라서 그 기준은 보편타당한 기준이 되지 못한다.
- 객관적인 외적 기준이 있을지 모른다. 그러나 나는 그 기준이 무엇인지 관심이 없다. 나는 그 기준을 따르지 않겠다. 그 기준을 내 확신의 근거로 삼지도 않겠다. 나는 나 자신의 기준을 만들겠다.

버락 오바마의 키를 가지고 말하면 이런 말들이 우스꽝스럽게 들릴지도 모르겠다. 이보다 폭발력이 있고 논쟁을 불러일으키며 우리 사회와 직접 관련된 진술로 넘어가 보자. '남자들 간의 성관계는 옳지 않다.' 두 사람이 이 문제에 대해 다른 견해를 가지고 있지만 상대주의자는 아닐지 모른다. 두 사람 다 이렇게 말할지도 모른다. "이 진술을 평가하는 객관적이고 외적인 기준이 있어요. 다시 말해, 영감된 성경이 계시하는 하나님의 뜻이 있어요." 한 사람은 성경이 동성애가 옳지 않다고 가르친다고 말하고, 다른 사람은 성경이 동성애를 허용한다고 말할지도 모른다. 이것은 상대주의가 아니다.

상대주의는 누군가 이렇게 말할 때 작동한다. "옳고 그름을 판단하는 기준, 모두에게 타당한 기준, 알 수 있고 객관적인 외적 기준이란 없어요. 당신은 남자들 간의 성관계가 옳지 않다고 했는데, 그건 **당신의** 기준에서 나온 말이니 상대적이에요. 그러니 다른 사람들이 당신의 평가 기준을 따라야 한다고 말해서는 안 돼요." 참과 거짓, 옳음과 그름, 좋음과 나쁨, 아름다움과 추함을 판단하는 어느 기준도 다른 기준에 우선하지 못한다.

모두에게 타당한 기준이란 없다는 것이다.

상대주의의 본질

이런 전제는 진리에 관해 무엇을 암시하는가? 상대주의자들은 이런 전제를 가지고 진리가 없다는 결론을 이끌어낼 것이다. 모두에게 타당한 객관적인 외적 기준이 없으므로 진리란 무익하고 혼란스런 범주에 지나지 않는다. 설사 그들이 **진리**라는 단어를 계속 사용하더라도 단지 **자신의 주관적 선호를 뒷받침하는 그 무엇**이라는 의미로 사용할 뿐이다. 우리는 성경이나 코란, 몰몬경, 「마오저뚱 어록」(Little Red Book), 공자의 말씀, 아인 랜드(Ayn Land)의 철학, 자신의 즉흥적 욕구, 그 외에 수백 가지 기준 가운데 어느 것을 선택해도 좋다. 어느 경우든 우리는 "당신에게는 참이지만 내게는 참이 아니에요!"라는 소리를 들을 것이다. 어느 쪽이든 우리는 상대주의를 대하고 있다.

요약해 말하면, 상대주의의 본질은 '남자들 간의 성관계는 옳지 않다' 는 주장처럼, 진리 주장이 모두에게 타당한 평가 기준을 토대로 하지 않는다는 확신이다. 우리가 알 수 있는 기준이란 없다. 참과 거짓, 옳음과 그름, 좋음과 나쁨, 아름다움과 추함 같은 개념은 개인의 기호나 합의된 공동체의 가치관을 표현하기에는 유용하나 이런 개념이 보편타당한 기준을 토대로 한다고 주장해서는 안 된다. 이것이 상대주의의 본질이다.

그러면 우리는 이것을 어떻게 이해해야 하는가? 왜 나는 상대주의가 세상을 보는 나쁜 방식이라고 했는가? 예수님이 고전적이며 실제적인 상대주의자들을 어떻게 대하셨는지를 살펴보면서 상대주의에 대한 평가를 시작해 보자. 예수님이 상대하신 사람들은 스스로를 상대주의자라고 생각하는 만개한 상대주의자가 아니라, 어느 시대나 일반적이었던 가장 흔한 부류의 실질적 상대주의자였다. 마태복음 21:23-27을 보자.

예수께서 성전에 들어가 가르치실 새 대제사장들과 백성의 장로들이 나아와 이르되 네가 무슨 권위로 이런 일을 하느냐? 또 누가 이 권위를 주었느냐? 예수께서 대답하시되, 나도 한 말을 너희에게 물으리니 너희가 대답하면 나도 무슨 권위로 이런 일을 하는지 이르리라. 요한의 세례가 어디로부터 왔느냐? 하늘로부터냐 사람으로부터냐? 그들이 서로 의논하여 이르되 만일 하늘로부터라 하면 어찌하여 그를 믿지 아니하였느냐 할 것이요, 만일 사람으로부터라 하면 모든 사람이 요한을 선지자로 여기니 백성이 무섭다 하여 예수께 대답하여 이르되 우리가 알지 못하노라 하니 예수께서 이르시되 나도 무슨 권위로 이런 일을 하는지 너희에게 이르지 아니하리라.

대제사장들과 장로들이 진리를 어떻게 대하는지 주의 깊게 살펴보라. 예수님은 이들에게 그저 진리 주장에 대해 입장을 밝히라고 요구하실 뿐이다. "요한의 세례가 하늘로부터 왔는가 아니면 사람에게서 나왔는가? 너희는 무엇이 진리라고 믿는지 너희 입장을 분명히 밝혀라."

그래서 이들은 골똘히 궁리한다. "요한의 세례가 하늘로부터 왔다고 말하면 어떻게 될까? 그러면 저 자는 우리더러 위선자라며 창피를 주겠지. 왜 우리가 요한의 메시지를 믿지 않았느냐며 다그칠 거야. 우리가 요한의 세례가 하늘로부터 왔다고 생각한다고 **말은 하면서도** 정작 그렇게 **살지는** 않는다고 닦아세우겠지. 그러면 우리는 저 많은 사람들 앞에서 속절없이 창피를 당할 거야.

하지만 요한의 세례가 사람에게서 나왔다고 말하면 사람들이 너나없이 요한을 선지자라고 믿으니 우리를 해칠지도 몰라. 어쩌면 폭동을 일으킬지도 모를 일이야. 그러니 창피도 안 당하고 폭도에게 해코지도 안 당하려면 어느 쪽도 참이라고 말하지 말고 얼렁뚱땅 넘어가는 게 좋겠어. 그냥 모른다고 얼버무리는 게 좋겠어."

우리는 이것을 어떻게 이해해야 하는가? 이것은 만개한 상대주의가 아니라 상대주의의 씨앗이다. 부패한 지성은 이런 식으로 작용한다. 이것을 4, 5장에서 살펴본 내용, 곧 믿게 되는 과정에서 생각이 하는 역할과 연결해 보자. 4, 5장에서 살펴보았듯이, 변화를 일으키는 은혜가 없으면(롬 12:2; 엡 4:23), 인간의 지성은 부패하고(딤전 6:5), 상실(타락)하며(롬 1:28), 혼미해지고(고후 4:4), 어두워지며 허망해진다(엡 4:17-18). 그러나 하나님이 지성을 창조하신 목적은 우리가 진리를 발견하며 하나님을 신뢰하고 사람을 사랑함으로써 그 진리에 반응하게 하기 위해서다.

하지만 마태복음 21:23-27은 죄에 사로잡힌 인간의 지성이 어떻게 되었는지를 또렷하게 보여 준다. 장로들과 대제사장들은 예수님의 물음에 진실하게 대답하는 데 지성을 사용하지 않는다. 이들은 지성을 어떻게 사용하는가? 신중하게 사용한다. 이들은 진리를 뒷받침하는 데 지성을 사용해야 하는 사람들이다. 그렇다면 지성을 전혀 사용하지 않는가? 아니다. 이들은 지성을 예리하게 사용한다. 마태는 이런 생각이 내적으로 어떻게 작용하는지 보여 준다. 모두가 생각을 한다. 차이가 있다면 우리가 진리를 섬기는 방식으로 생각하느냐 아니면 대제사장들과 장로들이 생각하는 방식으로 생각하느냐다.

진리를 숨기려는 신중한 추론

이들은 신중하게 추론한다. "우리가 어차저차 말하면 저차여차 되겠지! 우리가 저차여차 말하면 여차저차 될 거야!" 이들은 신중하게 추론하고 있다. 왜? 진리가 걸려 있기 때문에? 아니다. 자신의 자존심과 체면이 걸려 있기 때문이다. 이들은 창피당하고 싶지 않으며, 해를 입고 싶지도 않다.

이것이 4장에서 살펴본 내용이다. 사람들은 아침저녁으로 하늘을 보고 올바른 추론을 하면서도, 정작 예수님이 누구신지 알아내는 데는 도무지 동일한 추론을 하려 들지 않았다(마 16:1-4). 이들은 바다에서 안전하길 원했다. 그러나 예수님을 참 모습 그대로 알려고 하지는 않았다. 이들의 지성은 날씨에 대해서는 올바른 추론을 했다. 자기 체면이 달렸기 때문이다. 이들은 육체의 안전을 사랑했다. 하지만 하나님의 아들을 알기에는 증거가 턱없이 부족하다고 주장했다. 그분은 이들의 욕망에 크나큰 위협이었다.

그렇다면 마태복음 21:23-27에서 지성과 그 하녀인 언어는 어떻게 되었는가? 지성은 제사장들과 장로들의 욕망을 섬기는 약삭빠른 종이 되었고, 언어는 부패를 감추는 교묘한 수단이 되었다. 이들은 진리가 이끄는 대로 말하지 않았다. 요한의 세례가 하늘로부터 왔는지 사람에게서 나왔는지는 중요하지 않았다. 이들에게 진리는 중요하지 않다. 마찬가지로 우리 역시 창피당하지 않고 해를 입지 않는 게 중요하다. 그래서 우리는 진리에 대한 무관심을 숨기고, 교만과 안락의 신에 대한 충성심을 숨기려고 언어를 교묘하게 이용한다. 그러고는 말한다. "우리가 알지 못하노라."

예수님의 반응은 이러한 표리부동을 어떻게 처리해야 하는지 더없이 분명하게 보여 준다. 예수님은 "나도 무슨 권위로 이런 일을 하는지 너희에게 이르지 아니하리라"고 말씀하신다. 달리 말하면, "도무지 말이 안 통하는구려! 당신 같은 사람들과는 진지한 대화가 어렵겠소. 개발의 편자라고나 할까!" 예수님은 인간의 사고와 언어라는 영광스런 선물을 이렇게 팔아먹는 오만하고 비겁한 매춘 행위를 혐오하신다.

조금 전에 나는 이 단락이 상대주의의 씨앗을 드러낸다고 말했다. 내 말은 이런 뜻이다. 상대주의의 씨앗은 하나님의 다스림을 받는 대신, 하나님의 권위를 가졌다고 생각되는 다른 기준의 다스림을 받으려는 인간의 죄악된 욕망이다. 이러한 뿌리 깊은 반역은 다양하게 표현된다. 그 가운데 하나는 이렇게 말하는 것이다. "하나님, 당신의 기준을 따르지 않겠습니다. 내 자신의 기준을 스스로 만들겠습니다." 반역을 꾀하는 한층 미묘하고 일반적인 방법은 이렇게 말하는 것이다. "하나님의 기준이란 없어!" 또는 "하나님의 기준은 알 수가 없어! 다시 말해, 나의 행위를 판단할 보편타당한 기준이란 건 없어! 그러니 나는 외부의 권위에 지배받지 않아! 내 마음대로 할 수 있다고!" 이것들이 상대주의의 씨앗이다. 상대주의는 여기서 싹튼다.

은행에는 상대주의자가 없다

상대주의는 일관된 철학 체계가 아니다. 상대주의는 모순투성이다. 논리적 모순과 경험적 모순으로 가득하다. 대학교 2학년 정도라면 '모든 진리는 상대적이다'라는 진술에 대해 어딘가 모르게 구린 냄새가 난다고 느낄 것이다. 이들은 '비모순율'이라는 용어를 대지는 못해도, 이것을 느끼고 감지한다. 진리를 뒤엎는 진술이 진리라는 주장은 자기모순이다. 그러니 상대주의가 진리가 아니라면 상대주의에 귀를 쫑긋할 까닭이 어디 있겠는가?

비즈니스맨이라면 누구나 안다. 철학적 상대주의자들도 은행에 들어갈 때는 상대주의를 문 밖에 세워 놓고 들어가 계약서를 읽는다는 사실을. 사람들이 상대주의를 받아들이는 까닭은 상대주의가 철학적으로 정서적으로 만족을 주기 때문이다. 상대주의는 사람들이 살아가면서 절대적인 것에 간섭받지 않고 자신이 원하는 대로 하려는 결정적인 순간에 보호막을 쳐 준다.

대제사장들과 장로들이 바로 이런 모습을 보인다. 이들은 진리에 도무지 관심이 없다. 오로지 자기 체면에 관심을 둘 뿐이다. 그러므로 이들은 하나님이 주신 진리의 하녀들—생각하기와 말하기—을 자기 보호를 위한 노예로 삼아 버린다. 이들은 자신이 빠져나갈 구멍을 궁리하고, 창피와 해를 모면하려고 언어를 교묘히 이용한다. 자기 과시야말로 상대주의의 가장 깊은 뿌리다.

자기 과시는 지성을 고상하게 활용하지 못하게 막는 적이다. 자기 과시는 우리가 피해야 하고 슬퍼하며 극복하려고 노력해야 하는 태도다. 상대주의로부터 자신을 보호하는 한 방법은 상대주의의 결과가 얼마나 악하고 파괴적인지를 자각하는 것이다. 다음 장에서 이 문제를 다루자.

8장
상대주의의 일곱 가지 폐해

현대 설교자가 교회의 신앙고백을 어느 정도나 인정하느냐 또는 어느 정도나 인정하지 않느냐는 주변적인 문제에 지나지 않는다.…예를 들면, 그는 웨스트민스터 신앙고백의 일점일획까지 인정하면서도… 개혁주의 신앙과는 거리가 멀지도 모른다. 한 부분만 부정되고 나머지는 인정되는 게 아니다. 모든 부분이 부정된다. 왜냐하면 모든 것을 인정하면서도 그것이 진리이기 때문에 인정하는 것이 아니라 어떤 쓸모가 있거나 종교적 상징으로 간주되어 인정하는 것이기 때문이다.

그래셤 메이첸

나는 당신이 하나님을 알려고 힘쓰는 과정에서 힘써 생각하도록 응원하려고 이 책을 썼다. 하지만 앞 장에서 살펴보았듯이, 상대주의는 이러한 노력을 해친다. 상대주의는 진리의 행복한 하녀를 납치해 실용주의자들의 교만과 즐거움을 섬기도록 만든다. 상대주의자들은 진리를 추구하지 않는다. 그들은 자신을 위해 진리를 부정한다. 따라서 이 장에서는 7장에서 제시한 정의와 설명을 토대로 상대주의의 일곱 가지 부도덕성을 제시함으로써 당신이 상대주의에 감염되지 않도록 면역 체계를 구축할 것이다.

1) 상대주의는 거역한다

상대주의는 하나님이 실재하신다는 객관적 사실을 부정한다. 진리가 가능한 까닭은 하나님이 계시다는 순전한 사실 때문이다. 하나님은 모든 진리 주장을 가늠하는 궁극적인 기준이다. 다시 말해, 하나님의 본성과 하나님의 뜻과 하나님의 말씀은 모든 것을 가늠하는 객관적인 외적 기준이다. 상대주의는, 참과 거짓을 가늠하는 보편타당한 기준이란 없다고 말할 때 무신론자처럼 말한다. 상대주의는 하나님을 거역한다.

야고보서 2:10-11에 하나님의 율법과 연관된 거역의 역학이 나온다. "누구든지 온 율법을 지키다가 그 하나를 범하면 모두 범한 자가 되나니." 왜 그런가? "간음하지 말라 하신 이가 또한 살인하지 말라 하셨[기]" 때문이다. 야고보는 우리와 하나님의 법 사이의 관계를 우리와 하나님의 관계와 연결짓는데, 이것이 그가 제시하는 논증의 핵심이다. 하나를 어기면 전부를 어기는 것이다. 모든 율법을 한 하나님이 주셨기 때문이다. 또 하나 중요한 사실이 있다. 하나님의 율법을 거역하는 것은 하나님을 거역하는 것이다.

상대주의는 하나님의 율법이라는 개념 자체를 부정하는 명백한 거역이다. 그러므로 그것은 곧 하나님을 거스르는 심각한 거역이다. 상대주의는 정직하지 않기 때문에 노골적인 반란보다 더 악하다. 상대주의는 하나님 면전에서 "당신의 말은 거짓이다!"라고 말하지 않고, 그 대신 사람들에게 "보편타당한 하나님 말씀이란 없다!"고 말한다. 이것은 우주의 왕을 거스르는 반역이다.

우주의 왕께서 반역자의 세상을 향해 사면을 선포하셨다니, 더없이 고마운 일이 아닌가! 우리는 모두 하나님의 진리와 아름다움을 거스르는 반역에 가담했었다. 그러나 하나님이 자기 아들을 보내 그 아들의 생명으로 사면을 단행하고 그 아들의 말씀으로 선포하게 하셨다. 그 아들은 이렇게 말씀하신다. "인자가 온 것은 섬김을 받으려 함이 아니라 도리어 섬기려 하고 자기 목숨을 많은 사람의 대속물로 주려 함이니라"(막 10:45). "아들을 믿는 자에게는 영생이 있고 아들에게 순종하지 아니하는 자는 영생을 보지 못하고 도리어 하나님의 진노가 그 위에 머물러 있느니라"(요 3:36). 상대주의자들을 비롯해 누구든지 반역에서 돌이켜 예수님을 믿으면 하나님의 진노가 사라지고 영생을 얻는다.

2) 상대주의는 겉 다르고 속 다르다

누구나 알고 있다. 상대주의가 **참**이라는 믿음은 모순임을. 또한 누구나 직관적으로 알고 있다. 상대주의를 일관되게 실천하는 사람은 아무도 없음을. 그러므로 철학적으로뿐 아니라 실제적으로도 상대주의는 표리부동을 부추긴다. 사람들은 상대주의를 믿는다고 말하면서도 정작 말한 대로 생각하거나 행동하지 않는다. 이들은 위선자다.

상대주의는 모순이다. 상대주의 자체가 상대적이지 않은 진리를 요구하기 때문이다. 상대주의자들은 상대주의에 대한 믿음을 말하고 상대주의와 세상의 관계를 말할 때마다 어김없이 비모순율과 인과율을 사용한다. 그러나 두 법칙은 상대적이지 않다.

예를 들면, 상대주의자들은 '참과 거짓을 가늠하는 보편타당한 기준은 없다'고 말하며 여러 보편적 기준을 전제한다. 인과율이 그 가운데 하나다. 상대주의자들은 위와 같은 문장을 말하면서 결과에 따른 원인이 생겨난다고 믿는다. 이들은 자기 생각을 말하는 일이 무의미하다고 믿지 않는다. 결과는 충분한 원인에서 비롯된다. 상대주의자들은 이러한 보편적 진리에 기대어 사는 동시에 이 진리를 부정한다.

이들은 보편적 기준이 없다고 말하면서 또 하나의 보편적 법칙을 전제하는데, 그것은 바로 비모순율이다. 비모순율이란 한 명제가 정반대 명제에 대한 부정의 의미를 내포한다는 법칙이다. '이것을 하라!'는 말은 '이것을 하지 마라!'는 뜻이 아니다. '하나님이 존재한다'는 말은 '하나님이 존재하지 않는다'는 뜻이 아니다. '하나님이 존재한다'와 '하나님이 존재하지 않는다'라는 진술이 동시에 동일한 방식으로 참일 수는 없다. 상대주의자들은 '참과 거짓을 가늠하는 보편타당한 기준은 없다'고 말하면서 이 말이 정반대의 뜻을 내포하지 않는다고 전제한다. 다시 말해, 이 말은 '참과 거짓을 가늠하는 보편타당한 기준이 **있다**'는 뜻이 아니다. 따라서 이들은 비모순율을 전제한다.

다시 말해, 보편타당한 기준이 없다면 상대주의자들은 자신들을 상대주의로 이끈다는 주장에 대해 전제와 결론을 제시조차 못한다. 만약 그렇게 한다면 아주 표리부동한 것이다. 알고도 그렇게 한다면 부도덕한 것이다. 임금님은 자신이 벌거벗었다는 사실을 알면서도 옷을 입었다고 계속 말한다. 사람들은 자신의 생각과 말 자체가 상대적이지 않은 법칙들을 내포하는데도 계속해서 모든 게 상대적이라고 말한다.

합리성의 도덕적인 면에 관한 카넬의 주장

에드워드 존 카넬(Edward John Carnell)은 1957년 「기독교 변증학 원론」(*Christian Commitment : An Apologetic*, 성지출판사)이라는 엄청난 책을 펴냈다. 성경 다음으로 내게 합리성의 도덕적인 면을 보는 눈을 열어 준 책이 아닐까 싶다. 바꿔 말하면, 카넬은 비합리적인 태도가 부도덕하다는 점을 분명히 밝혔다. 그는 "나는 생각한다. 그러므로 나는 존재한다!"는 데카르트의 주장을 뛰어 넘어 "나는 존재한다. 그러므로 내게는 내 실존의 실재를 인정해야 하는 도덕적 책임이 있다"[1]고 했다. 인간 실존과 논리적 추론은 본래 도덕적이다. 그는 이렇게 설명한다.

> 그러나 아리스토텔레스는 회의주의자들을 반박하려다가 회의주의자들이 모순율을 **부정**하려고 모순율을 **사용**한다는 어이없는 사실을 발견했다.…아리스토텔레스는 힘껏 논증한 후에, 인격자들만이 합리적 궁극을 이해할 수 있다는 진리에 고개를 숙여야 했다.…칸트처럼 아리스토텔레스도 도덕적 삶이 확고하지 않으면 합리적 삶이 불가능하다는 사실을 분명히 주장한다.[2]

교수들이 학교에서 하는 게임

상대주의의 부도덕성은 상대주의자들의 삶에서 또렷이 나타난다. 상대주의자들은 상대주의가 참이 아닌 듯 살아간다. 교수들은 강의실에서나 상대주의라는 학문적 게임을 즐길 뿐, 퇴근해서 아내가 자기 말을 이해하지 못하면 흥분한다. 왜 흥분하는가? 두 사람 사이에 전달 가능한 객관적 의미가 있으며, 그 의미를 파악할 도덕적 책임이 우리에게 있음을 알기 때문이다.

어느 남편도 아내에게 이렇게 말하지는 않는다. "모든 진리와 모든 말은 상대적이에요. 그러니까 당신이 같이 자자는 내 요청을 어떻게 해석하든 상관없어요." 연애편지를 쓰든, 임대 계약서를 작성하든, 자녀에게 지시하는 글을 쓰든, 친구에게 설명하는 글을 쓰든, 설교 원고를 쓰든, 부고를 작성하든, 우리는 사람들이 우리를 이해하려고 노력할 것을 기대한다. 사람들이 그렇게 하지 않을 때 우리는 그들에게 책임을 묻는다(그리고 자주 흥분한다).

법정에서, 자신의 무죄가 객관적 증거에 달려 있는 상황에서 상대주의자를 자처하는 사람은 없다. 상대주의 체계는 도덕적 부패를 부추긴다. 상대주의는 표리부동과 위선을 부른다. 상대주의는 대단한 허세다. 우리 시대는 동화에서처럼 "임금님은 벌거숭이!"라고 외칠 줄 아는 정직한 아이들이 필요하다. 이런 아이들이 많이 나와 쑥쑥 자라야 한다.

3) 상대주의는 교리적 이탈을 자주 숨긴다

상대주의는 언어에 아주 비극적인 영향을 미친다. 진리가 객관적이고 외적이며 귀중하다고 보는 문화에서는 언어가 값진 진리를 표현하고 전달하는 영예로운 역할을 한다. 사실, 한 사람의 언어 사용을 평가하는 기준은 그의 말이 그가 표현하는 실재의 진리에 상응하느냐 그렇지 않느냐이다.

그러나 객관적 진리가 상대주의의 안개에 묻히면 언어의 역할이 전혀 달라진다. 언어는 더는 귀중한 진리를 전달하는 겸손한 종이 아니다. 이제 언어는 종의 멍에를 벗어던지고 스스로 주인 행세를 한다. 언어는 객관적인 외적 진리에 복종하지 않고 자신의 진리를 만들어 낸다. 언어는 이제 진리를 드러내는 역할을 하지 않는다. 이제 언어는 화자의 호감을 사려 한다.

이 때문에 온갖 뒤틀림이 생긴다. 언어의 목적은 실재의 전달이 아니라 실재의 조작이다. 언어는 이제 진리 수용을 확인하는 영광스런 역할을 감당하지 못하고, 진리 거부를 숨기는 기만적인 역할을 할 뿐이다.

실용주의적 언어관 비판

그레셤 메이첸은 1925년에 상대주의에서 일어나는 이러한 언어의 부패를 기독교 신앙고백과 연결해 설명했다.

> 현대의 설교자가 교회의 신앙고백을 어느 정도나 인정하느냐 또는 어느 정도나 인정하지 않느냐 하는 문제는 주변적인 문제에 지나지 않는다.…예를 들면, 그는 웨스트민스터 신앙고백의 일점일획까지 인정하면서도…개혁주의 신앙과는 전혀 거리가 멀지도 모른다. 한 부분만 부정되고 나머지는 인정되는 것이 아니다. 왜냐하면 모든 것을 인정하면서도 그것이 진리이기 때문에 인정하는 것이 아니라 어떤 쓸모가 있거나 종교적 상징으로 간주되어 인정하는 것이기 때문이다.[3]

이러한 실용주의 언어관은 상대주의의 직접적인 산물이다. 이러한 언어관은 얼버무리는 아리송한 말을 낳고, 상대주의자들은 이런 말로 사람들을 호려서 자신들이 여전히 정통이라고 생각하게 한다. 메이첸은 상대주의가 낳은 사고방식을 놀라우리만치 생생하게 표현한다.

이러한 사고방식은 엄밀한 정의를 싫어한다. 우리 시대에 가장 인기 없는 사람은 논쟁을 할 때 용어의 정의를 끈질기게 주장하는 사람이다.…오늘날 사람들은 하나님, 종교, 기독교, 대속, 속죄, 믿음 같은 주제를 아주 유창하게 논한다. 그러나 자신의 말이 무슨 뜻인지 간단한 말로 표현해 보라고 하면 모두들 격분한다.[4]

상대주의는 이 모든 방법을 통해 언어의 고귀한 소명을 유린함으로써 언어를, 역사적이고 복음적인 신앙을 공공연히 거부할 용기가 없는 자들의 교리적 이탈을 덮어 주는 공모자로 탈바꿈시켜 버린다.

바울은 언어 사용 방식에 대해 정반대의 태도를 보였다. 고린도후서 4:2에서 그는 이렇게 말했다. "이에 숨은 부끄러움의 일을 버리고 속임으로 행하지 아니하며 하나님의 말씀을 혼잡하게 하지 아니하고 오직 진리를 나타냄으로 하나님 앞에서 각 사람의 양심에 대하여 스스로 추천하노라." 모든 교회, 모든 학교, 모든 교단이 모든 설교와 모든 가르침과 모든 토론과 모든 글쓰기를 이런 마음가짐으로 하면 좋으련만!

4) 상대주의는 아첨으로 탐욕을 숨긴다

사도 바울은 데살로니가에서 자신이 회심시킨 사람들에게 돈을 뜯어내려 한다는 비난을 받았다. 그는 이런 비난에 답하면서 아첨과 탐욕의 관계를 보여 주었다.

우리의 권면은 간사함이나 부정에서 난 것이 아니요 속임수로 하는 것도 아니라. 오직 하나님께 옳게 여기심을 입어 복음을 위탁받았으니 우리가 이와 같이 말함은 사람을 기쁘게 하려 함이 아니요 오직 우리 마음을 감찰하시는 하나님을 기쁘시게 하려 함이라. 너희도 알거니와 우리가 아무 때에도 **아첨**

하는 말이나 **탐심의 탈**을 쓰지 아니한 것을 하나님이 증언하시느니라. (살전 2:3-5)

아첨이란 무엇인가? 자신이 원하는 바를 얻어 낼 목적으로 언어를 이용해 상대방을 우쭐하게 만드는 행위다. 바울은 아첨을 가리켜 **탐심의 탈**이라고 부른다. 상대주의가 진리를 언어의 통치자 자리에서 몰아내면 언어는 헐값에 팔리는 신세로 전락한다. 우리는 사람들의 주머니를 더 우려 낼 수만 있다면 그들이 듣고 싶어 하는 말을 얼마든지 할 수 있다.

상대주의가 판을 치는 분위기라면, 사람들이 듣고 싶어 하는 말로 아첨함으로써 언어를 탐심의 탈로 바꾸기에 안성맞춤이다. 바울은 이렇게 말한다. "때가 이르리니 사람이 바른 교훈을 받지 아니하며 귀가 가려워서 자기의 사욕을 따를 스승을 많이 두고 또 그 귀를 진리에서 돌이켜 허탄한 이야기를 따르리라"(딤후 4:3-4). 언어가 더는 진리를 섬기는 종이 아니라 사람들의 욕망을 섬기는 종이 되고 만다. 이것이 상대주의가 하는 짓이다.

이러한 상대주의의 부추김에 맞서, 바울은 우리에게 태도를 분명히 하고 자신을 따르라고 요구한다. "우리는 수많은 사람들처럼 하나님의 말씀을 혼잡하게 하지 아니하고 곧 순전함으로 하나님께 받은 것같이 하나님 앞에서와 그리스도 안에서 말하노라"(고후 2:17). 우리에게는 객관적 실재인 하나님의 말씀이 있다. 우리는 하나님의 말씀을 팔아치우지 않는다. 우리는 하나님 앞에서 말한다.

5) 상대주의는 교만을 겸손으로 가장해 숨긴다

1999년 9월 9일 "미니애폴리스 스타 트리뷴"(*Minneapolis Star*

Tribune)에 이런 사설이 실렸다. "그리스도인들은 유대인들이 회심해야 한다는 생각을 기필코 버려야 한다.… 이런 생각은 역사상 가장 큰 걸림돌에 속한다."[5] 나는 편집자에게 편지를 썼고, 오직 "아들이 있는 자에게는 생명이 있기"(요일 5:12)에 그리스도인들의 이러한 생각은 걸림돌이 아니라고 했다. 그리스도인들이 유대인들에게 예수님을 메시아로 받아들이라고 권유하는 까닭은 사랑 때문이다.

시내에 자리한 네 대형교회의 목사들이 나의 편지에 격하게 반응했다. "안타깝지만 타종교인들을 개종시키려는 **모든** 시도—이 경우, 유대인 형제자매들을 '전도하려는' 그리스도인들의 노력—를 표현하기에 적합한 단어는 '오만하다' 이다. 생각이 깊은 그리스도인들은 이런 모든 노력을 멀리할 것이다."

이야기의 핵심은 이것이다. 구원받으려면 반드시 받아들여야 하는 진리, 그 진리를 믿으면 누구라도 오만하다는 소리를 듣는다. 그런가 하면, 사람들은 상대주의를 겸손의 표시로 내세우기도 한다. 그러나 상대주의는 겸손의 표시가 아니다. 내 말은 비상대주의자가 모두 겸손하다는 뜻이 아니다. 우리가 너나없이 다 겸손한 것은 아니다. 우리는 하나님의 은혜가 필요한 죄인이다. 다만 내가 하고 싶은 말은 이것이다. 상대주의는 단지 겸손해 보일 뿐이며, 본래 교만의 가면이다.

상대주의는 교만을 어떻게 숨기는가?

상대주의는 이렇게 작용한다. 대문자 T로 시작하는 진리(Truth), 곧 하나님의 객관적 실재와 말씀에 뿌리 내린 진리는 보잘것없는 우리 인간이 반드시 복종해야 할 거대하고 불변하는 실재다. 이 진리를 알아 가는 일은 자신을 이러한 실재 아래 두고 이러한 실재에 복종하는 겸손한 과제다. **이해**란 문자적으로 겸손한 자세로 진리 **아래 서서** 진리의 다스림을 받는다는 뜻이다.

진리를 창조하는 주체는 우리가 아니라 하나님이다. 그러므로 우리는 진리를 알수록 우리의 마음과 삶을 진리에 맞춰야 한다. 우리가 진리를 아무리 부정하려 해도 결국에는 진리가 이긴다. 객관적인 중력 법칙을 부정해 보겠다고 발버둥칠 수는 있다. 그렇더라도 겸손하게 복종하는 자세를 버리고 창밖으로 뛰어내린다면, 우리의 반란은 이내 매욱한 짓으로 드러나고 만다.

그렇다면 상대주의는 어떤가? 상대주의는 이렇게 말하며 겸손한 척한다. "우리 유한한 존재는 무엇이 진리인지 알 수 없어요. 보편적인 진리가 **있는지**조차 알 수 없다니까요!" 겸손하게 들린다. 그러나 무슨 일이 일어나는지 유심히 보라. 마치 종이 이렇게 말하는 듯하다. "저는 똑똑하지 못해 이분들 중에 누가 제 주인인지 몰라요. 제게 주인이 있는지조차 몰라요." 그리하여 종은 어느 주인에게도 복종할 필요가 없게 되고, 따라서 스스로 자신의 주인 노릇을 하게 된다. 그는 자신이 약하다고 자랑하나 그건 주인을 거역하는 본심을 숨기려는 얄팍한 수작일 뿐이다.

이런 일이 실제로 상대주의자들에게 일어난다. 상대주의자들은, 자신은 더없이 미천해 진리를 알지 못한다고 주장하면서도 자신이 무엇을 생각하고 무엇을 해도 되는지 판단하는 최고 결정권자로 자신을 추켜세운다. 이것은 겸손이 아니다. 이런 태도는 진리에 복종하지 않으려는 깊은 욕망에 뿌리를 둔다. 이것의 이름은 **교만**이다. 우리 속에 똬리를 튼 교만을 정복하는 유일한 길은 진리를 믿고 진리에 정복되어 진리가 우리를 다스리고 우리가 진리를 다스리지 않게 하는 것뿐이다.[6]

상대주의 탓에 교만이 겸손의 탈을 쓰고 거리를 활보한다. 그러나 속지 말라. 상대주의는 모든 길모퉁이, 모든 골목, 모든 대로를 자기 입맛대로 선택하며 어느 진리에도 복종하지 않는다. 우리가 이러한 겸손의 가면 뒤에 감춰진 교만의 정체를 드러낸다면, 우리 세대를 섬기는 일이 될 것이다.[7]

6) 상대주의는 사람들을 노예로 만든다

예수님은 요한복음 8:31-32에서 "너희가 내 말에 거하면 참으로 내 제자가 되고 진리를 알지니 진리가 너희를 자유롭게 하리라"고 말씀하셨다. '진리는 이르지 못할 대상이거나 존재하지 않는다'는 시각은 노예를 양산하는 기독교를 만든다. 사람들은 상대주의의 안개 탓에 죄와 죽음에서 벗어나지 못한다. 내내 사슬에 매여 산다.

그러나 해결책이 있다. "그들을 진리로 거룩하게 하옵소서. 아버지의 말씀은 진리니이다"(요 17:17). 진리를 사랑하지 않으면 자유를 얻지 못하고 거룩해지지 못하며 멸망하고 만다. 바울은 데살로니가후서 2:10에서 이렇게 말한다. "불의의 모든 속임으로 멸망하는 자들에게 있으리니, 이는 그들이 **진리의 사랑**을 받지 아니하여 구원함을 받지 못함이라." 우리는 게임을 하는 것이 아니다. 상대주의는 사람들을 진리를 향한 사랑에서 멀어지게 하고 노예로 만들며 결국 멸망에 이르게 한다.

7) 상대주의는 결국 전체주의로 이어진다

공식은 간단하다. 상대주의가 오랫동안 횡포를 부리면, 사람들은 진리에 복종하려는 생각은 털끝만큼도 하지 않은 채 자기 눈에 옳은 대로 행하기 시작한다. 이런 상황에서 사회는 무너지기 시작한다. 사실상, 자유 사회의 모든 구조는 정직한 정도, 다시 말해, 얼마나 진리에 복종하느냐에 달렸다. 상대주의로 인한 혼란이 어느 선에 이르면, 사람들은 겉모양만 그럴듯한 질서나 안전을 안겨 줄 통치자라면 누구든 가리지 않고 넙죽 반긴다. 이렇게 해서 독재자가 등장해 철지힌 통제로 혼란을 몰아낸다. 역설적이게도 상대주의—무제한의 자유를 크게 사랑하는 자—가 결국에는 자유를 무너뜨린다. 마이클 노박(Michael Novak)은 이것을 강한 어조로 표현했다.

무솔리니가 정의했듯이, 전체주의란…진리에 털끝만치도 구애받지 않는 권력 의지입니다. 인간에 대한 진리 주장을 포기하는 것은 지구를 폭력배에게 넘기는 셈입니다. 이것은 진리 때문에 고통과 고문을 견디는 사람들을 조롱하는 짓입니다.

저속한 상대주의는 보이지도 않고 냄새도 없으나 치명적인 독가스이며, 지금 이 독가스는 세상의 모든 자유사회를 오염시키고 있습니다. 저속한 상대주의는 도덕적 노력의 중추 신경계를 공격하는 독가스입니다. 그러므로 오늘날 자유사회가 맞닥뜨린 더없이 심각한 위협은 정치적 위협이나 경제적 위협이 아니라 상대주의라는 유독하고 부패한 문화입니다.…

앞으로 수백 년 동안 자유를 사랑하는 사람들이 직면할 문제는, 과연 우리가 더없이 은밀하고 교묘한 내부의 공격을, 거짓의 아비의 일을 앞장서서 하고 인간의 가치를 훼손하는 자들의 공격을 견뎌 낼 수 있느냐는 것입니다. 이들은 어린아이들에게까지 "진리란 없다. 진리는 속박이다. 네가 보기에 옳은 대로 믿어라. 사람마다 진리가 제 각각이다. 네 느낌을 따라라. 네가 좋은 대로 해라. 자신의 지시를 받아라. 편한 대로 하라"고 가르칩니다. 이렇게 말하는 자들은 21세기의 감옥을 준비하는 셈입니다. 이들은 폭군과 다름없는 짓을 서슴지 않고 있습니다.[8]

상대주의의 속박

상대주의는 이 밖에도 무수한 해악을 끼친다. 나는 개인적 역기능과 사회적 역기능의 파괴력을 묵살하는 다문화적 상대주의는 말하지 않았다. 또한 상대주의가 진리를 말하고 지켜야 하는 신성한 의무를 약화시키면서 개인의 정직에 어떤 영향을 미치는지는 말하지 않았다. 그러나 이 정도로도 충분할 것이다.

앞 장에서 살펴보았던 마태복음 21:23-37에 등장하는 대제사장들과 장로들을 기억하는가? 이들은 진리에 복종할 의도가 눈곱만큼도 없었기에 덫에 걸렸다. 만약 요한의 세례가 '하늘로부터' 왔다고 말했다면 믿지 않았기에 수치를 당했을 것이다. 그러니 요한의 세례가 '하늘로부터' 온 게 맞다고 해서는 안 된다. 그래서 그들은 직접 진리를 만들어 낸다. 그들은 "저희는 몰라요!"라고 말한다. 얼마나 심한 속박인가! 이들은 두려움의 노예가 되어 수치와 해를 당할까 봐 진리를 소유하지 못했다.

이것은 생각이라는 선물을 헐값에 팔아넘긴 역겨운 매춘 행위가 분명하다! 이들은 더없이 진지하게 생각했다. 아주 신중하게 생각했다. 이들은 지성을 한껏 발휘했다. "우리가 이렇게 말하면…저렇게 될 거야." "그러나 우리가 저렇게 말하면…이렇게 되겠지." "그래 결론은 이거야! 우리는 모른다고 하면 될 거야." 이들은 탈출에 성공했다고 생각했다. 이것이 자유인 줄 알았다.

상대주의의 뿌리가 퍼질 때 이성과 언어에, 생각하기와 말하기에 이런 일이 일어난다. 생각은 이런 목적으로 있는 것이 아니다. 생각은 하나님의 선물이다. 해방의 복음, 기도, 성령의 조명과 어우러질 때, 생각이라는 선물은 진리를 알고 진정으로 자유를 얻는다.

대제사장들과 장로들은 두려움의 노예가 되었고 수치와 해를 당할까 봐 벌벌 떨었다. 달리 표현하면, 이들은 사람의 칭찬을 갈망하고 안전이 주는 즐거움을 갈망했다. 어느 쪽이든, 이러한 두려움과 갈망이 이들의 지성의 사용을 지배했다.

예수님은 세상에 와서 우리 죄 때문에 죽으심으로써 우리를 노예 상태에서 해방하셨다. 하나님이 그리스도 안에서 우리를 위하실 때(롬 8:31), 우리는 사람의 칭찬이 필요 없게 된다. 하나님이 우리와 함께하시고(히 13:5) 모든 일을 합력하여 선을 이루시겠다고 약속하실 때(롬 8:28) 두려움의 권세는 무너진다. 이런 까닭에, 복음은 우리를 합리적으로—합리주의적이 아니라—만들면서도 우리를 자유롭게 하여 진리를 보고 또 진리를 말하게 한다.[9]

하나님이 당신을 영원한 나라로 안전하게 인도하시며 당신의 삶에서 모든 만족을 주는 영원한 보화가 되시리라고 확신할 때, 당신은 진리를 보고 진리를 사랑하며 어떻게든 진리를 말하고 예수라는 이름의 진리를 향한 열정을 기쁘게 발산하게 된다.

9장
반지성주의의 무익한 충동

교육을 깎아내리려는 것이 아니다. 그러나 복숭아나무 그늘에서 자란다는 상추나 이슬 위를 미끄러져 완전히 다리를 찢는 발레 자세를 취했다는 새끼 거위 같은 얼토당토않은 것들이 떠올라, 역겹고 어지러워 고개를 돌리게 만드는 소위 배웠다는 목회자들을 아주 많이 보았다.…많이 배운 목회자, 신학을 학문으로 연구한 목회자가 세상을 위해 무엇을 했는가?

피터 카트라이트

1935년에 작고한 전도자 빌리 선데이(Billy Sunday)는 "내게 백만 달러가 있다면 999,999달러는 교회에 헌금하고 나머지 1달러를 교육에 쓰겠다"[1]고 했다. 숱한 그리스도인들의 생각을 대변하는 말이었다. 교회가 교육하는 책임을 떠맡는다면 그의 말은 나쁜 생각이 아니었을지도 모른다. 그러나 그의 말은 이런 뜻이 아니었다. 그의 말은 하나님을 힘써 알아가려 할 때 생각이 중요하다는 점을 조금이라도 강조하는 태도에 의혹의 눈길을 보내는 숱한 사람들의 목소리였다.

빌리 선데이를 낳은 장본인은 실용주의와 주관주의의 승리를 향해 치닫던 미국이었다. 그에게 원칙이 없지는 않았다. 다만 지성의 삶에 적대감을 품었고, 그 탓에 교회는 실용주의와 주관주의처럼 지성을 파괴적으로 사용하는 시대 흐름에 맞서는 힘이 약해졌다.

실용주의와 주관주의는 우리 문화에서—그리고 우리 교회들에서— 많은 사람을 사로잡았다.[2] **주관주의**는 생각이 주관적 욕구를 정당화하는 데 유용한 수단이라고 말한다. **실용주의**는 생각이 일을 진척하는 데 유용한 수단이라고 말한다. 틀림없이 두 시각은 과학과 비즈니스와 산업에서 놀라운 성취를 이루어냈다. 그러나 두 시각 모두 생각이 하나님의 선물이며, 궁극적 진리를 추구하고 사랑하며 그 진리를 따라 사는 것이 생각의 주된 역할이라는 확신과는 거리가 멀다.

실용주의와 주관주의는 진리의 실재를 모호하게 만든다. 둘 다 지성을 활용하지만 우리의 욕구와 일을 섬기는 종으로 삼을 뿐이다. 둘 다 내가 어느 욕구를 좇아야 하는지, 또 어느 일이 가치 있는지 대답해 주지 못한다. 이 부분에 관해 칼빈 대학에서 30년, 예일 대학에서 15년간 철학을 가르친 니콜라스 월터스토프는, 리처드 세넷(Richard Sennett)의 「장인」(*The Craftman*, 21세기북스)이란 책을 적절히 논평하면서, 세넷이 장인이란 어떤 일 자체를 위해 그 일에 전념하는 사람이라고 주장했다고 말한다. "장인의 '고유한 정체성을 드러내는 표시'는 그가 질(質)에, 일을 잘해내는 데 집중한다는 사실이다. 장인 정신은 질을 추구한다."[3] 그런 다음 월터스토프는 세밀하게 논평한다.

> 자신이 하는 일이 선한지 묻지 않은 채 일 자체를 위해 일하는 사람들에게 부족한 점이 있다. 존경할 만한 장인은 선에 대해 두 가지를 묻는다. 그는 자신이 일 자체를 위해 하는 일이 그 분야에서 좋은 본보기—좋은 바이올린, 좋은 기타 등—를 낳는지 묻는다. 그뿐 아니라 그 분야의 좋은 본보기를 낳는 것이 선한 일인지도 묻는다.[4]

월터스토프는 흔히 '원자폭탄의 아버지'라 불리는 로버트 오펜하이머(Robert Oppenheimer)를 예로 들면서 이와 같은 더 큰 질문들을 던질 필요가 있다고 역설한다. "오펜하이머는 좋은 폭탄이 무엇인지 알게 되었고, 이런 폭탄을 만들어 내는 데 지나칠 만큼 몰두했다. 그러나 그때 그는 이런 좋은 폭탄을 만드는 일이 과연 선한지 자신에게 묻지 **않았다**."[5]

이러한 물음은 개인의 선호를 뛰어넘어 진리와 연결된다. 이런 물음의 해답은 주관주의 및 실용주의와는 매우 다른 사고방식에서 나온다. 궁극적으로, 해답은 하나님을 아는 지식에서 나온다. 생각은 하나님을 아는 데 필수적이며, 이것이 이 책의 핵심이다.

생각을 경시하는 전통

그러나 반대쪽으로 향했던 그리스도인들의 역사도 짧지는 않다. 이들은 지성을 드세게 이용해 공허한 것들을 추구하는 풍조를 보았다. 하나님을 무시하고 그분의 뜻에 어긋나는 것들을 조장하는 온갖 교육과 오락이 바로 이런 풍조에 속했다. 이들은 눈부신 과학의 발전이 현대 세계에 안겨 주는 혜택뿐 아니라 공포도 똑똑히 보았다. 과학은 인류에게 전기와 냉장고와 하수도 시설과 항생제를 선물했으나, 두 차례의 세계대전과 더불어 독일과 아시아와 아프리카에서 자행된 대량 학살의 공포도 안겨 주었다.

세속 세계에서 생각의 열매는 뚜렷하지 않다. 교회를 둘러보면, 빌리 선데이처럼 그리스도의 충성된 종들 중에서도 지성의 삶이 유익보다 해를 더 많이 끼친다고 결론내린 사람들이 적지 않다. 특히 미국에서 복음주의는 오랫동안 교육과 지적 노동에 의심의 눈초리를 보냈다. 전도자 찰스 피니(Charles Finney)는 사역자들이 "대학 담벼락마냥 마음이 굳어진 채 대학을 나온다"[6]고 한탄했다.

지칠 줄 모르는 감리교 지도자 피터 카트라이트(Peter Cartwright)는 1856년에 쓴 자서전에서 이렇게 말했다.

> 실제로 글을 모르는 감리교 설교자들은 성냥을 댕겨 세상에(적어도 미국에) 불을 놓았다!…교육을 깎아내리려는 게 아니다. 그러나 복숭아나무 그늘에서 자란다는 상추나 이슬 위를 미끄러져 완전히 다리를 찢는 발레 자세를 취했다는 새끼 거위 같은 얼토당토않은 것들이 떠올라, 역겹고 어지러워 고개를 돌리게 만드는 소위 배웠다는 목회자들을 아주 많이 보았다.…많이 배운 목회자, 신학을 학문으로 연구한 목회자가 세상을 위해 무엇을 했는가?[7]

이와 비슷하게, D. L. 무디는 공식적인 신학이 틀렸다고 했다. 그는 자신의 신학이 무엇이냐는 물음에, "제 신학이요! 제게 신학이라는 게 있는지 모르겠네요. 당신이 제 신학이 뭔지 말해 주면 좋겠네요"[8]라고 답했다.

지적 노력에 대한 이러한 부정적 평가의 이면에는 매우 진실하고 적절한 우려가 담겨 있다. 이러한 우려는 일종의 적대감에서 비롯되었다. 이러한 우려가 실제라고 믿느냐 아니면 허상이라고 믿느냐에 따라 우리의 지적인 삶이 크게 달라진다. 리처드 호프스태터(Richard Hofstadter)는 이러한 적대감을 다음과 같이 표현했다.

> 우리는 따뜻한 감성과 왠지 부합하지 않는다는 이유로 지성을 감성과 대립시킨다. 또한 지성이 똑똑함을 뜻할 뿐이며 교활함이나 사악함으로 쉽게 변질된다는 이유로 성품과도 대립시킨다. 이론과 실천은 서로 반대라고 보아야 하며 '순전히' 이론적인 지성은 심히 경시된다는 이유로, 지성을 실천과도 대립시킨다. 뿐만 아니라 지성이 평등주의를 거부하고 튀는 것처럼 느껴진다는 이유로 민주주의와도 대립시킨다.[9]

지성을 대하는 이러한 적대감은 지금도 매우 심하다. 많이 배웠다는 사람의 이야기를 듣다가, 그 사람이 현실과 동떨어져 있고 특히 관계와 감성 부분에서 그러하다고 느껴 보지 않은 사람이 어디 있겠는가? 실제로 우리가 소중히 여기는 다른 종류의 경험에 대해 비호의적인 태도를 보이는 지성의 삶에는 뭔가 문제가 있어 보인다.

무생각은 오만한 생각의 해결책이 아니다

지적 노력에 대한 이러한 비판이 틀렸다고 생각하지는 않는다. 그러나 꼼꼼한 생각을 포기하는 것이 해결책은 아니다. 우리가 진지하고 성실하며 일관된 생각을 포기하는 세대를 길러 낸다면, 성경을 읽을 줄 모르는 세대를 길러 내는 것와 같다. 1장에서 나는 읽기를 곧 생각하기라고 말했다. 우리는 정확하고 주의 깊게 생각하거나 건성으로 부정확하게 생각하거나 둘 중 하나다. 생각이 하나님을 아는 길임을 인정하지 않는 사람들은 대안이 무엇인지 분명하게 제시하지 않는다. 대안이 없기 때문이다. 우리가 생각하기를 포기한다면 성경을 포기하는 셈이고, 성경을 포기한다면 하나님을 포기하는 셈이다.

성령은 하나님을 아는 지름길을 약속하지 않으셨다. 성령은 선지자들과 사도들에게 영감을 주어 자신이 보이고 말한 바를 책으로 기록하게 하셨다. 성령은 여러 곳에서 읽기야말로 하나님의 신비를 아는 하나님이 정하신 방법이라고 분명하게 밝히기까지 하셨다. 그러한 예로, 에베소서 3:3-4에서 바울은 "계시로 내게 비밀을 알게 하셨다"고 했다. 문제는 이것이다. 하나님의 비밀을 아는 놀라운 지식이 우리 같은 사람들에게 어떻게 알려지는가? 바울은 4절에서 이렇게 답한다. "그것을 읽으면 내가 그리스도의 비밀을 깨달은 것을 너희가 알 수 있으리라."

'-하면'(when)이란 단어는 헬라어 원문에는 나오지 않는다. 원문에는 간단한 분사 하나뿐이다. "읽으면[*anaginoskontes*] 내가 그리스도의 비밀을 깨달은 것을 너희가 알[생각할, *noesai*] 수 있으리라." 이 분사의 가장 자연스런 의미는 '**읽음으로써**'이다. 읽기는 우리가 바울의 생각을 생각하고 따름으로써 하나님의 비밀을 아는 길이다.

그러므로 교회에게 생각이 가치 없다고 말한다면 헛된 조언을 하는 셈이다. 생각하지 않으면 읽지 못한다. 주의 깊게, 성실하게, 일관되게 생각하지 않으면 주의 깊게, 성실하게, 일관되게 읽지 못한다. 삭막한 지성주의의 해결책은 반지성주의가 아니라 겸손하고, 성실하며, 기도하고, 성령을 의지하는 꼼꼼한 생각이다.

리플리의 저항과 성경에 대한 호소

논리 배우기와 배움의 위험성을 강하게 지적했던 목소리를 역사에서 하나만 더 찾아보자. 이 목소리가 특별히 의미 있는 까닭은 이것이 보다 익숙한 불평에서 보다 실질적인 불평으로 옮겨 가기 때문이다. 이러한 실질적인 불평은 인간의 지성에 역행하는 것처럼 보이는 성경 구절 자체를 근거로 삼는다.

1830년대에, 유니테리언파 목사 조지 리플리(George Ripley)는 유니테리언 교리(삼위일체를 부정하고 하나님의 단일성을 강조—역주)에 환멸을 느꼈다. 그러나 그는 복음주의 기독교로 회심하지 않고 초월주의라는 새로운 운동으로 전향했다. 그는 자신의 모교인 하버드 신학교의 지성주의를 신랄하게 비판했다.

그는 성경 교리를 받아들이지 않는 대신 직관을 영적 초월의 원천으로 받아들였다. 역설적이게도, 이러한 전향 탓에 하버드 신학교에 대한 그의 비판은 지성의 삶을 보는 많은 복음주의자의 생각과 크게 다르지 않아 보였다. 그의 비판은 (미국 역사의 적잖은 부분을 차지하는) 복음주의 운동을 특징짓는 반지성주의 정서를 보여 주는 고전적인 예다. 1938년 그는 이렇게 썼다.

나는, 영혼의 신성을 지각하기에 영혼의 직관력을 믿는 가장 진지한 사람들이 단지 복음의 진리를 제시하는 데서 마음과 양심으로 옮겨감으로써 얻는 크고 유익한 결과를 알게 되었다.…

나는 제자리를 지키는 견고한 논리의 가치를 인정한다. 그렇더라도, 논리가 하나님이 죄의 요새를 허무는 강력한 도구는 아니라고 확신한다. 논리는 오류를 찾아내기는 하지만 그리스도의 영광을 보여 주지는 못한다. 논리는 오류를 논박하기는 하지만 마음과 거룩에 대한 사랑을 하나로 묶지는 못한다.…당신은, 일반적으로 종교적 주제에서 자신을 따르는 이들에게 영향력을 미치려는 사람들에게는 '폭넓은 배움'이 필수라고 주장할 것이다.

그러나 예수님은 수많은 제자 중에서 열둘을 택하실 때 이 점을 고려하지 않으셨다. 예수님은 자신의 종교를 '배우지 못한 무지한' 자들에게 선포하셨다. 가장 고상한 진리를 가장 평범한 사람들에게 맡기신 것이다. 이런 식으로, "하나님께서 이 세상의 지혜를 미련하게 하셨다."…그리스도께서는…책이 전하는 일련의 지혜가 "모든 사람의 지성을 비추는 빛" 앞에서는 아무것도 아님을 보셨다.

이 나라 역사가 지나온 모든 길은 '기술이 인류에게 하나님의 위대한 대사인 양 하는 습성이 있다'는 사실을 보여 주는 한 예다.…그리스도께서는 사도 대학을 세우지 않으셨고, 사라진 선지자 학교를 다시 열지도 않으셨으며, 배움의 자긍심을 높이 평가하지도 않으셨고, 이따금 배움이 진리 인식에 걸림돌이 된다는 암시까지 하셨으며, 하나님이 천국의 비밀을 지혜롭고 똑똑한 자들에게는 숨기시고 학교의 지식에 대해서는 아기처럼 무지한 자들에게는 나타내신 것을 하나님께 감사하셨다.[10]

이 인용문에는 우리가 하나님을 알고 다른 사람들이 하나님을 알도록 지성을 활발히 사용하는 것에 의문을 제기하는 여섯 가지 주장이 나온다. 이 장에서는 처음 네 주장에 간략히 답하고, 다음 장과 그다음 장에서 나머지 두 주장을 자세히 다루겠다.

논리가 죄와 싸울 때 보이는 약점

리플리의 첫째 주장은 이것이다. (1) **견고한 논리는 "하나님이 죄의 요새를 허무는 강력한 도구가 아니다."**

이 단언은 고린도후서 10:4-5과 관련이 있다. "우리의 싸우는 무기는 육신에 속한 것이 아니요 오직 어떤 견고한 진도 무너뜨리는 하나님의 능력이라. 모든 이론을 무너뜨리며 하나님 아는 것을 대적하여 높아진 것을 다 무너뜨리고 모든 생각을 사로잡아 그리스도에게 복종하게 하니…." 리플리는 논리가 "하나님이 죄의 요새를 허무시는 강력한 도구가 아니다"라고 결론짓는다.

그가 '논리'라는 단어를 '논리만으로'라는 뜻으로 썼다면 이 말은 옳다. 우리 자신뿐 아니라 다른 사람을 하나님을 아는 참되고 죄를 이기는 지식으로 인도하려면 절대로 논리만으로는 안 된다. 예수님은 바울에게 불가능한 사명을 맡기셨다. 주님은 바울에게 이렇게 말씀하셨다. "이스라엘과 이방인들에게서 내가 너를 구원하여 그들에게 보내어 그 눈을 뜨게 하여 어둠에서 빛으로 사탄의 권세에서 하나님께로 돌아오게 하고 죄 사함과 나를 믿어 거룩하게 된 무리 가운데서 기업을 얻게 하리라"(행 26:17-18). 요새가 무너질 때, 하나님의 진리를 거스르는 논증이 무너질 때, 모든 생각이 사로잡혀 그리스도께 복종할 때 이런 일이 일어난다.

이것은 초자연적인 일이다. 지성과 감성의 눈은 저절로 열리지 않는다. 논리만으로는 불가능하다. 이런 까닭에 바울은 **"성령으로 아니하고는 누구든지 예수를 주시라 할 수 없느니라"**(고전 12:3)고 했다. 그리스도의 주되심을 제아무리 논리적으로 주장해도 성령께서 역사하지 않으시면 그 누구도 그리스도께 복종하지 못한다. 이런 까닭에 예수님도 베드로의 고백에 이렇게 답하셨다. "이를 네게 알게 한 이는 혈육이 아니요 하늘에 계신 내 아버지시니라"(마 16:17).

바울은 이것을 알았다. 그런데도 그는 영혼 구원을 위해 싸우면서 지성을 아주 강력하게 활용했다. 바울이 데살로니가에서 어떤 방법으로 사람들의 눈을 뜨게 했는지 살펴보면 그의 습관을 알 수 있다.

> 바울이 **자기의 관례대로** 그들에게로 들어가서 세 안식일에 성경을 가지고 **강론하며** 뜻을 풀어 그리스도가 해를 받고 죽은 자 가운데서 다시 살아나야 할 것을 증언하고 이르되 내가 너희에게 전하는 이 예수가 곧 그리스도라 하니 그 중의 어떤 사람 곧 경건한 헬라인의 큰 무리와 적지 않은 귀부인도 권함을 받고 바울과 실라를 따르나. (행 17:2-4)

논리가 영적 맹인의 눈을 열지는 못한다 하더라도, 바울은 이성과 추론 능력을 활용해 그리스도를 분명하게 제시하는 길을 택했다. 그 결과 데살로니가에서 "어떤 사람[들]이…권함을 받았다"('따르게 되었다', 공동번역). 하나님이 개입해 이들의 눈을 여셨다(행 19:8-9도 보라).

그러므로 나는 리플리의 단언에 이렇게 답한다. 그리스도 복음의 논리적 제시는 영적 능력이 흐르는 전선과 같다. 전선이 전구를 밝히지는 않는다. 전기가 전구를 밝힌다. 그러나 하나님의 섭리에서, 전기는 전선을 통해 흐른다. 하나님의 계획에서, 그리스도의 진리를 알고 정리하며 제시하는 일에 지성을 활용하는 것은 눈먼 자들의 눈을 열고 예수를 믿는 믿음을 깨우는 정상적인 방법이다.

이것은 리플리의 둘째 주장과 셋째 주장에 대한 우리의 답변이기도 하다. 리플리는 이렇게 주장한다. (2) **논리가 "오류를 찾아내기는 하겠지만 그리스도의 영광을 보여 주지는 못한다"**(고후 4:4). 그리고 또 이렇게 주장한다. (3) **논리가 "오류를 논박하기는 하지만 마음과 거룩에 대한 사랑을 하나로 묶지는 못한다."** 이번에도, 그가 "논리"라는 단어를 "논리만으로"라는 뜻으로 사용했다면 이 말은 옳았을 것이다.

그러나 고린도후서 4:4-6을 살필 때 보았듯이(3장에서), 그리스도의 영광을 보는 것은 한 가지 일의 결과가 아니라 두 가지 일의 결과다. 이것은 우리 마음을 비추시는 하나님의 초자연적 역사가 빚어 낸 결과이며(6절), 예수님은 주(Lord)라는 바울의 선포가 낳은 결과이다(6절). 이 선포는 가장 단순한 복음의 메시지인데도 논리와 추론을 포함한다. 초자연적 조명이라는 '전기'가 없으면 그리스도를 보지 못한다. 생각 깊은 선포라는 인간의 전선이 없으면 그리스도를 보지 못한다.

성화의 경우도 다르지 않다. 리플리는 논리가 "오류를 찾아내기는 하겠지만 그리스도의 영광을 보여 주지는 못한다"고 하면서 사람들이 매우 진지한 진리에서 멀어지게 한다. 예수님은 "그들을 진리로 거룩하게 하옵소서. 아버지의 말씀은 진리니이다"(요 17:17)라고 기도하셨고, "진리를 알지니 진리가 너희를 자유롭게 하리라"(요 8:32)고 말씀하셨다. 우리의 지성으로 진리를 알고 그 진리를 우리 마음에 보화로 오롯이 간직함이 거룩에 이르는 비결이다.

신약 성경은 진리를 '알면' 행동이 거룩해진다고 연거푸 말한다. "너희가 자랑하는 것이 옳지 아니하도다. 적은 누룩이 온 덩어리에 퍼지는 것을 **알지 못하느냐?**"(고전 5:6). "너희 몸이 그리스도의 지체인 줄을 **알지 못하느냐?** 내가 그리스도의 지체를 가지고 창녀의 지체를 만들겠느냐?"(고전 6:15). "간음한 여인들아, 세상과 벗된 것이 하나님과 원수 됨을 **알지 못하느냐?** 그런즉 누구든지 세상과 벗이 되고자 하는 자는 스스로 하나님과 원수 되는 것이니라"(약 4:4). 사람들은 이것들을 '알지만' 여전히 죄를 짓는다. 이러한 사실은, 알기만 하면 다 되는 게 아닐 뿐더러 아는 게 전부도 아님을 뜻한다.

나는 공식 교육이 아니라 불같은 사고를 호소한다

리플리의 넷째 주장은 내가 이 책의 목적을 분명히 밝히는 데 도움이 된다. 그는 이렇게 주장한다. (4) **그리스도께서는 '폭넓은 배움'이 필수라고 보지 않으셨고, "자신의 종교를 '배우지 못한 무지한' 자들에게 선포하셨다"**(행 4:13을 보라). '폭넓은 배움'이 복음을 전파하거나 하나님을 깊이 아는 데 필수적이지 않다는 말에 나도 전적으로 동의한다. 나는 '폭넓은 배움'을 변호할 목적으로 이 책을 쓰지 않았다.

폭넓은 배움과 지성의 바른 활용 사이에는 아무런 필연적 관계도 없다. 박사들 중에도 생각이 형편없는 사람들이 적지 않으며, 공식 교육을 거의 못 받은 사람들 중에도 생각이 아주 분명하고 깊은 사람들이 적지 않다. 간곡히 호소하건대, 부디 하나님을 힘써 알려고 할 때 지성을 뜨겁게(가슴으로) 활용하기 바란다. 공식 교육을 더 받으라고 호소하는 게 아니다. 공식 교육을 더 받으면 상황에 따라 좋을 수도 있고 그렇지 않을 수도 있다. 그러나 교육을 얼마나 많이 또는 적게 받았든지 간에, 지성을 바르게 활용하는 것은 언제나 유익하다.

리플리의 마지막 두 주장은 아주 중요하다. 그는 '세상 지혜'의 위험을 경고하는 성경 구절을 인용하며 "지혜롭고 슬기 있는" 자들이 처한 캄캄한 상태를 지적한다. (5) 그의 다섯째 주장은 고린도전서 1:20을 인용한 데 지나지 않는다. "**하나님께서 이 세상의 지혜를 미련하게 하신 것이 아니냐?**" (6) 그의 여섯째 주장은 누가복음 10:21을 인용한다. "**이것을 지혜롭고 슬기 있는 자들에게는 숨기시고 어린아이들에게는 나타내[셨나이다].**" 이 주장은 다음 장과 그다음 장에서 살펴보겠다.

10장
반지성주의의 근거1

그때에 예수께서 성령으로 기뻐하시며 이르시되 천지의 주재이신 아버지여, 이것을 지혜롭고 슬기 있는 자들에게는 숨기시고 어린아이들에게는 나타내심을 감사하나이다. 옳소이다. 이렇게 된 것이 아버지의 뜻이니이다. 내 아버지께서 모든 것을 내게 주셨으니 아버지 외에는 아들이 누구인지 아는 자가 없고 아들과 또 아들의 소원대로 계시를 받는 자 외에는 아버지가 누구인지 아는 자가 없나이다 하시고 제자들을 돌아 보시며 조용히 이르시되 너희가 보는 것을 보는 눈은 복이 있도다. 내가 너희에게 말하노니 많은 선지자와 임금이 너희가 보는 바를 보고자 하였으되 보지 못하였으며 너희가 듣는 바를 듣고자 하였으되 듣지 못하였느니라.

누가복음 10:21-24

앞 장에서 우리는 조지 리플리가 인간의 지성을 심히 의심하면서 제시한 여러 이유를 살펴보았다. 그는 200여 년 전에 이러한 이유를 제시했으나 그 가운데 두 가지가 특별히 중요하다. 그것들이 예수님의 말씀과 위대한 사도 바울의 말을 다루기 때문이다.[1] 그는 성경의 두 구절을 언급하며 본질적으로 이렇게 묻는다. 생각이 하나님을 아는 과정에서 그렇게 중요하다면 왜 예수님이 "천지의 주재이신 아버지여, 이것을 지혜롭고 슬기 있는 자들에게는 숨기시고 어린아이들에게는 나타내심을 감사하나이다"(눅 10:21)라고 말씀하셨는가? 왜 사도 바울은 "하나님께서 이 세상의 지혜를 미련하게 하신 것이 아니냐?"(고전 1:20)라고 말했는가?

두 구절이 그의 반지성주의를 떠받치는 기둥이다. 그래서 나는 두 구절을 진지하게 살펴보고, 이 두 구절이 반지성주의의 신전을 떠받치는 기둥으로서 매우 허약하다는 사실을 밝히겠다. 이 장에서는 누가복음 10:21을 살펴보고, 11장에서 고린도전서 1:20을 살펴본 후, 말미에서 누가복음 10:21로 돌아와 두 구절이 가르치는 내용이 놀라우리만치 비슷하다는 사실을 밝히겠다.

주목할 만한 장면

먼저 살펴볼 누가복음 10:21의 문맥은 이러하다.

칠십 인이 기뻐하며 돌아와 이르되 주여, 주의 이름이면 귀신들도 우리에게 항복하더이다. 예수께서 이르시되 사탄이 하늘로부터 번개같이 떨어지는 것을 내가 보았노라. 내가 너희에게 뱀과 전갈을 밟으며 원수의 모든 능력을 제어할 권능을 주었으니 너희를 해칠 자가 결코 없으리라. 그러나 귀신들이 너희에게 항복하는 것으로 기뻐하지 말고 너희 이름이 하늘에 기록된 것으로 기뻐하라 하시니라. 그때에 예수께서 성령으로 기뻐하시며 이르시되 천지의 주재이신 아버지여, 이것을 지혜롭고 슬기 있는 자들에게는 숨기시고 어린아이들에게는 나타내심을 감사하나이다. 옳소이다. 이렇게 된 것이 아버지의 뜻이니이다. 내 아버지께서 모든 것을 내게 주셨으니 아버지 외에는 아들이 누구인지 아는 자가 없고 아들과 또 아들의 소원대로 계시를 받는 자 외에는 아버지가 누구인지 아는 자가 없나이다 하시고 제자들을 돌아 보시며 조용히 이르시되 너희가 보는 것을 보는 눈은 복이 있도다. 내가 너희에게 말하노니 많은 선지자와 임금이 너희 보는 바를 보고자 하였으되 보지 못하였으며 너희가 듣는 바를 듣고자 하였으되 듣지 못하였느니라. (눅 10:17-24)

복음서에서 예수님이 실제로 기뻐하시는 장면은 두 군데뿐이다.[2]] 하나는 요한복음 11:14-15이다. "이에 예수께서 밝히 이르시되 나사로가 죽었느니라. **내가** 거기 있지 아니한 것을 너희를 위하여 **기뻐하노니** 이는 너희로 믿게 하려 함이라 그러나 그에게로 가자 하시니." 예수님은 이생의 생명보다 믿음에 훨씬 높은 우선순위를 두셨고, 제자들의 믿음이 강해지도록 자신이 그곳에 있어 나사로의 생명을 건지지 않았다는 사실을 도리어 기뻐하셨다. 이것이 예수님이 기뻐하시는 한 장면이다.

나머지 한 장면은 이곳 누가복음 10:21에 나온다. 누가는 예수님이 [하나님께서] 무엇인가를 '지혜롭고 슬기 있는 자들에게는' 숨기시고 '어린아이들에게는' 나타내신 사실을 기뻐하셨다고 말한다. "그때에 예수께서…기뻐하시며…아버지여, 이것을…숨기시고…나타내심을 감사하나이다." 왜 예수님이 이러한 숨김과 나타냄을 기뻐하셨는지 이해하려면, 즉 이것이 생각이라는 그리스도인의 과제와 관련해 우리에게 어떤 암시를 주는지 알려면, 하나님이 무엇을 숨겼고 무엇을 드러내셨는지, 또 누구에게 그렇게 하셨는지를 분명하게 밝혀야 한다.

아버지께서는 무엇을 어떤 사람들에게는 숨기고 어떤 사람들에게는 드러내셨는가? 더 넓은 문맥에서 보면 우리도 하워드 마샬(I. Howard Marshall)처럼, "예수님의 설교와 이적을 통해 입증된 하나님 나라의 복음이"[3] 여기에 포함된다고 말했을 것이다. 우리가 이렇게 말하는 까닭은 예수님이 "하나님의 나라가 너희에게 가까이 왔다"고 선포하라며 파송하신 70명이 돌아온 구체적인 상황 속에서 기뻐하셨기 때문이다. 그러므로 하나님은 예수님의 사역에 임한 하나님 나라를 어떤 사람들에게는 숨기셨고 어떤 사람들에게는 드러내셨다고 보면 된다.

23-24절이 이런 해석을 뒷받침하는데, 여기서 예수님은 이렇게 말씀하신다. "너희가 보는 것을 보는 눈은 복이 있도다. 내가 너희에게 말하노니 많은 선지자와 임금이 너희가 보는 바를 보고자 하였으되 보지 못하였으며 너희가 듣는 바를 듣고자 하였으되 듣지 못하였느니라." 이들의 눈이 '복이 있는' 까닭은 아버지께서 다른 사람들에게는 숨긴 것을 이들에게는 드러내셨기 때문이다. 예수님은 하나님이 이 '어린아이들'에게 나타내신 그 무엇을 구약의 선지자들과 왕들이 그렇게도 보고 싶어 했으나 보지 못했다고 말씀하신다. 하나님이 나타내신 그 무엇은 하나님 나라 건설을 위한 메시아의 출현이었다고 이해하는 편이 가장 자연스럽다. 선지자들은 다름 아닌 메시아의 출현을 애타게 보고 싶어 했다.

예수님은 그 자신이 메시아시며, 저들이 예상 못한 방식으로 자신의 나라를 세우신다. 군대나 정치의 힘으로 세우시는 것이 아니다. 자신의 순종과 고난과 죽음과 부활로 세우신다. 그 나라의 신비는 메시아 왕국이 영광스럽고 전 세계적인 완성에 이르기 훨씬 이전에 역사 속에서 성

취된다.[4]

이러한 성취의 두 단계—하나님 나라의 이미(already)와 아직(not yet)—가 누가복음 17:24-25에 나타난다. "번개가 하늘 아래 이쪽에서 번쩍이어 하늘 아래 저쪽까지 비침같이 인자도 자기 날에 그러하리라. 그러나 그가 먼저 많은 고난을 받으며 이 세대에게 버린 바 되어야 할지니라." 메시아가 와서 고난을 받는 초림이 있고, 영광스런 승리자로 임하는 재림이 있다. 대다수 유대인들은 이것을 전혀 예상하지 못하고 영광스런 한 번의 도래만 예상했기에 이것을 이해하기가 매우 어려웠다. 아버지께서 바로 이것을 어떤 이들에게는 숨기고 어떤 이들에게는 나타내셨다. 그러나 이것이 아버지께서 나타내신 것의 핵심은 아니다.

문제의 핵심: 아버지와 아들은 누구인가?

문제의 핵심은 보다 개인적이다. 누가복음 10:21이 자리한 문맥을 좀 더 자세히 들여다보면, 아버지께서 무엇을 숨기고 무엇을 나타내셨는지를 구체적으로 알 수 있다. 예수님은 숨기고 나타내시는 아버지의 일을 기뻐한다고 말씀하신 후, 곧바로 누가복음 10:22에서 이렇게 말씀하셨다. "내 아버지께서 모든 것을 내게 주셨으니 아버지 외에는 아들이 누구인지 아는 자가 없고 아들과 또 아들의 소원대로 계시를 받는 자 외에는 아버지가 누구인지 아는 자가 없나이다." **'계시를 받는'**(reveal)이라는 단어에 주목하라. 예수님은 21절에서 자신은 아버지께서 "이것을…어린 아이들에게는 **나타내심을**(revealed)" 기뻐한다고 말씀하셨고, 22절에서는 자신과 아버지만이 아는 그 무엇이 있는데 두 분 외에는 **계시를 받은** 자들만이 그것을 안다고 말씀하신다.

그러므로 22절의 '계시'는 21절의 '계시'(나타내신 것)와 같은 것이 분명하다. 그렇다면 이 계시는 무엇인가? 아버지와 아들의 참된 정체에 관한 계시다. "아버지 외에는 아들이 누구인지 아는 자가 없고 아들 외에는 아버지가 누구인지 아는 자가 없다." 이것이 21절에서 말하는, 아버지께서 어떤 사람들에게는 숨기고 어떤 사람들에게는 나타내신 그 무엇이다.

그러나 이상한 점이 있다. 21절에서 예수님은 숨기고 드러내시는 분이 아버지 하나님이라고 말씀하신다. "아버지여, 이것을 지혜롭고 슬기 있는 자들에게는 숨기시고 어린아이들에게는 나타내심을 감사하나이다." 그러나 22절에서는 드러내는(계시하는) 주체가 아들, 곧 자신이라고 말씀하신다. "**아들과 또 아들의 소원대로 계시를 받는 자**("아버지를 계시하여 주려고 아들이 택한 사람", 새번역) 외에는 아버지가 누구인지 아는 자가 없나이다."

그렇다면 두 계시는 서로 어떤 관계인가? 다시 말해, 아버지는 무엇을 하시고 아들은 무엇을 하는가? 더 넓은 문맥에서 살펴보았듯이, 아버지께서 계시하시는 내용(눅 10:21)은 메시아 왕국의 신비(비밀)에 관한 진리, 곧 그 나라가 예수님에게서 도래했고 예수님이 진정한 메시아이며 그때가 성취되었다는 것이다(눅 10:23-24). 이것은 22절에 나오는 "아버지 외에는 아들이 누구인지 아는 자가 없고"라는 말과 잘 들어맞는다. 예수님을 메시아요 하나님의 아들로 인정하게 하는 것, 이것이 아버지 하나님이 '어린아이들'의 지성과 가슴에 하시는 일이다.

베드로는 어떻게 알았는가?

이것은 마태복음 16:15-17에서 확인되는데, 여기서 예수님은 제자들에게 "너희는 나를 누구라 하느냐?"고 물으셨다. 이 물음에 베드로는 "주는 그리스도[메시아]시요 살아 계신 하나님의 아들이시니이다"라고 대답했다. 그러자 예수님은 이렇게 답하셨다. "바요나 시몬아, 네가 복이 있도다. 이를 네게 알게 한 이는 혈육이 아니요 하늘에 계신 내 아버지시니라." 이 말씀으로 볼 때, 아버지께서 어떤 이에게는 나타내셨고 어떤 이에게는 그러지 않으신 것은 바로 예수님의 참된 정체, 곧 그분이 메시아이며 살아 계신 하나님의 아들이라는 사실이다. '혈육'(단순한 인간의 본성)[5]은 예수님의 메시아 되심과 신성을 제대로 인식하지 못한다. 아버지 하나님이 이것을 우리에게 계시해 주셔야 한다.

다른 한편으로, 누가복음 10:22을 보면 아들은 아버지의 참된 정체를 계시하는 것이 분명하다. "아들과 또 아들의 소원대로 계시를 받는 자 외에는 아버지가 누구인지 아는 자가 없나이다." 그렇다면 이 두 계시 행위가 서로 어떤 관계인가? 다시 말해, 아들을 드러내는 아버지의 계시와 아버지를 드러내는 아들의 계시는 어떤 관계인가?

이것은 아들을 계시하는 아버지의 일에서 아버지를 계시하는 아들의 일이 순차적으로 진행됨을 가리킨다. 어떤 의미에서, 두 계시는 동시에 일어난다.

1단계: 아버지를 알려면 아들에게 와야 한다

먼저, 아버지를 알려면 아들에게 와야 한다. 빌립이 예수님께 "주여, 아버지를 우리에게 보여 주옵소서"라고 했을 때 예수님은 그에게 이렇게 말씀하셨다. "빌립아, 내가 이렇게 오래 너희와 함께 있으되 네가 나를 알지 못하느냐? 나를 본 자는 아버지를 보았거늘 어찌하여 아버지를 보이라 하느냐?"(요 14:8-9). 그러므로 아들에게 오면 아버지를 알게 된다. 아버지께서 아들을 계시하는 일은 아들이 아버지를 계시하는 일보다 시간적으로 앞서는 것으로 보인다.

요한복음 6:44이 이것을 분명하게 암시하는데, 여기서 예수님은 "나를 보내신 아버지께서 이끌지 아니하시면 아무도 내게 올 수 없으니"라고 말씀하신다. 바꿔 말하면, 아들이 누군가에게 아버지를 계시하려면, 먼저 그 사람이 아들에게 와야 한다. 그러나 그 사람이 아들에게 오는 까닭은 아버지께서 베드로를 아들에게 이끌 때 그러셨듯이 그 사람에게 아들을 계시하시기 때문이다. "이(나의 참된 정체)를 네(베드로)게 알게 한 이는 혈육이 아니요 하늘에 계신 내 아버지시니라." 아버지께서는 예수님에 관한 진리를 베드로에게 계시하실 때 그를 예수님에게 이끄셨다.

2단계: 아버지를 알려면 예수님과 지속적으로 교제해야 한다

이제 우리는 예수님과 교제하는 가운데 아버지가 진정으로 누구신지 알게 된다. 이것이 둘째 단계다. "아들과 또 아들의 소원대로 계시를 받는 자 외에는 아버지가 누구인지 아는 자가 없나이다"(눅 10:22). 첫째, 우리가 예수님께 나오는 까닭은 아버지께서 우리에게 예수님이 "그리스도요 살아 계신 하나님의 아들"이라고 계시하셨기 때문이다. 둘째, 예수님은 하나님 아버지를 우리에게 무한히 충만하게 계시하신다.

예수님은 요한복음 17:6에서 기도하실 때 이러한 순서를 보여 주셨다. "세상 중에서 내게 주신 사람들에게 내가 아버지의 이름을 나타내었나이다. 그들은 아버지의 것이었는데 내게 주셨으며 그들은 아버지의 말씀을 지키었나이다." 아버지께서 사람들을 아들에게 이끄시고—다시 말해, 아들에게 주시고—아들은 아버지를 이들에게 나타내신다.

그러나 이렇게 말하면 두 가지 문제가 생긴다. 첫째, 이것은 아버지를 계시할 대상을 선택하는 주체는 **아들**이라고 말하는 누가복음 10:22과 충돌하는 것 같다. "아들과 또 **아들의 소원대로** 계시를 받는("아버지를 계시하여 주려고 **아들이 택한**", 새번역) 자 외에는 아버지가 누구인지 아는 자가 없나이다"(눅 10:22). 이 구절은 아들의 선택권을 강조한다. 아들이 누구에게 자신이 아버지를 계시할지를 선택하신다. 그러나 우리가 지금껏 말한 바로 미뤄볼 때, **아버지께서** 사람들을 아들에게 "주고"(요 17:6), 그들을 아들에게로 "이끄는"(요 6:44) 결정적 선택을 하시는 것으로 보인다.

하지만 우리가 지금껏 말한 방식에는 또 다른 문제가 있다. 다시 말해, 이것을 2단계로, 아버지가 아들을 먼저 계시하시고 뒤이어 아들이 아버지를 계시한다고 표현하면 두 행위의 보다 깊은 통일성이 모호해진다. 두 계시 행위는 사실상 동시에 이루어진다. 둘은 구분되지만 분리되지는 않는다.

아버지께서는 아들의 참된 정체를 계시하실 때 아들을 **아버지 하나님**의 참된 계시로서 계시하신다. "나를 본 자는 아버지를 보았거늘"(요 14:9). 그러므로 어떤 의미에서, 아들을 참 모습 그대로 본다는 말은 동시에 그 아들 안에서 **아버지**를 본다는 뜻이다. 예수님을 참 모습 그대로 보며, 그분에게서 성육신하신 하나님, 임마누엘, 우리와 함께하시는 하나님, "예수 그리스도의 얼굴에 있는 하나님의 영광"(바울이 고후 4:6에서 말했듯이)을 본다는 말이 바로 이런 뜻이다.

순서가 있다고 해도 틀린 말이 아니다. 우리는 그리스도 안에 거하고 그분과 계속 교제할수록 아버지 하나님을 점점 더 많이 보기 때문이다. 그러나 예수님을 참 모습 그대로(아버지 하나님의 형상으로) 본다는 말은 그와 동시에 아버지를 참 모습 그대로(예수 그리스도 안에 계시된 분으로) 본다는 뜻임을 아는 것이 아주 중요하다.

이것을 알면 내가 말한 나머지 한 문제, 즉 아버지께서 아들을 볼 자를 선택하는 일이 아들이 아버지를 볼 자를 선택하는 일에 선행한다는 문제를 해결하는 데 도움이 된다(눅 10:22). 지금까지 살펴보았듯이, 아버지께서 아들을 계시하시는 일과 아들이 아버지를 계시하시는 일은 서로 밀접하게 연결되어 분리되지 못하고 동시에 일어난다.

바로 이것이 예수님이 요한복음 5:19에서 하신 말씀으로 보인다. "내가 진실로 진실로 너희에게 이르노니 아들이 아버지께서 하시는 일을 보지 않고는 아무것도 스스로 할 수 없나니 아버지께서 행하시는 그것을 아들도 그와 같이 행하느니라." 바꿔 말하면, 아버지와 아들은 더없이 깊이 연합되어 있어서 예수님이 아버지를 계시할 자들을 친히 선택하신다는 말과 예수님이 아버지께서 자신에게 주려고 선택하신 자들에게 아버지를 계시하신다는 말은 전혀 모순되지 않는다.

예수님은 누가복음 10:22에서 "내 아버지께서 모든 것을 내게 주셨으니"라고 말씀하시는데, 이 말씀은 아버지께서 아들에게 주신 것은 더 이상 아버지 손에 없다는 뜻이 아니다. 오히려 아들이 지금 이 세상에서 부르고 계시하며 구원하고 심판할 아버지의 권세를 갖는다는 뜻이다. 그러므로 예수님은 "나를 보내신 아버지께서 이끌지 아니하시면 아무도 내게 올 수 없으니"(요 6:44)라고 말씀하셨을 뿐 아니라 "이 우리에 들지 아니한 다른 양들이 내게 있어 내가 인도하여야 할 터이니"(요 10:16)라고도 말씀하셨다. 아버지께서 이들을 아들에게로 이끄셔야 한다. 그리고 아들이 이들을 인도하셔야 한다. 둘은 분리된 행동이 아니다. "나와 아버지는 하나이니라"(요 10:30). 계시할 자들을 선택하는 아버지의 일에 아들이 참여하고, 계시할 자를 선택하는 아들의 일에 아버지께서 참여하신다. 아버지와 아들이 협력하여 서로의 참된 정체와 영광을 충만하게 드러내신다.

그렇다면 누가복음 10:21에서 [아버지께서] 숨기신 것과 나타내신 것이 무엇인가? 이것이 물음에 대한 나의 대답이다. 숨기신 것과 나타내신 것은 단지 하나님 나라의 도래가 아니라 메시아이신 왕과 그 아버지의 참된 인격적 정체와 신적 영광이다.

왜 예수님은 하나님이 이 진리를 숨기신 것과 드러내신 것을 기뻐하시는가? 우리가 이 물음에 답하려 애쓴다는 사실을 명심하라. "그때에 예수께서 성령으로 **기뻐하시며** 이르시되 천지의 주재이신 아버지여, 이것을 지혜롭고 슬기 있는 자들에게는 숨기시고 어린아이들에게는 나타내심을 감사하나이다"(눅 10:21). 이제 이러한 아버지의 숨김과 드러냄을 기뻐하신 예수님의 기쁨이 아버지 하나님의 기쁨이기도 하다는 사실이 더 분명해진다. 이러한 숨김과 드러냄의 행위에서 아버지와 아들은 하나다.

새로운 물음: 이것을 누구에게 숨기셨는가?

그러므로 이제 우리는 이렇게 물어야 한다. "이것을 **누구에게** 숨기셨고, **누구에게** 나타내셨는가?" 이것을 알면 아버지와 아들이 이러한 숨김과 드러냄을 기뻐하시는 이유를 알 수 있다.

예수님은 하나님이 '지혜롭고 슬기 있는 자들'에게는 숨기셨으나

'어린아이들'에게는 나타내셨다고 말씀하신다. 23절에서 보듯이, 여기서 '어린아이들'은 생후 6개월짜리 아기들이 아닌 것이 분명하다. 이 구절이 가리키는 대상은 제자들이다. "**제자들을** 돌아보시며 조용히 이르시되 너희가 보는 것을 보는 눈은 복이 있도다." 따라서 제자들은 아들이 계시하기로 선택하신 것을 보는 '복'을 받은 '어린아이들'에 속한다.

그러므로 '지혜롭고 슬기 있는 자들'과 '어린아이들'은 아기들과는 무관한 두 부류의 사람들이다. 이들은 실제 아기가 아니다. 그렇다면 이들은 어떤 부류의 사람들인가?

'지혜로운 자들'을 모조리 부정적으로 보는 것은 아니다. 예를 들면, 예수님은 이렇게 말씀하셨다. "그러므로 내가 너희에게 선지자들과 **지혜 있는 자들**과 서기관들을 보내매 너희가 그중에서 더러는 죽이거나 십자가에 못 박고 그중에서 더러는 너희 회당에서 채찍질하고 이 동네에서 저 동네로 따라다니며 박해하리라"(마 23:34). 여기서 '지혜 있는 자들'(눅 10:21에 나오는 용어와 동일하다)은 예수님의 진정한 특사, 곧 그분의 사도나 선교사들이다. 이 '지혜 있는 자들'은 당황스러워하지 않는다. 이들은 예수님의 메시지를 받아들였고 그분의 이름으로 말한다. 그러므로 모든 지혜가 하나님의 계시와 상충된다는 말은 옳지 않다. 예수님은 서로 다른 지혜, 서로 다른 '지혜 있는 자들'을 염두에 두신 게 분명하다.

그뿐 아니라 '어린아이' 같다고 늘 칭찬받는 것도 아니다. 예를 들면, 바울은 어린아이처럼 지적으로 불안정하고 연약한 상태에 머물지 말라고 경고하면서, 목사들과 교사들을 향해 성도들을 훈련시켜 "이제부터 **어린아이가 되지 아니하여** 사람의 속임수와 간사한 유혹에 빠져 온갖 교훈의 풍조에 밀려 요동하지 않게"(엡 4:14) 하라고 말한다.

그 대신에, 우리는 성숙하고 깊이 생각하며 사리를 분별해야 하고 지성을 활용해 교묘한 거짓 가르침을 찾아내고 피해야 한다. "형제들아, 지혜에는 **아이가 되지 말고** 악에는 어린아이가 되라. 지혜에는 장성한 사람이 되라"(고전 14:20). 그러므로 어린아이의 모든 면이 다 본받을 만하지는 않으며, 특히 어린아이들이 쉽게 속는다는 점은 본받을 만한 부분이 아니다.

하지만 다른 한편으로, 예수님은 우리가 어린아이처럼 "하나님의 나라를 받아들여야" 한다고 즐겨 말씀하셨다. "내가 진실로 너희에게 이르노니 누구든지 하나님의 나라를 어린아이와 같이 받들지 않는 자는 결단코 그곳에 들어가지 못하리라"(막 10:15). "어린아이들을 용납하고 내게 오는 것을 금하지 말라. 천국이 이런 사람의 것이니라"(마 19:14). "진실로 너희에게 이르노니 너희가 돌이켜 어린아이들과 같이 되지 아니하면 결단코 천국에 들어가지 못하리라. 그러므로 누구든지 이 어린아이와 같이 자기를 낮추는 사람이 천국에서 큰 자니라"(마 18:3-4).

마지막 본문(마 18:4)에서 예수님은 어린아이의 특징 가운데 특별히 겸손을 강조하신다. "누구든지 이 어린아이와 같이 자기를 **낮추는** 사람이…." 예수님의 말씀은 어린아이들이 본성적으로 겸손하다는 뜻이 아니라 어린아이들이 겸손을 보여 주는 **그림**(표상)이라는 뜻이다. 다시 말해, 어린아이들은 아무 힘이 없지만 부모를 의지하며 행복해한다. 어린아이들은 스스로 먹지도 못한다. 스스로 씻지도 못한다. 스스로 움직이지도 못한다. 스스로 옷을 입거나 자신을 보호하지도 못한다. 어린아이들은 누군가 자신을 돌봐 주고 자신의 필요를 채워 주길 바라고 그 사람을 전적으로 의지한다. 예수님은 하나님의 도움을 받아들일 만큼 하나님을 깊이 의지할 줄 아는 겸손한 사람을 말씀하고 계신다.

짐작컨대, '지혜롭고 슬기 있는 자들'은 교만하기 쉽다. 하나님이 진리를 이들에게는 숨기고 '어린아이들'에게는 나타내신 까닭이 여기 있지 않을까? 예수님이 이러한 숨김과 드러냄을 기뻐하신 까닭이 바로 여기 있지 않을까? 대답을 마무리하기 전에, 사도 바울이 이 문제―지혜로운 자들에게 숨겨진 지혜―를 어떻게 다루는지 살펴보면 크게 도움이 될 것이다. 이제 바울에게로 눈을 돌리고, 그런 다음 11장 말미에서 다시 누가복음 10:21로 돌아오겠다.

11장
반지성주의의 근거2

지혜 있는 자가 어디 있느냐? 선비가 어디 있느냐? 이 세대에 변론가가 어디 있느냐? 하나님께서 이 세상의 지혜를 미련하게 하신 것이 아니냐? 하나님의 지혜에 있어서는 이 세상이 자기 지혜로 하나님을 알지 못하므로 하나님께서 전도의 미련한 것으로 믿는 자들을 구원하시기를 기뻐하셨도다. 유대인은 표적을 구하고 헬라인은 지혜를 찾으나 우리는 십자가에 못 박힌 그리스도를 전하니 유대인에게는 거리끼는 것이요 이방인에게는 미련한 것이로되 오직 부르심을 받은 자들에게는 유대인이나 헬라인이나 그리스도는 하나님의 능력이요 하나님의 지혜니라.

고린도전서 1:20-24

우리는 반지성주의를 지탱하는 위태로운 두 기둥을 살펴보는 중이다. 한 기둥은 하나님이 "이것(그분의 진리)을 지혜롭고 슬기 있는 자들에게는 숨기시고 어린아이들에게는 나타내[셨다]"(눅 10:21)는 예수님의 말씀이다. 우리가 앞 장에서 이 말씀과 씨름을 시작한 까닭은 이 말씀이 겉보기에 이 책의 핵심, 곧 생각이 하나님을 아는 데 필수이며 하나님을 성숙되게 알려면 성숙하게 생각해야 한다는 주장을 약화시키는 것 같기 때문이다. 예수님은 어린아이들을 높이고 지성인들을 낮추시는 듯이 보인다. 이 장 끄트머리에서 이 문제로 다시 돌아오겠다.

누가복음 10:21에 대한 고찰을 마무리하기 전에, 사도 바울이 이 문제와 어떻게 씨름했는지 살펴보자. 먼저 바울이 고린도전서 1:17-2:16에서 이 문제를 어떻게 다루는지 귀담아들어 보자. 이 단락은 성경에서 '지혜롭고 슬기 있는 자들'을 하나님의 '숨겨진' 지혜와 연결지어 가장 폭넓게 다룬 부분이다.

고린도전서 1:19에서 바울은 이사야 29:14을 인용하며 "기록된 바 내가 지혜 있는 자들의 지혜를 멸하고 총명한 자들의 총명을 폐하리라 하였으니"라고 말한다. 헬라어 원문에서, '지혜 있는 자들'과 '총명한 자들' 뒤에 있는 단어는 누가복음 10:21의 '지혜로운' 자들과 '슬기 있는 자들' 뒤에 있는 단어와 정확히 일치한다("천지의 주재이신 아버지여, 이것을 지혜롭고 슬기 있는 자들에게는 숨기시고 어린아이들에게는 나타내심을 감사하나이다", 눅 10:21). 그러므로 용어가 같다는 점으로 볼 때, 바울이 고린도전서 초반 몇 장에서 다루는 문제와 예수님이 누가복음 10:21-22에서 다루시는 문제는 같다. 다시 말해, 둘 모두 사람을 하나님과 그분의 진리에서 멀어지게 하는 '지혜와 총명'을 다룬다.

예수님이 누가복음 10:21에서 말씀하신 것처럼 바울도 하나님의 지혜가 숨겨졌다고 말한다. 고린도전서 1:21에서 바울은 "**하나님의 지혜에 있어서는** 이 세상이 자기 지혜로 하나님을 알지 못하므로"라고 말한다. 바꿔 말하면, 하나님은 사람의 지혜가 하나님을 아는 지식에 이르는 길이 되지 못하도록 **자신의 지혜로** 결정하셨다. 하나님이 '[세상의] 지혜'로부터 자신을 숨기기로 결정하신 까닭은 자신의 지혜 때문이다.

또한 고린도전서 2:7-8에서 바울은 이렇게 말한다. "오직 은밀한 가운데 있는 하나님의 지혜를 말하는 것으로서 곧 감추어졌던 것인데 하나님이 우리의 영광을 위하여 만세 전에 미리 정하신 것이라. 이 지혜는 이 세대의 통치자들이 한 사람도 알지 못하였나니 만일 알았더라면 영광의 주를 십자가에 못 박지 아니하였으리라." 하나님의 지혜는 이 세대의 지혜가 아니며, 따라서 '이 세대의 통치자들'은 그분의 지혜를 알지 못했다. 하나님의 지혜는 이들에게 감춰졌다. 예수님이 말씀하셨듯이 하나님의 계획은 자신의 지혜(자신의 참된 정체를 포함해)를 대다수의 '지혜롭고 슬기 있는' 자들에게 숨기는 것이었다.

바울은 고린도전서 1:26-27에서도 비슷하게 말한다. "형제들아, 너희를 부르심을 보라. 육체를 따라 지혜로운 자가 많지 아니하며 능한 자가 많지 아니하며 문벌 좋은 자가 많지 아니하도다. 그러나 하나님께서 세상의 미련한 것들을 택하사 지혜 있는 자들을 부끄럽게 하려 하시고 세상의 약한 것들을 택하사 강한 것들을 부끄럽게 하려 하시며." 하나님이 이렇게 하기로 선택하셨다. 누가복음 10:21에서 똑같이 말씀하셨다. 예수님은 자신의 '부르심'(소명)과 계시 사역을 행할 때 대다수 '지혜 있는 자들'을 건너뛰기로 선택하셨다. 그러므로 바울은 하나님이 계시하신 지혜, 곧 하나님이 어떤 사람들에게는 숨기셨으나 어떤 사람들에게는 나타내신 지혜를, 예수님이 누가복음 10:21에서 말씀하신 것과 비슷한 방식으로 다루는 것이 분명하다.

하나님의 지혜 대 사람의 지혜

바울은 고린도전서에서 '지혜'를 긍정적으로 말할 뿐만 아니라 부정적으로도 말한다. 그는 다음의 구절에서 지혜를 긍정적으로 말한다.

- 십자가에 못 박힌 그리스도를 전하는 것이 하나님의 지혜니라(1:24).
- 그리스도께서 친히 하나님으로부터 나와서 우리에게 지혜[가]…되셨으니 (1:30).
- 그러나 우리가 온전한 자들 중에서는 지혜를 말하노니(2:6).
- 오직 은밀한 가운데 있는 하나님의 지혜를 말하는 것으로서 곧 감추어졌던 것인데 하나님이 우리의 영광을 위하여 만세 전에 미리 정하신 것이라 (2:7).

그러므로 바울이 생각하기에 오롯이 긍정적인 '지혜'가 있다. 이와 반대로, 그가 부정적으로 생각하는 지혜도 있다.

- 그리스도께서 나를 보내심은 세례를 베풀게 하려 하심이 아니요 오직 복음을 전하게 하려 하심이로되 **말의 지혜로 하지 아니함은**(1:17).
- 지혜 있는 자가 어디 있느냐?…하나님께서 이 세상의 지혜를 미련하게 하신 것이 아니냐?(1:20)
- 유대인은 표적을 구하고 헬라인은 지혜를 찾으나 우리는 십자가에 못 박힌 그리스도를 전하니(1:22-23).

- 하나님의 어리석음이 사람보다 지혜롭고(1:25).
- 형제들아, 너희를 부르심을 보라. 육체를 따라 지혜로운 자가 많지 아니하며(1:26).
- 내가 너희에게 나아가 하나님의 증거를 전할 때에 말과 지혜의 아름다운 것으로 아니하였나니(2:1).
- 내 말과 내 전도함이 설득력 있는 지혜의 말로 하지 아니하고 다만 성령의 나타나심과 능력으로 하여(2:4).
- 너희 믿음이 사람의 지혜에 있지 아니하고 다만 하나님의 능력에 있게 하려 하였노라(2:5).
- 우리가 이것을 말하거니와 사람의 지혜가 가르친 말로 아니하고 오직 성령께서 가르치신 것으로 하니(2:13).
- 너희 중에 누구든지 이 세상에서 지혜 있는 줄로 생각하거든 어리석은 자가 되라. 그리하여야 지혜로운 자가 되리라. 이 세상 지혜는 하나님께 어리석은 것이니 기록된 바 하나님은 지혜 있는 자들로 하여금 자기 꾀에 빠지게 하시는 이라 하였고 또 주께서 지혜 있는 자들의 생각을 헛것으로 아신다 하셨느니라(3:18-20).

그렇다면 바울이 맹렬히 비난하는 지혜와 그가 사랑하는 지혜는 어떻게 다른가? 이 질문의 최종 해답은 그가 두 종류의 지혜를 말한다는 사실에서 찾아낼 수 있다. 바울은 두 지혜 가운데 하나를 "세상의 지혜"(1:20; 3:19), "사람의 지혜"(2:5, 13), "육체를 따른"(1:26, "세상적인 기준에 따른", ESV)지혜로 묘사한다. 그리고 다른 하나를 세 차례 "하나님의 지혜"(1:24; 2:7)로 묘사하며, 한 차례 "이 세상의 지혜가 아니요"(2:6)라고 묘사한다. 그러므로 두 지혜의 궁극적 차이라면, 하나는 하나님의 지혜이고 나머지 하나는 사람의 지혜라는 점이다.

그렇다면 사람의 지혜와 하나님의 지혜는 어떻게 다른가? 이 질문에 답하는 방법은, 고린도전서 1:17, 23에서 사람의 지혜는 그리스도의 십자가를 의미 없게 하지만 하나님의 지혜는 그리스도의 십자가를 의미 있게 한다는 점에 주목하는 것이다. 바울은 자신이 만약 '말의 지혜'로 복음을 전한다면 "그리스도의 십자가가 헛되게"(1:17) 된다고 말한다. 그리고 그는 "헬라인은 지혜를 찾으며", 따라서 십자가를 전하는 행위를 "미련하게"(1:23) 여긴다고 덧붙인다. 따라서 '사람의 지혜'는 십자가를 미련하게 여김으로써 십자가를 무효화하지만, 사실 십자가는 "하나님의 지혜"(1:24)다.

십자가는 사람의 지혜와 하나님의 지혜를 나누는 분수령이다

하나님의 지혜와 사람의 지혜의 근본적인 차이는, 하나님의 지혜는 십자가가 말하는 바를 높이는 반면 사람의 지혜는 십자가가 말하는 바를 낮춘다는 것이다. 그렇다면 십자가는 무엇을 말하는가? 인간의 경건치 못함과 무기력을 말하고(롬 5:6), 하나님의 과분한 은혜를 말하며(롬 3:24), 의심할 여지없는 하나님의 공의를 말한다(롬 3:25-26).

바꿔 말하면, 십자가는 사람을 낮추고 우리 노력과는 무관한 하나님의 은혜를 높인다는 점에서 사람의 지혜를 낮춘다. 십자가는 사람을 어린아이처럼 의존적이며 무기력해 보이게 만들고, 하나님을 모든 것이 충만하고 모든 것을 공급하며 죄인에게 구원을 값없이 주는 분으로 보이게 만든다.

십자가를 "하나님의 지혜"(고전 1:24)라고 부르는 까닭은 무엇인가?

하나님의 헌신, 곧 자기 백성이 영원히 누리도록 자신의 영광을 유지하고 높이려고 구원 사역에 몰두하시는 하나님의 헌신이 하나님의 지혜를 이루는 핵심이기 때문이다. 고린도전서 2:9에서 보듯이 하나님의 영광과 우리의 기쁨은 함께 간다. 바울은 하나님의 지혜를 "하나님이 자기를 사랑하는 자들을 위하여 예비하신 모든 것"이라고 묘사한다. 그것이 무엇인가? 에베소서 2:7은 이렇게 답한다. "이는 그리스도 예수 안에서 우리에게 자비하심으로써 그 은혜의 지극히 풍성함을 오는 여러 세대에 나타내려 하심이라."

그러므로 하나님의 지혜를 이루는 핵심은 믿는 자들이 영원히 누리도록 그리스도 안에서 자신의 은혜의 영광을 드러내려는 하나님의 열심이다. 우리는 모두 자격 없는 죄인이기에, 십자가는 하나님의 지혜를 이루는 핵심이다. 십자가가 없으면 하나님의 지혜를 얻지 못한다.

따라서 하나님의 지혜의 본성이 하나님의 지혜가 계시되고 알려지는 방식을 결정한다. 다시 말해, 하나님의 지혜는 우리가 자신을 자랑하지 않고 오직 주 안에서 자랑하게 하는 방식으로 계시되고 알려진다. 고린도전서 1:27-29이 이것을 가장 분명하게 보여 주는데, 여기서 바울은 "하나님께서 세상의 미련한 것들을 택하사…이는 아무 육체도 하나님 앞에서 자랑하지 못하게 하려 하심이라"고 말한다.

바울은 고린도전서 3:20-21에서도 같은 말을 한다. "또 주께서 지혜 있는 자들의 생각을 헛것으로 아신다 하셨느니라. 그런즉 누구든지 사람을 자랑하지 말라. 만물이 다 너희 것임이라." 하나님의 지혜는 십자가에 못 박힌 그리스도 안에서 하나님의 은혜의 영광을 높이는 것이 목적이기 때문에, 하나님은 자신의 지혜를 사람의 교만과 자랑을 무색하게 하는 방식으로 계시하신다.

긍정 어법으로 표현하자면, 바울은 고린도전서 1:30-31에서 십자가에 못 박힌 그리스도께서 "하나님으로부터 나와서 우리에게 지혜[가]…되셨으니 기록된 바 자랑하는 자는 주 안에서 자랑하라 함과 같게 하려 함이라"고 덧붙인다. 바꿔 말하면, 하나님의 지혜는 우리가 자신을 자랑하지 **않을** 뿐더러 그리스도 안에서 자랑**하도록** 계획한다. 하나님의 지혜의 본질은 십자가에 못 박힌 그리스도에게서 드러난 하나님의 은혜의 영광을 높이는 것이다.

우리는 이 구절에서, 그리고 하나님이 "이것을 지혜롭고 슬기 있는 자들에게는 숨기시고 어린아이들에게는 나타내심을" 기뻐하시는 누가복음 10:21과 아주 비슷한 구절에서 하나님의 지혜의 본질을 볼 수 있다. 고린도전서 1:21에서 바울은 "하나님의 지혜에 있어서는 이 세상이 자기 지혜로 하나님을 알지 못하므로"라고 말한다. "하나님의 지혜에 있어서는"이라는 말에 주목하라. 이 말은 하나님의 지혜가 사람이 자신의 지혜로는 하나님을 알지 못하도록 계획해 놓았다는 뜻이다.

우리는 지금껏 하나님의 지혜의 본성과 목적을 살펴보았다. 그리고 이제 그 이유를 알았다. 사람이 타고난 지혜와 지성으로 하나님을 찾아내고 안다면 자신이 하나님과 사람 사이의 간극을 극복했다고 자랑해도 될 것이다. 그렇게 되면 사람이 유한과 무한의 간극을 극복했을 뿐만 아니라 죄와 거룩의 간극도 극복한 셈이다. 그러나 하나님은 세상을 이렇게 계획하지 않으셨다. "**하나님의 지혜에 있어서는** 이 세상이 자기 지혜로 하나님을 알지 못하므로." 하나님은 이렇게 감추기로 계획하셨다.

하나님의 지혜에 있어서는, "하나님께서 전도의 미련한 것으로 믿는 자들을 구원하시기를 기뻐하셨도다"(고전 1:21). 이른바 '전도의 미련한 것'이란 십자가를 전하는 것을 말한다. 이것이 사람의 눈에는 미련해 보이지만 하나님의 눈에는 지혜롭게 보인다. 그러므로 세상의 지혜를 통해 하나님을 안다는 말과 십자가에 못 박힌 그리스도의 메시지를 믿어 구원받는다는 말은 서로 대조를 이룬다.

여기서 핵심은 십자가에 못 박힌 그리스도 안에 있는 하나님의 은혜를 어린아이처럼 의지하지 않고는 하나님을 아는 참 지식이나 구원을 얻을 길이 전혀 없다는 것이다. 우리가 자신을 속수무책인 존재로, 경건치 못한 죄인으로 여기면서 그리스도 안에 있는 하나님의 은혜를 의지하고 자비를 구하지 않는다면 하나님을 알거나 그분에게 구원받을 길이 없다.

그러므로 하나님의 지혜와 사람의 지혜의 궁극적 차이는 두 지혜가 십자가에 못 박힌 그리스도 안에 있는 하나님의 영광과 연결되는 방식에 있다고 결론내려도 좋겠다. **하나님의 지혜는** 하나님의 은혜의 영광을 우리의 더할 나위 없는 보화로 삼게 한다. 그러나 **사람의 지혜는** 자신을 하나님의 은혜에 완전히 의존하는 존재로 보지 않고 재간이 넘치고 모자람이 없으며 스스로 결정하는 존재로 보길 기뻐하게 한다.

하나님의 지혜는 의식적으로 하나님에게서 시작하고("여호와를 경외함이 지혜의 근본이라", 시 111:10), 의식적으로 하나님에 의해 유지되며, 의식적으로 하나님의 영광을 목표로 삼는다. 하나님의 지혜는 그리스도의 십자가에서 가장 두드러지게 드러난다. 십자가는 사람을 낮추고 하나님의 은혜를 높이는 구원의 길이기 때문이다. 하나님의 지혜는 우리가 스스로 못하는 일을 우리를 위해 함으로써 우리를 구원하고 겸손하게 한다.

이제 앞 장에서 누가복음 10:21을 살피면서 제기했던 몇 가지 물음에 좀더 분명하게 답해야 할 때다. 누가복음 10:21에서 누가는 예수님이 "성령으로 기뻐하시며 이르시되 천지의 주재이신 아버지여, 이것을 지혜롭고 슬기 있는 자들에게는 숨기시고 어린아이들에게는 나타내심을 감사하나이다"라고 하셨다고 말한다. 여기서 말하는 '지혜롭고 슬기 있는 자들'은 누구이며, '어린아이들'은 누구인가? 우리가 바울에게서 본 내용과 누가복음에서 본 내용은 서로 잘 들어맞는다.

어린아이들

'어린아이들'이란 자신이 무기력하고 하나님에게 좋은 것을 받을 자격이 털끝만큼도 없음을 알고 느끼는 사람들이다. 이들은 모든 교만과 자랑을 깡그리 포기한다. 이들은 자신에게 스스로 하나님을 알거나 자신을 심판에서 구해 낼 자원이 없다고 느낀다. 이들은 하나님의 특별한 계시가 없으면 가장 중요한 알짜배기 진리를 알 수 없으며, 어떻게 그 진리를 따라 살아야 하는지도 알 수 없다고 인정한다. 이들은 하나님을 참 모습 그대로 알려면 예수님이 베드로의 고백에 답하여 말씀하셨던 바로 그 놀라운 하나님의 은혜의 역사가 있어야 함을 겸손하게 인정한다. "이를 네게 알게 한 이는 혈육이 아니요 하늘에 계신 내 아버지시니라"(마 16:17).

십자가 이편의 '어린아이들'은 자신이 그리스도의 죽음을, 그리고 그 죽음이 자신을 구원하고 지혜의 문을 연다는 점을 오롯이 의지하고 있음을 안다. 그리스도의 속죄와 대속의 죽음이 없다면 하나님과 그분의 지혜에 이르는 길이 모조리 막힌다. '어린아이들'은 갈망과 소망과 확신을 품고, 그리스도가 지혜에 이르는 길이요 모든 지혜의 완성임을 인정한다 (고전 1:30; 골 2:3).

'어린아이들'은 바울이 고린도전서 2:15에서 말하는 '신령한 자', 곧 그리스도의 죽음을 하나님의 영광스런 지혜로 보게끔 하나님의 성령께서 겸손하게 하신 사람들이다. 아버지께서는 이들에게 아들을 나타내시고, 아들은 아버지를 나타내신다. 이들이 십자가의 도를 받아들이는 까닭은 십자가가 이들에게는 미련해 보이지 않기 때문이다. 하나님의 은혜로 이들은 어린아이가 되어야 할 부분에서 어린아이가 된다. "형제들아, 지혜에는 아이가 되지 말고 악에는 어린아이가 되라. 지혜에는 장성한 사람이 되라"(고전 14:20).

지혜롭고 슬기 있는 자들

이와는 반대로, '지혜롭고 슬기 있는 자들'은 '십자가의 도'를 거북해한다. 이들에게 십자가가 미련해 보이는 까닭은 십자가는 인간의 무기력과 무가치를 극명하게 드러내기 때문이다. 십자가는 하나님의 은혜를 높이고, 주 안에서 하는 자랑 외에 모든 자랑을 무너뜨린다. 그러나 자기 높임과 자기 결정은 '지혜롭고 슬기 있는 자들'의 큰 즐거움이다. 이들은 스스로 모자람이 없고 재간이 넘친다고 생각하며, 이러한 자기 생각에 어긋나는 것은 무엇이든 거부한다. 이들은 자신의 지적 성취에 우쭐하며 칭송받고 싶어 한다.

'지혜롭고 슬기 있는 자들'의 지혜는 두드러진 과학적 진보를 낳았다. 그러나 이들의 지혜는 가장 중요한 실재, 곧 하나님을 빼놓았다. 한편으로 이들의 지혜가 이루어낸 성취는 굉장히 놀랍다. 하지만 다른 한편으로 이들의 지혜는 핵심을 놓치는 어리석은 짓을 했다. "지혜롭고 슬기 있는 자들"의 지혜는 하나님에게서 시작하지 않는다. 이들의 지혜는 지혜를 주시는 분이 하나님이라는 의식도 없으며, 우주를 향한 하나님의 목적, 무엇보다도 죄인들을 위해 십자가에 못 박힌 그리스도를 통해 하나님의 영광을 드러내려는 목적을 인정하지도 않는다.

'지혜롭고 슬기 있는' 자들은 '세상의 지혜', 즉 창조주 하나님이 아니라 사람(또는 피조물)을 만물의 척도로 삼는 데 전념하는 지혜를 기뻐한다. 이 지혜는 인간의 두드러진 성취를 내세워 인간의 교만을 부추기고 지탱한다. 누가복음 10:21과 고린도전서 1:21에 따르면, 하나님은 바로 이들에게 자신을 숨기신다.

하나님은 사람의 지혜로부터 자기를 숨기길 기뻐하신다

누가복음 10:21에 따르면, 하나님은 자신을 숨기실 뿐 아니라 이렇게 하길 기뻐하기까지 하신다. "그때에 예수께서 성령으로 기뻐하시며 이르시되 천지의 주재이신 아버지여, 이것을 지혜롭고 슬기 있는 자들에게는 숨기시고 어린아이들에게는 나타내심을 감사하나이다. 옳소이다. 이렇게 된 것이 아버지의 뜻이니이다"(또는 문자적으로 "이것은 당신을 크게 기쁘게 합니다", *eudokia*).

고린도전서 1:21에서 바울은 누가복음 10:21의 "크게 기쁘게 합니다"와 밀접한 단어로 똑같은 핵심을 제시한다. "하나님의 지혜에 있어서는 이 세상이 자기 지혜로 하나님을 알지 못하므로 하나님께서 전도의 미련한 것으로 믿는 자들을 구원하시기를 **기뻐하셨도다**[*eudokesen*]." 하나님은 자신의 지혜가 명하는 바를 기뻐하신다. 이것이 하나님을 "크게 기쁘게 한다." 그래서 하나님의 지혜가 교만에 찌든 사람의 지혜로는 하나님을 알지 못하고 대신에 어린아이처럼 그리스도를 의지해야 하나님을 알게 된다고 명할 때, 하나님은 기뻐하신다. 이것이 진정 하나님을 크게 기쁘게 한다.

왜 하나님(성부, 성자, 성령)[1]은 자신을 '지혜롭고 슬기 있는 자들'에게는 숨기시고 '어린아이들'에게는 나타내길 기뻐하시는가? 우리는 이제 이 질문에 답해야 한다. 이 질문에 가장 충실하게 답하려면, 하나님의 기쁨은 궁극적으로 자신의 영광을, 특히 자신의 은혜의 영광을 드러내는 데 있음을 깨달아야 한다.[2] 이사야 2:17에서 선지자는 "그날에 자고한 자는 굴복되며 교만한 자는 낮아지고 여호와께서 홀로 높임을 받으실 것이요"라고 말한다. 구속사에서 하나님의 목적은, 인간의 치명적인 교만을 꺾고 자신의 백성이 드리는 그리스도를 높이는 예배에서 자신의 영광의 은혜를 높이 드러내는 것이다.

그러므로 하나님이 자신을 '어린아이들'에게 나타내길 기뻐하시는 까닭은, 이렇게 할 때 사람의 충족성(all-sufficiency)이 아니라 하나님의 충족성이 밝히 드러나기 때문이다. '어린아이들'은 자신의 부족함에 절망하고, 자신의 무력함과 죄악에서 눈을 돌려 그리스도 안에 있는 하나님의 은혜를 바라본다. 그러므로 하나님이 이러한 자들에게 자신을 나타내시는 까닭은, 이렇게 할 때 자신의 아름다움과 가치가 더욱 분명하게 드러나기 때문이다. '어린아이들'의 마음은 하나님의 은혜가 크게 보이게 하는 반면, '지혜롭고 슬기 있는 자들'의 마음은 사람의 자기 결정과 자족성이 크게 보이게 한다. 그러므로 하나님이 자신의 은혜의 영광을 드러내길 기뻐하시기 때문에, 예수님도 하나님이 이 영광을 '어린아이들'에게 나타내시는 것을 기뻐하신다.

반대로, 하나님이 이것을 '지혜롭고 슬기 있는 자들'에게 숨기시는 까닭은, 이들이 '어린아이들'이 되지 않은 채 하나님을 알게 되면 하나님의 영광과 그리스도의 십자가의 능력이 흐려지기 때문이다. 그렇게 되면 '지혜 있는 자들'이 자신의 지혜와 구원을 하나님께 오롯이 의지하지 않게 된다. 이들은 자신의 지혜와 재간으로 하나님을 찾아냈다고 자랑하게 된다. 이런 자들에게 예수님은 이렇게 말씀하신다. "너희가 돌이켜 어린 아이들과 같이 되지 아니하면 결단코 천국에 들어가지 못하리라"(마 18:3).

하나님의 지혜가 일이 이렇게 되도록 계획했는데, 이것은 **하나님에게** 기쁨을 줄 뿐만 아니라 **하나님의 백성**을 더없이 큰 기쁨으로 인도한다. 이들의 더없이 큰 기쁨이란 하나님 안에서 누리는 기쁨('하나님 바로 그분을 기뻐하는 기쁨'이라는 의미도 내포한다―역주)이다. 이것은 시편 16:11에 분명하게 나타난다. "주[하나님]께서 생명의 길을 내게 보이시리니 주의 앞에는 충만한 기쁨이 있고 주의 오른쪽에는 영원한 즐거움이 있나이다." **충만한** 기쁨과 **영원한** 즐거움은 더할 나위 없는 기쁨이며 즐거움이다. 충만보다 더한 충만은 없으며, 영원보다 더한 영원은 없다. 이 기쁨은 사람의 성취가 아니라 하나님의 임재('주의 앞')에서 비롯된다.

그러므로 우리를 가없이 사랑하고 또 우리를 충만하고도 영원히 기뻐하기 위해, 하나님은 우리를 영원히 만족시킬 한 가지, 곧 자기 영광의 무한한 가치에 대한 입증과 체험을 그리스도의 십자가를 통해 우리에게 보장하신다. 오직 하나님만이 충만하고 영원한 기쁨의 근원이시다. 따라서 자신의 영광을 유지하고 드러내시려는 하나님의 헌신은 과대망상증 환자의 증세가 아니라 사랑의 징표다.

우리의 기쁨은 하나님의 귀중한 영광에 집중되는데, 만약 하나님이 교만하고 스스로 모자람이 없다고 여기는 자들에게 자신을 나타내신다면 그야말로 스스로 자기 영광을 흐리시는 셈이다. 따라서 하나님이 '지혜롭고 슬기 있는 자들'에게는 자신을 숨기고 '어린아이들'에게는 자신을 드러내시는 까닭은 그분이 자신의 은혜의 영광을 기뻐하고 우리의 큰 기쁨을 기뻐하시기 때문이다.

배웠느냐 못 배웠느냐는 중요하지 않다

지금까지 10장과 11장에서 살펴보았듯이, 누가복음 10:21이 말하는 '지혜롭고 슬기 있는 자들'과 '어린아이들'은 단순히 '배운' 사람들과 '배우지 못한' 사람들을 뜻하지 않는다. 예수님은 배우지 못한 사람들은 계시의 은혜를 받고 배운 사람들은 그 은혜를 받지 못한다고 말씀하지 않으신다. 달리 말하면, 배운 사람들 중에도 '어린아이들'이 있으며, 배우지 못한 사람들 중에도 '자랑하는 자들'이 있다. 노벌 겔덴후이즈(Noval Geldenhuys)는 누가복음 10:21을 바르게 해석한다.

> 구주께서는 '배운' 자들과 '배우지 못한 자들'을 대조하는 것이 아니라, 스스로 지혜롭고 분별력이 있다고 생각해 자기 지성으로 복음의 진리를 테스트하려 들고 자신이 만든 개념을 잣대로 판단하려 드는 자들과, 자신의 통찰력과 이성으로는 하나님의 진리를 이해하고 받아들일 능력이 전혀 없음을 절감하는 자들을 대조하신다. '배우지 못한' 사람들이 영적인 문제에서 더없이 고집스러운 반면, 아주 많이 배운 사람들은 겸손하고 어린아이 같아서 복음의 진리를 거리낌 없이 받아들이는 경우도 허다하다. 예수님은 배운 자들과 배우지 못한 자들을 대조하는 게 아니라, 잘못되고 교만한 태도를 보이는 자들과 바르고 어린아이 같은 태도를 보이는 자들을 대조하신다.[3]

그러므로 예수님과 바울이 각각 누가복음 10:21과 고린도전서 1:21에서 한 말은, 하나님을 알려고 힘쓸 때 세밀하게 성실하게 엄밀하게 생각하지 말라고 경고하는 것이 아니다. 사실 예수님과 바울이 경고하는 방식을 보건대, 우리는 둘의 경고를 이해할 때도 진지하게 생각해야 한다. 교만은 사람을 가리지 않는다. 깊이 생각하는 사람은 겸손하기 쉽다. 그러나 경솔한 신비주의자는 오만하기 쉽다.

이 책의 목적은 하나님을 아는 참된 지식에 이르는 진지하고 성실하며 겸손한 생각을 독려하는 것이다. 하나님을 참되게 알면 하나님을 사랑하게 되고, 하나님을 사랑하면 이웃 사랑이 넘쳐난다. 보통 사람이든 많이 배운 사람이든 다 같이 교만의 함정을 피할 수 있는 생각의 방식이 있다. 다음 장에서, 안다고 교만 떨지 말라는 바울의 놀라운 경고를 간략히 살펴보겠다.

12장
사랑을 행하는 지식

우상의 제물에 대하여는 우리가 다 지식이 있는 줄을 아나 지식은 교만하게 하며 사랑은 덕을 세우나니 만일 누구든지 무엇을 아는 줄로 생각하면 아직도 마땅히 알 것을 알지 못하는 것이요, 또 누구든지 하나님을 사랑하면 그 사람은 하나님도 알아주시느니라. 그러므로 우상의 제물을 먹는 일에 대하여는 우리가 우상은 세상에 아무것도 아니며 또한 하나님은 한 분밖에 없는 줄 아노라.…그러나 이 지식은 모든 사람에게 있는 것은 아니므로…그런즉 너희의 자유가 믿음이 약한 자들에게 걸려 넘어지게 하는 것이 되지 않도록 조심하라. 지식 있는 네가 우상의 집에 앉아 먹는 것을 누구든지 보면 그 믿음이 약한 자들의 양심이 담력을 얻어 우상의 제물을 먹게 되지 않겠느냐? 그러면 네 지식으로 그 믿음이 약한 자가 멸망하나니 그는 그리스도께서 위하여 죽으신 형제라.

고린도전서 8:1-11

지금껏 9-11장에 걸쳐 반지성주의를 떠받치는 두 기둥을 살펴보았고, 두 기둥이 너무나 허약하다는 사실 또한 확인했다. 두 기둥은 성경적 분석을 버텨 내지 못한다. 두 기둥이 겉보기에 튼튼한 까닭은 교만이 지성의 문 앞에 늘 도사리고 있기 때문이다. 그러나 이것은 배운 사람이나 못 배운 사람이나 매한가지다. 다른 사람들에게 없는 지식이 자신에게 있을 때 우리는 교만하기 쉽다. 배운 사람의 경우, 이러한 지식은 흔히 숱한 노력과 뛰어난 지능지수에서 비롯되었을 것이다. 배우지 못한 사람들의 경우, 이러한 지식은 흔히 은밀한 계시나 신비 체험이나 시행착오라는 학교에서 비롯되었을 것이다. 그러나 오만한 생각의 해결책은 '생각하지 않는 것'이 아니라 '바르게 생각하는 것'이다. 이 장에서는 바로 이 문제를 다루겠다.

직설적이며 당혹스러운 구절

바울은 고린도전서 8:1-3에서 직설적이면서도 수수께끼 같은 말을 하는데, 여기서부터 이야기를 시작해 보자. 이 단락은 앞 장의 주제—지성으로 하나님 사랑하기—와 연결된다.

> 우상의 제물에 대하여는 우리가 다 지식이 있는 줄을 아나 지식은 교만하게 하며 사랑은 덕을 세우나니 만일 누구든지 무엇을 아는 줄로 생각하면 아직도 마땅히 알 것을 알지 못하는 것이요, 또 누구든지 하나님을 사랑하면 그 사람은 하나님도 알아주시느니라.

여기서 나타나는 생각의 흐름은 당혹스럽다. 고든 피(Gordon Fee)는 이렇게 말한다. "이 첫 단락에서 가장 놀라운 점은 이것이 아주 불합리한 추론으로 보인다는 것이다."[1] 그렇다. "보인다"는 적절한 단어다. 바울은 우리로 생각하게 함으로써 우리를 더 깊은 곳으로 인도하려 한다.

고린도전서의 이 대목에서 바울은 그리스도인들이 우상의 제물을 먹어도 되는지에 관한 문제를 끄집어낸다. 바울은 서두를 이야기하고 나서 이렇게 말한다. "그러므로 우상의 제물을 먹는 일에 대하여는 우리가 우상은 세상에 아무것도 아니며 또한 하나님은 한 분밖에 없는 줄 아노라"(고전 8:4). **아노라**라는 단어에 주목하라. 고린도의 그리스도인들 중에는 이러한 '지식'(참된 지식이다) 때문에 '교만한' 이들이 더러 있었다. 어떻게 아는가? 7, 9, 11절에 보면, 고린도 교회에 이러한 지식을 내세워 더 연약한 그리스도인들을 배려하지 않은 채 자신에게 자유롭게 먹을 권리가 있다고 과시하는 사람들이 더러 있다고 나오기 때문이다.

바울은 이들에게 이들의 말("우리가 다 지식이 있는 줄을 아나")과는 달리 "이 지식은 모든 사람에게 있는 것은 아니[라]"(7절)고 경고한다. 즉, 이러한 지식이 없는 이들은 다른 이들이 무엇이든 자유롭게 먹는 모습을 보고 잘못된 결론을 내리기 쉽다는 뜻이다. 그래서 바울은 이들에게 사랑으로 행하라고 권한다. "그런즉 너희의 자유가 믿음이 약한 자들에게 걸려 넘어지게 하는 것이 되지 않도록 조심하라"(9절). 바울은 이들에게 "네 지식으로 그 믿음이 약한 자가 멸망하[기]"(9절) 때문에 자신들의 "지식"을 경솔하게 사용하지 말라고 경고한다.

그러므로 지식이 교만을 낳고 교만이 사랑을 무너뜨리고 있는 것이 고린도 교회의 문제였다. 그래서 바울은 "지식은 교만하게 하며 사랑은 덕을 세우나니"라고 말한다. 지식이 교만을 쉬 낳는 까닭은 지식은 주는 행위의 결과가 아니라 받는 행위의 결과이기 때문이다. 지식은 일종의 소유다. 지식은 우리가 획득한 것이다. 그래서 우리는 지식을 자랑하기 쉽다. 반대로, 사랑은 받는 행위가 아니라 주는 행위다. 사랑은 성취나 획득이 아니다. 사랑은 밖으로 흐른다. 사랑은 나눈다. 사랑은 타인의 유익을 생각한다. 사랑은 사랑하는 주체의 자아를 세우지 않고 타인의 믿음을 세운다.

바울은 이들을 교만하게 하는 지식에 대해 어떻게 말하는가? 그는 2절에서 "만일 누구든지 무엇을 아는 줄로 생각하면 아직도 마땅히 알 것을 알지 못하는 것이요"라고 말한다. 이 말은 그리스도인들은 아무것도 알 수 없다고 생각한다는 뜻이 아니다. 바울은 고린도전서에서만 10회에 걸쳐 고린도 교회의 그리스도인들이 하나님과 삶에 관해 마땅히 알아야 하는 알짬들을 알지 못한다고 질책한다(3:16; 5:6; 6:2, 3, 9, 15, 16, 19; 9:13, 24).

바울은 이들이 "무엇을 아는 줄로 생각한다"고 비판할 때 이들의 태도를 염두에 둔다. 이들은 어떤 의미에서는 '안다.' 그러나 '마땅히 알 것을'(마땅히 알아야 하는 대로) 알지는 못한다. 그러므로 깊은 의미에서 보면 이들은 전혀 알지 못한다. 이들에게는 마지막에 중요한 유일한 지식이 없다. 이들은 자신이 안다고 **생각한다**.

이는 아주 중요한 문제다. 바울은 단지 우상의 제물에 관한 바른 교리를 안다고(그리고 그것을 알려고 생각한다고) 해서 진정으로 아는 것은 아니라고 말한다. 이들은 하나님에 관해, 자신들의 자유에 관해 참된 사실을 어느 정도 알았다. 그러나 바울은 이들이 단지 스스로 안다고 **생각할** 뿐이라고 말한다. 달리 말하면, 이들의 지식은 참된 지식이 아니었다. 이들은 마땅히 알아야 하는 대로 알지 못했으며, 따라서 진정으로 알지 못했다. 단지 자신이 안다고 상상할 뿐이었다.

그러므로 핵심 질문은 이것이다. 자신이 안다고 생각할 뿐인 앎을 진정한 앎으로 바꾸려면 어떻게 해야 하는가? 우리가 마땅히 알아야 하는 대로 안다는 말은 무슨 뜻인가? 우리가 마땅히 생각해야 하는 대로 생각한다는 말은 무슨 뜻인가? 대답은 **앞뒤** 본문에 나온다.

앞 본문에서 바울은 사랑은 세운다고 말한다(1절). 이 말은 그 어떤 지식이라도 사랑에 이바지하지 않는다면 진정한 앎이 아님을 암시한다. 이것은 매춘과 같은 앎이다. 마치 하나님이 우리 손에 수술 칼을 쥐어 주고 환자를 살리는 법을 가르쳐 주셨는데도 그 칼로 멋지게 저글링을 할 뿐 환자를 죽게 놔두는 것과 같다. 지식과 생각은 사랑을 위해, 사람들의 믿음을 세워 주기 위해 존재한다. 사랑이 아니라 교만을 낳는 생각은 진정한 생각이 아니다. 우리는 자신이 생각한다고 생각할 뿐이다. 하나님은 이것을 생각이라고 보지 않으신다. 이것은 수술이 아니다. 재주 부리기일 뿐이다.

진정으로 알면 하나님을 사랑한다

우리가 "마땅히 알 것을[마땅히 알아야 하는 대로] 알지 못[한다]"(2절)는 말이 무슨 뜻인지는 **앞뒤** 본문을 보면 알 수 있다. 방금 앞 본문인 1절에서는 "사랑은…세운다"는 사실을 확인했다.

이제 **뒷** 본문(3절)을 살펴볼 차례다. "또 누구든지 하나님을 사랑하면 그 사람은 하나님도 알아 주시느니라." 바울은 우리가 마땅히 알아야 하는 대로 아는 일과 하나님 사랑하기를 동일시한다. 1절과 연결지어 보면, 바울은 **사람** 사랑하기를 진정한 앎을 가늠하는 기준으로 삼는다. 3절과 연결지어 보면, 그는 **하나님** 사랑하기를 진정한 앎을 가늠하는 기준으로 삼는다.

 이제 우리가 알듯이, 이 본문은 우리의 지성을 다해 하나님 사랑하기라는 6장의 핵심과 연결된다. 지성은 이를 위해 존재한다. 여기서 바울은 우리가 "마땅히 알 것을[마땅히 알아야 하는 대로] 알" 때 하나님을 사랑하게 된다고 말한다. 바울이 보기에 생각과 지식은 하나님을 사랑하고 사람들을 사랑하도록 하나님이 우리에게 주신 도구다.

 그러나 3절에서 바울은 '하나님 사랑하기'를 '우리가 마땅히 알아야 하는 대로 알기'와 연결하는 것에 그치지 않는다. 바울은 "누구든지 하나님을 사랑하면 그 사람은 하나님도 알아주시느니라"고 말한다. "하나님이 알아주시느니라"는 말의 핵심은 무엇인가? 이 구절은 갈라디아서 4:9과 평행을 이룬다. "이제는 너희가 하나님을 알 뿐 아니라 더욱이 하나님이 아신 바 되었거늘 어찌하여 다시 약하고 천박한 초등학문으로 돌아가서 다시 그들에게 종노릇 하려 하느냐?" 내가 하나님을 안다는 것보다 한 차원 더 깊은 말은 하나님이 나를 아신다는 것이다. 그리스도인에 대한 가장 심오한 정의는 우리가 하나님을 알게 되었다는 것이 아니라 하나님이 우리를 주목하고 우리를 자신의 소유로 삼으셨다는 것이다.

 하나님이 우리를 아신다는 말은 택하심, 곧 우리가 그럴 자격이 없는데도 불구하고 하나님이 자신을 위해 우리를 값없이 선택하셨음을 말하는 또 다른 방식이다. 이것이 아모스 3:2이 말하는 앎이다. "내가 땅의 모든 족속 가운데 너희만을 **알았나니**." 이스라엘이 다른 어느 민족보다 나은 구석이 전혀 없었는데도 하나님은 이스라엘을 자신의 백성으로 선택하셨다.

 바울은 "누구든지 하나님을 사랑하면 그 사람은 하나님도 알아 주시느니라"고 말하면서, 사랑 없는 지식이 아니라 하나님을 사랑하는 것이

택함받은 자들의 표시라는 점을 고린도 교회의 교만한 그리스도인들에게 상기시킨다.[2)] 바울은 이들에게 이들이 가진 모든 것이 하나님의 자유롭고 주권적인 주도하심 덕분이라는 점을 상기시킨다. 이것은 바울이 앞서 했던 말과 같다. "네게 있는 것 중에 받지 아니한 것이 무엇이냐? 네가 받았은즉 어찌하여 받지 아니한 것같이 자랑하느냐?"(고전 4:7). 3절의 핵심은 이것이다. "사람이 하나님을 사랑하면 하나님이 주도하셨다는 표시다."[3)]

교만을 치료하기 위한 처방

바울이 이러한 핵심을 제시하는 까닭은 교만이 문제이기 때문이다. 고린도 교회의 그리스도인들은 자신의 '지식' 때문에 "교만해졌다." 바울은 교만병 치료를 위해 첫 번째 처방을 내리면서, 참된 지식과 참된 생각은 교만이 아니라 하나님 사랑과 사람(이웃) 사랑을 낳는다고 말한다. 그는 교만병 치료를 위해 더 깊은 처방을 내리면서, 우리의 사랑마저도 우리에게서 비롯되지 않는다고 말한다. 우리의 사랑은 하나님의 값없는 선물, 곧 하나님의 택하심에서 비롯된다.[4)] 우리가 하나님을 사랑한다면, 따라서 마땅히 알아야 하는 대로 안다면, 이것은 하나님이 우리를 아시기―택하셨기―때문이다.

내가 이 모든 것을 토대로 내리려는 결론은 이것이다. 지식을 소홀히 여기는 태도는 지식을 자랑의 근거로 삼는 태도만큼이나 위험하다. "우리가 마땅히 알 것을[마땅히 알아야 하는 대로] 아는" 방법이 있으며, 앎의 목적은 하나님과 사람을 사랑하는 것이다. 그러므로 알기를 소홀히 하면 사랑이 무너진다. 우리가 진지하게 생각하길 소홀히 하고 지식을 멀리하면 교만에서 안전하지 못하다. "내 백성이 지식이 없으므로 망하는도다"(호 4:6). "내 백성이 무지함으로 말미암아 사로잡힐 것이요"(사 5:13).

어떤 사람들은 하나님을 향한 열심만 있으면 된다고 생각한다. 그러나 성경은 열심이 있는 자라도 구원받지 못했을 수 있다고, 충격적이리만큼 분명하게 말한다. 로마서 10:1에서 바울은 이렇게 말한다. "형제들아, 내 마음에 원하는 바와 하나님께 구하는 바는 이스라엘을 위함이니 곧 그들로 구원을 받게 함이라." 왜 이들이 구원받지 못했는가? 다음 절이 그 이유를 말한다. "그들이 하나님께 열심이 있으나." 바울은 잠시 호흡을 고른다. 되새겨보자. "[내가] 구하는 바는…곧 그들로 구원을 받게 함이라. [왜냐하면] 그들이 하나님께 열심히 있으나."

깜짝 놀랄 일이다. 우리는 하나님을 향한 열심이 있으나 구원받지 못했을 수 있다. 이것이 충격적인 까닭은, 신약 성경이 하나님을 향한 열심히 없으면—적어도 그 씨앗이 없으면—구원받지 못한다고도 말하기 때문이다. 예수님은 라오디게아 교회에게 "네가 이같이 미지근하여 뜨겁지도 아니하고 차지도 아니하니 내 입에서 너를 토하여 버리리라"(계 3:16)고 말씀하셨다. 바울 또한 고린도전서 16:22에서 "만일 누구든지 주를 사랑하지 아니하면 저주를 받을지어다"라고 말한다.

그러므로 우리는 하나님을 향해 열심을 품어야 한다. 그러나 열심만 있으면 안 된다. 왜 그런가? 바울은 그 이유를 분명하게 말한다. "형제들아, 내 마음에 원하는 바와 하나님께 구하는 바는 이스라엘을 위함이니 곧 그들로 구원을 받게 함이라. [왜냐하면] 내가 증언하노니, 그들이 하나님께 열심이 있으나 **올바른 지식을 따른 것이 아니니라**"(롬 10:1-2). 문제가 있다. 하나님을 향한 열심에도 **지식을 따른**("바른 지식에 근거를 둔", 공동번역) 열심이 있고, 지식을 따르지 않는(바른 지식에 근거하지 않는) 열심이 있다. 전자는 필수지만 후자는 자멸을 부른다. 바울의 동족이 구원받지 못하는 까닭은 이들이 하나님을 향해 품은 열심이 지식을 따르지 않는(바른 지식에 근거하지 않는) 열심이기 때문이다.

이는 멸망에 이르는 열심을 구원에 이르는 열심으로 바꾸는 지식이 있다는 뜻이다. 그 지식이 무엇인가? 로마서 10:3은 이들이 무엇을 알지 못했는지 말해 준다. "그들이 하나님께 열심이 있으나 올바른 지식을 따른 것이 아니니라. **하나님의 의를 모르고** 자기 의를 세우려고 힘써 하나님의 의에 복종하지 아니하였느니라"(롬 10:2-3)

하나님을 향하지만 결국 자멸을 초래하는 열심은 바로 여기에 뿌리를 둔다. 이들은 하나님과 그분의 의를 생각할 때마다 핵심을 놓친다. 다시 말해, 하나님의 의란 믿음으로 얻는 값없는 선물이라는 사실을 놓친다. 이들은 **자기 의를 세우려고** 힘쓸 뿐 하나님의 의에 **복종하지는** 않는다. 사실, 이들이 자기 의를 세우려고 쏟는 노력은 하나님의 의를 거스르는 배반이자 거역이다. 이런 까닭에 이들은 구원받지 못했다.

의롭게 되려고 힘쓰는 것이 잘못인가?

그러나 열심에 찬 바울의 동족이 자신을 변호하며 외치는 소리가 들린다. "잠깐! 선생의 말은 깡그리 틀렸소! 우리는 삶에서 의를 세우려고 노력하고 있고, 이러한 노력이야말로 하나님의 의에 대한 우리의 복종이오. 우리의 의가 하나님의 의를 닮게끔 열심을 내지 않는다면 하나님의 의에 대한 복종이 어떤 모양이겠소? 우리더러 어쩌라는 거요? 우리가 의롭거나 말거나 신경 쓰지 말라는 거요?"

그러나 바울에 따르면, 우리는 이렇게 살 때, 곧 하나님이 우리를 받아들이시도록 자신을 의롭게 보이려 노력할 때, 하나님의 의에 복종하는 게 **아니라** 하나님을 거스르는 셈이 된다. 왜 그런가? 하나님의 의는 값없는 선물이요 주권적 은혜일 뿐 인간의 노력으로 얻는 합당한 성과물이 아니기 때문이다. 또는 성령께서 가능하게 하시는 비교적 성공적인 경건(성화) 생활도 아니기 때문이다. 하나님의 의는 언제나 완전히 거저 주시는 선물이기에 하나님의 의에 복종한다는 말은 그 의를 선물로 받는다는 뜻이다.

하나님이 선물을 주시는 방법은 로마서 10:4에 나온다. "그리스도는 모든 믿는 자에게 의를 이루기 위하여 율법의 마침이 되시니라." 하나님의 모든 율법은 모든 믿는 자를 위한 의를 이루려고 그리스도에게로 이어졌다. 믿음으로 우리는 그리스도를 받아들인다. 그리고 그리스도 안에서 하나님의 의를 소유한다. "하나님이 죄를 알지도 못하신 이를 우리를 대신하여 죄로 삼으신 것은 **우리로 하여금 그 안에서 하나님의 의가 되게 하려 하심이라**"(고후 5:21). 유대인들은 이것을 몰랐고, 그래서 바울은 이들에게 하나님을 향한 열심은 있으나 구원받지 못했다고 말했다.

이는 어떤 종류의 무지인가? 고린도전서 8:2이 말하는 것과 같은 무지다. "만일 누구든지 무엇을 아는 줄로 생각하면 아직도 마땅히 알 것을 [마땅히 알아야 하는 대로] 알지 못하는 것이요." 유대인들은 아주 많이 알았다. 이들은 우리보다 율법을 더 잘 알았다. 그러나 마땅히 알아야 하는 대로 알지는 못했다. 왜 그랬는가? 뿌리는 고린도 교회의 경우와 바울의 동족의 경우가 매한가지였다. 바로 교만이 그 뿌리였다. 이들은 지식 때문에 교만해졌다. 이들은 지식을 가졌으나 그 지식을 토대로 겸손해지거나 자신을 돌아보지 못했다.

두 그룹 다 지식이 있었다. 두 그룹 다 지성을 활용해 지식을 쌓아 갔다. 그리고 두 그룹 다 교만해졌다. 이들에게는 지식이 필요했다. 이들의 해결책은 생각을 그치는 것이 아니라 예수 그리스도 안에서 드러나는 하나님의 은혜를 가슴 뭉클하게 발견하는 것이었다. 고린도 교회의 그리스도인들은 자신들의 모든 지식이 택하심의 은혜에서 비롯된 값없는 선물이며, 하나님이 자신과 사람을 향한 겸손한 사랑의 불길을 일으키기 위해 이것을 계획하셨다는 사실을 알아야 했다. 이와 비슷하게, 바울의 동족은 자신들에게 없는 하나님의 의가 동일한 은혜에서 비롯되는 값없는 선물이라는 사실을 알아야 했다. 하나님의 의는 믿음으로 그리스도와 연합할 때에야 우리에게 온다. 하나님의 의가 우리에게 올 때 사랑할 능력도 더불어 온다(롬 13:8; 갈 5:6).

생각하기: 장작을 패는 겸손한 일

고린도전서 8:1-3과 로마서 10:1-4이 주는 교훈은 이것이다. 생각은 위험하면서도 반드시 필요하다. 마음에 은혜가 깊이 역사하지 않으면 생각이 교만해진다. 그러나 은혜가 역사하면 생각은 겸손한 지식으로 들어가는 문을 연다. 겸손한 지식은 하나님 사랑과 이웃 사랑의 불을 밝히는 기름이다. 그러나 하나님을 알려고 힘쓸 때 진지하게 생각하지 않으면 사랑의 불은 결국 꺼지고 만다.

13장
하나님과 이웃을 사랑하기 위한 학문

그가 우리를 흑암의 권세에서 건져내사 그의 사랑의 아들의 나라로 옮기셨으니 그 아들 안에서 우리가 속량 곧 죄사함을 얻었도다. 그는 보이지 아니하는 하나님의 형상이시요 모든 피조물보다 먼저 나신 이시니 만물이 그에게서 창조되되 하늘과 땅에서 보이는 것들과 보이지 않는 것들과 혹은 왕권들이나 주권들이나 통치자들이나 권세들이나 만물이 다 그로 말미암고 그를 위하여 창조되었고

골로새서 1:13-16

12장에서 살펴보았듯이, 모든 생각—공식적이든 비공식적이든, 간단하든 복잡하든, 모든 배움과 모든 가르침과 모든 학교 교육—은 하나님 사랑과 이웃 사랑을 위해 존재한다. 생각은 하나님을 더 소중하게 여기고 더 알도록 돕기 위해 존재한다. 생각은 다른 사람들에게 유익을, 특히 그리스도를 통해 하나님을 기뻐하는 영원한 유익을 최대한 주기 위해 존재한다.

이 장에서는 고린도전서 8:1-3에서 취한 진리를, 성경을 통해 하나님을 아는 지식뿐 아니라 하나님이 쓰신 또 다른 '책'인 자연 세계와 인간의 삶을 통해 하나님을 아는 지식에도 적용하겠다.

지성의 반란

우리는 하나님의 영광을 알수록 그분을 더 사랑한다. 하나님의 영광은 예수 그리스도와 성경에 기록된 구속사에서 더없이 분명하게 계시된다. 그러나 하나님의 영광은 그분이 지으신 만물에도 계시된다(시 19:1; 롬 1:19-21). 자연을 통해 주어지는 계시에는 예수 그리스도에 관한 계시도 포함된다. 왜냐하면 "만물이 그로 말미암아 지은 바 되었으니 지은 것이 하나도 그가 없이는 된 것이 없[기]"(요 1:3) 때문이다. 이 구절은 하나님의 아들을 말하며, 그 아들은 때가 차매 "육신이 되어 우리 가운데 거해[셨다]"(요 1:14).

사도 바울은 같은 이유로 그리스도를 예배했다. "만물이 다 그로 말미암고 그를 위하여 창조되었고"(골 1:16). 모든 자연 세계는 예수님을 통해 예수님을 위해 창조되었다. 이것은 장엄한 선언이다. 자연 세계를 관찰하는 데 몰두하는 학자라면 누구라도 "만물이…그리스도를 **위해** 창조되었다"는 말씀을 오래도록 깊이 생각해야 한다. 확신컨대, 아무리 줄여 말하더라도 이것은 모든 종류의 생각—모든 학문—이 궁극적으로 하나님의 말씀과 그분이 지은 세상에서 하나님의 영광, 곧 예수 그리스도의 영광을 발견하고 드러내기 위해 존재한다는 뜻이라고 말할 수 있다. 이 장에서 하나님이 언급될 때마다 삼위일체의 삼위가 모두 언급된다고 생각하기 바란다.

그러므로 단지 성경 연구만이 아니라, 그리스도인의 모든 학문은 하나님의 영광을 드러내는 실재를 연구하고, 그 실재에 대해 정확히 말하고 쓰며, 그 실재 속에서 하나님의 아름다움을 맛보고, 그 실재를 활용해 사람들을 유익하게 하기 위해 존재한다. 그리스도인이 하나님과 거의 동떨어져 학문을 한다면 이는 더 이상 학문이 아니다. 모든 우주 만물은 무한하고 인격적인 하나님의 계획으로 생겨났으며, 그분의 다채로운 영광을 드러내고 사람들로 그 영광을 사랑하도록 만들기 위해 존재한다. 따라서 어느 분야에서든 하나님의 영광을 생각하지 않고 연구한다면 그것은 학문이 아니라 반란이다.

만물에서 하나님의 영광을 찾으려는 영적 감정이 그리스도인의 학문에 스밀 때, 그리스도인의 학문은 위협을 받는 것이 아니라 도움을 받는다. 대부분의 학자들이 동의하듯이, 감정은 자신이 다루는 관찰 가능한 대상(본문, 증인, 화학약품, 사람들, 행동 등)의 뒷받침이 없으면 근거 없는 주정주의로 전락한다. 그러나 이와는 정반대 사실, 곧 참된 영적 감정이 깨어나지 않으면 만물에서 충만한 진리를 보기가 불가능하다는 사실을 아는 학자들은 그리 많지 않다. 만물에 드러난 하나님의 목적을 보는 영적 각성이 없으면 만물을 참 모습 그대로 알 수 없다.

심리학, 사회학, 인류학, 역사학, 물리학, 화학, 영문학, 컴퓨터공학 같은 학문의 대상이 '하나님의 연결 고리와 목적'이 아니라 단지 자연의 연결 고리일 뿐이라고 반문하는 사람도 있을 것이다. 그러나 이렇게 생각하면 핵심을 놓치게 된다. 그 핵심이란 어떤 실재에서 충만한 진리를 보려면, 그 실재를 보되, 그 실재를 창조하셨고 유지하시며 그 실재에 모든 속성과 관계와 계획을 부여하고 주관하시는 하나님과 연결지어서 봐야 한다는 것이다. 그러므로 하나님을 느끼고 맛보는 영적 감각이 없으면, 즉 하나님이 지으신 만물에서 그분의 영광을 보는 능력이 없으면 우리는 그리스도인의 학문을 하지 못한다.

이러한 '영적 감각'은 하나님의 말씀으로 이루어지는 초자연적 거듭남을 통해 생기는데, 조나단 에드워즈는 이러한 사실을 성경을 통해 보여 주었다. "거듭남에서 하나님의 능력이 마음에 낳는 첫 번째 결과는 하나님을 느끼는 신성한 미각이나 감각을 마음에 주어 마음이 더없이 탁월한 하나님의 본성이 뿜어내는 사랑스러움과 달콤함을 누리게 하는 것이다."[1] 그러므로 기독교적 학문을 하려면 반드시 거듭나야 한다. 다시 말해, 하나님이 세상에서 일하시는 결과를 **볼** 뿐 아니라 복음에서, 하나님이 지으신 만물에서, 하나님이 하시는 모든 일에서 하나님의 본성이 뿜어내는 아름다움을 **맛보아야** 한다.

그렇다고 엄밀한 관찰이 따르는 합리적인 연구가 헛되다는 뜻은 아니다. 합리적 연구는 반드시 필요하다. 모든 것이 하나님의 값없는 선물, 곧 영적 생명과 영적 시각에 달렸다 하더라도 합리적인 연구는 꼭 필요하다. 에드워즈가 말했듯이, 이유는 "하나님의 일들을 아는 합리적 지식이 쌓일수록, 성령께서 우리 마음에 들어오실 때 우리가 하나님이 하시는 일의 탁월함을 보고 그 일의 달콤함을 맛볼 기회가 늘어나기 때문이다."[2]

에드워즈는 주로 **성경**과 신학에 대한 '합리적 지식'을 두고 이렇게 말했다. 그렇더라도 이 말은 하나님이 창조하신 세계를 정확히 관찰하고 주의 깊게 생각한 결과 얻게 된 **모든 지식**에 한 난계 낮게 직용된다. 하나님은 창조된 실재, 곧 학자들이 연구하는 대상에서 자신의 영광을 드러내신다(시 19:1; 104:31; 롬 1:19-21; 골 1:16-17). 그러므로 실재 속에 담긴 것을 보고, 실재의 부분 부분을 분석하며, 실재의 관계를 연구하는 엄격한 훈련은 그리스도인의 학문에서 반드시 필요하다.

학자들이 창조 세계 안에 계시된 하나님의 영광을 보고 또 맛보지 못하면, 하나님이 그 영광을 드러내신 목적이 실현되지 않는다. 뒤집어 말하면, 학자들의 지성과 감성이 하나님의 영광을 보고 또 맛볼 때 하나님의 영광이 크게 드러난다. 하나님의 탁월한 영광이 하나님에게 속한 학자들의 감정을 통해 퍼져 나오고 그들의 창의적 행위와 말하기와 글쓰기를 통해 울려 퍼질 때 그리스도인의 학문을 위한 하나님의 목적이 성취된다.

교만이라는 방해물

그러므로 교만은 훌륭한 그리스도인의 학문을 가로막는 큰 방해물이 분명하다. 겸손한 지혜란 만물이 하나님에게서 비롯되었고 하나님에 의해 유지되며 하나님을 위해 존재한다는 행복한 자각이다. 이러한 지혜의 뿌리는 교만을 무너뜨리고 기쁨을 주는 그리스도의 십자가다. 이러한 지혜를 가진 학자는 자신의 성취를 자랑하지 않고 주 안에서 자랑한다. 바로 이런 까닭에, 오직 어린아이 같은 사람들만이 하나님의 말씀과 그분의 세상에서 하나님을 보는 눈을 갖는다(눅 10:21).[3]

가장 많이 배운 사람들부터 가장 배우지 못한 사람들까지, 모든 사람에게는 사람의 칭찬을 받고 싶은 유혹이 넘실댄다. 엘리트 지성인들의 약점은, 세상이 낮은 형태의 교만은 약한 칭송으로 대충 치장하고 넘어가지만 이러한 교만(지적 교만)은 남다른 인정과 존경으로 치장해 강하게 부추긴다는 것이다.

한 학자는 이런 일이 기독교대학협의회에 속한 숱한 기독교 대학의 교수들 사이에 얼마나 만연한지 보여 준다.

> 협의회에 속한 교수들 가운데 많은 사람이 신앙이나 폭넓은 지성이나 기독교 세계관에는 거의 무관심한 명문대학에서 박사학위를 취득했다. 그 결과 협의회 소속 교수들에게는 한 가지 특징이 있다. 이들은 기독교 대학에 '돌아가' 가르칠 때, 하나님의 영광을 드러내는 지적 탁월함을 길러 내겠다는 열망을 품기보다는 '근본주의자'라는 꼬리표가 붙을까 봐 전전긍긍한다.[4]

이것은 누가복음 10:21이 말하는 '지혜롭고 슬기 있는 자들'과 '어린아이들'의 차이를 보여 주는 우리 시대의 초상화다.[5] '어린아이들'은 자신의 지적 업적에 대해 칭찬이나 칭송을 받는 데 거의 관심이 없다. 이들은 하나님의 은혜의 영광을 보고 더없이 겸손해졌으며 하나님의 위대함이 발하는 아름다움에 더없이 만족한다. 따라서 하나님이 지으신 세상에서 그분을 더 많이 찾아내고, 자신이 본 것을 다른 사람들도 보고 누리게끔 그것을 드러내는 데 온 힘을 쏟는다. 이와는 반대로, 무시의 꼬리표와 "믿지 않는 학계에서 겪을…심한 고통"[6]을 두려워하는 자들을 볼 때 우리는 '지혜롭고 슬기 있는 자들'을 떠올리게 된다. 하나님은 이런 이들에게는 자신의 진리와 영광을 계시하지 않으신다.

위험하다고 길을 벗어나지는 마라

그러나 거듭 확인했듯이, 진지한 생각으로 가는 길에는 여러 위험이 도사리지만, 이것이 이 길을 포기해야 한다는 뜻은 아니다. 하나님을 마땅히 알고 마땅히 사랑해야 하는 만큼 하나님을 온전히 알고 온전히 사랑하려고 힘쓸 때, 다른 길은 없다. 온갖 위험이 도사리더라도 우리는 이 길을 가야 한다. 우리는 이 길을 가는 것을 필요악으로 여길 만큼 이 길을 두려워해서는 안 된다. 이것은 잠언의 정신이 아니다. 잠언은 하나님의 말씀과 그분이 지으신 세상에서 하나님을 아는 지식을 구하되, 은금을 구하듯이 구하라고 말한다.

은을 구하는 것같이 그것을 구하며
감추어진 보배를 찾는 것같이 그것을 찾으면. (잠 2:4)

지혜가 제일이니 지혜를 얻으라.
네가 얻은 모든 것을 가지고 명철을 얻을지니라. (잠 4:7)

너희가 은을 받지 말고
나의 훈계를 받으며 정금보다 지식을 얻으라.
대저 지혜는 진주보다 나으므로
원하는 모든 것을 이에 비교할 수 없음이니라. (잠 8:10-11)

지혜를 얻는 것이 금을 얻는 것보다 얼마나 나은고.
명철을 얻는 것이 은을 얻는 것보다 더욱 나으니라. (잠 16:16)

더 많이 배우는 것을 곱지 않은 시선으로 보지 않도록, 마크 놀은 진지한 생각이 교회와 세상에 유익을 끼쳐 온 균형잡힌 길을 상기시킨다.

> 힘든 지적 노동이 언제나 건강한 교회로 연결된 것은 아니었다. 사실, 이따금씩 배움은 복음의 주장이나 하나님의 법의 요구를 회피하는 수단이 되었다. 그러나 장기적으로 보면 다르다. 기독교 신앙이 튼튼히 뿌리 내린 곳, 기독교 신앙이 문화에 깊이 뿌리를 내려 개인의 삶을 바꾸고 제도의 방향을 바꾸는 곳, 기독교 신앙이 한 세대 넘게 하나님의 은혜를 말하는 산 증거의 역할을 하는 곳, 이런 곳에서라면 하나님의 영광을 위해 자신의 지성을 열심히 활용하는 그리스도인들을 거의 예외 없이 보게 된다.7)

지금 우리는 이런 사고를 가졌던 사람들의 어깨 위에 서 있다. 이들은 하나님이 자신을 역사와 책에 계시하신다는 말이 무슨 뜻인지 알았다. 역사는 반드시 연구해야 하며, 그 책(성경)은 반드시 읽어야 한다. 연구도 읽기도 쉽지만은 않다. 그러나 우리 선조들은 정신 노동이 그만한 가치가 있다고 믿었다.

> 프로테스탄트 종교개혁자들, 영국 청교도들, 존 웨슬리와 조나단 에드워즈 같은 18세기 복음주의 대각성 운동의 지도자들, 그리고 프랜시스 애즈베리(Francis Asbury), 찰스 핫지(Charles Hodge), 존 윌리엄슨 네빈(John Williamson Nevin) 같은 지난 세기의 충직한 일꾼들은 하나같이 부지런하고 엄격한 정신활동이 하나님을 영화롭게 하는 길이라고 믿었다. 이들 가운데 아무도 이것이 유일한 길이라거나 가장 고상한 길이라고 믿지는 않았다. 그러나 이들 모두 지성의 삶을 믿었다. 이들은 복음주의 그리스도인들이기에

이것을 믿었다.[8]

바로 이런 사고 때문에, 기독교가 전파되는 곳이면 어디든 학교가 세워졌다. 한 지역의 기독교 역사가 길어질수록 교육 기관은 더 진지하고 더 철저해졌다. "종교개혁 시대에 주요 개혁자들은, 특히 루터와 칼뱅은 대중의 인기에 영합하는 반지성주의 운동에 맞서는 더 높은 교육이 절대적으로 필요하다고 외쳤다. 프로테스탄트 대학들이 강한 곳에서는 예외 없이 프로테스탄트 종교개혁도 가장 강한 영향을 미쳤다."[9]

나는 더 높은 수준의 기독교 교육이 갖는 가치를 역설한 마크 놀의 말에 동의한다. 이는 성경이 우리 등을 그쪽으로 떠밀기 때문이며, 현대세계가 그리스도인들에게 진지한 사고의 영역에서 믿음을 실천하라고 요구하기 때문이다. 250년 전의 세계와 달리, 우리 사회에 창작, 기금관리, 제조, 경영, 마케팅, 운송, 보존 등에서 극도로 복잡한 과정을 생각하고 헤쳐나가도록 훈련받은 수십만 명이 없다면, 우리가 매일 의존하는 온갖 것들이 없어진다면 사회는 처참하게 무너질 것이다. 전기가 어떻게 생산되어 우리 가정에 전달되는가? 전기로 돌아가는 모든 제품(전기 난로, 전구, 냉장고)이 어떻게 생겨났는가? 엄밀한 생각이 삶의 구석구석까지 스며든 세상을 살면서 하나님과 그분의 말씀을 진지하게 생각하지 **않으려** 하는 것은 어리석기 짝이 없다.

그러나 고등교육 기관들은 그리스도와 그분의 말씀에 가차 없이 등을 돌리면서 그리스도인의 학문을 향한 나의 열정에 찬물을 끼얹는다. 슬픈 이야기다.[10] 그러므로 "나는 성경의 진실성을 절대적으로 신뢰하지 않는 사람들에게서 기독교 사상의 미래를 조금도 기대하지 않는다"[11]는 마크 놀의 냉정한 고백은 유익하다. 마크 놀은 복음주의가 하나님의 영광을 위해 현대 세계에 가장 큰 영향을 미치려면 "[성경의] 무오(無誤) 교리를 진심으로 받아들이는"[12] 전략을 써야 한다고 주장한다. 이것은 출발점일 뿐이지만, 더없이 중요하다. 이것은 성경이 다름 아닌 하나님의 말씀이며, 복음에 그분이 주시는 거룩한 생명이 있다는 우리의 확신을 뒷받침한다. 마크 놀이 주장하듯이 "이 생명을 부정한다면, 이것이야말로 복음주의 성경 연구에 대한 가장 큰 위협이다."[13]

모든 지식은 하나님 사랑을 위해 존재한다

이제 모든 경고, 특히 교만하지 말라는 경고는 다 들었고, 한 가지 사실만 남았다. 하나님은 자신의 말씀과 자신이 지으신 세상에 자신을 계시하셨다. 하나님은 두 계시를 통해 자신을 알리시는데, 이것은 그분이 온전히 사랑받기를 원하시기 때문이다. 더욱이 시편 기자는 하나님이 창조 세계에서 인간에게 부여하신 위치를 숙고하다가 경이감에 입을 다물지 못한다. "주의 손으로 만드신 것을 다스리게 하시고 만물을 그의 발 아래 두셨으니"(시 8:6). 하나님은 왜 이렇게 하셨는가? 하나님이 이렇게 하신 목적은, 우리가 그분의 피조물이 발하는 아름다움에 매료되어 우상을 숭배하게끔 유혹하기 위해서가 아니었다. 이러한 우상숭배는 죄와 함께 세상에 들어왔다(롬 1:23). 하나님이 이렇게 하신 목적은 우리가 하나님의 창조 세계라는 프리즘을 통해 하나님의 영광을 볼 때 그분의 영광을 더 깊이 알고 더 귀하게 여기게 하기 위해서였다.[14]

모든 분야의 배움은 궁극적으로 예수님을 통해 하나님을 알고 하나님을 사랑하며 사람을 사랑하기 위해 존재한다. 사람을 사랑한다는 말은 궁극적으로 그 사람이 그리스도 안에서 영원히 하나님을 보고 또 맛보게 돕는다는 뜻이다. 따라서 모든 생각과 모든 배움과 모든 교육과 모든 연구는 하나님을 알고, 하나님을 사랑하며, 하나님을 보여 주기 위해 존재한다. "이는 만물이 주에게서 나오고 주로 말미암고 주에게로 돌아감이라. 그에게 영광이 세세에 있을지어다. 아멘"(롬 11:36).

결론
생각하라는 간절한 호소

네가 명철을 찾아 부르짖고, 총명을 찾아 외친다면, 은을 찾듯 네가 그것을 찾고 숨은 보화를 찾듯 한다면, 너는 여호와를 경외하는 법을 깨닫고, 하나님을 아는 지식을 찾을 것이다.

잠언 2:3-5(쉬운성경)

이 책은 일종의 호소문이다. 서문에서 이야기했듯이, 이 책은 진지한 생각을 하나님과 이웃을 사랑하는 한 방법으로 받아들이라고 호소한다. 또한 이 책은 머리와 가슴, 생각과 느낌, 이성과 신앙, 신학과 찬양, 정신노동과 사랑의 섬김을 **양자택일**의 문제로 생각하지 말라는 호소이기도 하다. 그러나 이제 두 그룹에게, 즉 생각하길 좋아하는 사람들과 싫어하는 사람들에게 몇 가지를 구체적으로 호소하겠다. 약속하건대, 꾸짖거나 어느 한쪽을 두둔하지는 않겠다.

생각하길 싫어하는 사람들에게 호소한다

첫째 그룹은 생각하기에 관해 거의 생각하지 않는 독자들이다. 어쩌면 당신이 이 책을 집어들었다는 사실부터가 당신의 성격에 안 맞을지도 모르겠다. 그러나 이상한 일이 연거푸 일어났다. 어찌된 영문인지 몰라도 이 책이 당신 손에 들려 있다. 당신의 성격을 바꾸라고 호소하지는 않겠다. 생각하라는 도전에 모든 사람이 반응하지는 않을 것이다. 당신은 지극히 평범한 사람이다. 그런 당신에게 다섯 가지를 호소하고 싶다.

생각하는 이들에게 감사하라

첫째, 지성을 엄밀하게 사용하는 일에 삶을 바친 사람들 덕분에 당신은 영석으로나 육적으로 유익을 누리게 되었다. 이러한 사실에 겸손히 감사하라. 지성을 엄밀하게 사용하는 수많은 사람이 없었다면 당신은 지금 입은 옷을 입지 못하거나, 지금 모는 차를 타지 못하거나, 지금 먹는 음식을 먹지 못하거나, 지금 읽는 책을 읽지 못했을 것이다.

헬라어와 히브리어를 연구하고, 필사본을 보존하며, 보통 사람들이 원문의 뜻을 쉽게 이해하게끔 수고를 아끼지 않고, 성경을 당신의 모국어로 정확히 옮기는 지적 노동에 자신을 바친 무수한 학자들이 이루어낸 긴 역사가 없었다면 성경은 당신 손에 없었을 것이다. 자신이 직접 성경을 읽을 때나 다른 사람이 성경을 읽고 가르치는 소리를 들을 때 기쁨을 느낀다면, 당신은 지난 4천 년 동안 끊이지 않았던 '생각하는 사람들'의 어깨 위에 서 있는 셈이다. 이들에게 겸손히 감사하라.

생각으로 당신을 섬기는 이들을 존경하라

둘째, 자신의 성향 및 소명에 따라 성경과 우리가 사는 세상을 이해하려고 시간과 노력을 아끼지 않는 사람들을 존경하라. 그리스도께서 교회에 목사와 교사를 세우셨다(엡 4:11). 이들의 일은 "말씀과 가르침에 수고하고"(딤전 5:17), "진리의 말씀을 옳게 분별하며"(딤후 2:15), "능히 바른 교훈으로 권면하고 거슬러 말하는 자들을 책망해[는]"(딛 1:9) 것이다. 이들의 일은 이것이 전부가 아니다. 그러나 어렵고도 귀중한 부분이다. 이렇게 수고하는 사람들을 존경하라. 바울이 말했듯이, "여러분 가운데서 수고하며…그들이 하는 일을 생각해서 사랑으로 그들을 극진히 존경하십시오"(살전 5:12-13, 새번역).

넘어지기 쉬운 생각을 하는 자들을 위해 기도하라

셋째, 교회와 신학교와 대학교에서 수고하는 교사들과 설교자들과 학자들을 위해 열심히 기도하라. 지적인 지도자들이 성경을 등지고 사람들을 잘못된 길로 인도하는 일이 허다한데, 이런 경우를 보거나 들을 때마다 내 가슴은 미어진다. 그런데도 우리는 좀처럼 이들을 위해 기도하려 하지 않는다. 나는 영향력이 막강한 학자들이 하나님의 말씀을 통해 하나님을 놀랍게 체험함으로써, 수십 년을 이어온 자신의 가르침을 버리고 성경의 진정한 가르침을 받아들이길 소원하며, 이들을 위해 규칙적으로 기도한다. 당신도 나와 함께 이들을 위해 기도하기 바란다.[1]

잘못된 생각을 피하라

넷째, 설령 자신이 어떤 식으로 생각하고 있는지 자주 점검하지 못하더라도, 성경을 대할 때나 성경을 가르치는 이들을 대할 때 최악의 실수를 피하려고 노력하라. 예를 들면, 설교자가 "하나님은 완전히 주권적이지 않기 때문에 인간은 자기 선택에 책임을 져야 합니다!"라고 말하더라도, 벌떡 일어나 엉뚱한 방향으로 달리는 지적 열차에서 뛰어내리지는 마라. 대신에, 그 설교자에게 이렇게 말하라. "아니요. 하나님은 완전히 주권적이십니다. 사람도 자기 선택에 책임을 져야 하고요. 성경은 둘 다를 말합니다." 그런 후에 당신의 일을 계속하라.

기쁘게 성경을 읽어라

다섯째, 당신이 그저 평범하게 성경을 읽는 사람이라 하더라도, 내 말 때문에 성경 읽기를 게을리하는 일이 없기 바란다. 당신이 하나님의 은혜로 성경에서 찾아내는 진리는 곧 당신의 삶이 된다. 굳이 학자가 될 필요는 없다. 자신이 생각하며 성경을 읽는지 의식할 필요도 없다. 당신은 당연히 생각하며 성경을 **읽고 있다**. 여기에 대해 생각할 필요는 없다.

무의식적인 생각이 당신을 엉뚱한 길로 이끌지 않는지 이따금 확인하면 된다. 목사와 교사와 책이 이를 위해 존재한다. 그러나 지금까지 해왔듯이 성경을 계속 읽어라. 성경을 암송하라. 성경을 즐겨라. 성경 어디서나 그리스도를 보라.[2] 그분을 점점 더 귀하게 여겨라. 성경을 당신의 모든 삶에 적용하라.

생각하길 좋아하는 사람들에게 호소한다

내가 마음에 두는 둘째 그룹은 생각하길 무척이나 좋아하는 사람들이다. 궁리해 알아내는 것은 당신의 기쁨일 것이다. 어떤 사람들은 분석하길 꽤나 좋아한다. 이들은 뭔가를 분석해 그것이 어떻게 작동하는지 알아내는 것을 좋아한다. 어떤 사람들은 여럿을 종합해 일관된 틀을 만들길 좋아한다. 그런가 하면 둘 다 좋아하는 사람들도 있다. 나는 이 모든 사람을 축복하려고 이 책을 썼다. 그런 성향은 꼭 필요하며, 당신은 교회와 세상에서 중요한 자리에 있다. 하나님을 사랑하고 사람들을 사랑하는 일에 지성을 활용하기 바란다. 그런 의미에서 당신에게 네 가지를 호소한다.

그리스도의 영광을 위해 의식적으로 생각하라

첫째, 당신의 모든 생각을 하나님의 영광—그리스도의 영광—에 담긴 더없는 가치를 드러내려는 하나님의 궁극적인 목적에 고정시켜라. 이것이 성경의 궁극적인 주제이며 목적이다. 모든 생각과 모든 학문은 바로 이를 위해 존재한다. 하나님은 하늘이 자신의 영광을 선포하도록 계획하셨다(시 19:1; 롬 1:19-21; 골 1:16). 바로(파라오)와 세상 모든 왕은 하나님의 영광을 위해 존재한다(출 9:16; 행 12:23). 모든 구속사는 하나님의 영광을 찬양하기 위해 존재한다(엡 1:6). 먹는 것에서 죽는 것까지 당신의 모든 행위는 하나님의 영광을 위해 존재한다(고전 10:31; 요 21:19). 역사는 모든 신자가 하나님의 영광에 놀라는 광경으로 끝이

난다(살후 1:10). 하나님의 더없는 아름다움과 가치를 당신의 모든 생각을 움직이는 원동력으로 삼아라. 그분의 아름다움과 가치를 당신이 하는 모든 일의 중심으로 삼아라.

어린아이들처럼 되라

둘째, 하나님의 능하신 손 아래에 자신을 겸손히 낮추어라. "너희가 돌이켜 어린아이들과 같이 되지 아니하면 결단코 천국에 들어가지 못하리라"(마 18:3). 물론, 앞서 보았듯이 예수님은 우리에게 초등학교 3학년 수준이 되라고 말씀하지 않으셨다. 겸손하고 의존적이어야 한다고 말씀하셨다. "형제들아, 지혜에는 아이가 되지 말고 악에는 어린아이가 되라. 지혜에는 장성한 사람이 되라"(고전 14:20). 겸손은 하나님의 진리, 곧 모든 것에 관한 가장 중요한 진리를 이해하는 전제조건이다.

그리스도와 그분의 성령께 절대적으로 의존한다고 인정하고 고백하라. "나를 떠나서는 너희가 아무것도 할 수 없음이라"(요 15:5). 그리스도가 없고, 당신을 대신하는 그분의 죽음이 없다면 당신은 여전히 하나님의 진노 아래 있을 것이다(요 3:36; 롬 8:3; 갈 3:13). 그러나 그리스도 때문에 하나님이 우리를 위하신다. 하나님이 우리를 위하시면 누가 우리와 맞서겠는가? "다 너희의 것이요, 너희는 그리스도의 것이요, 그리스도는 하나님의 것이니라"(고전 3:22-23).

그렇다고 젠체하지 말고 겸손하라. 고린도 교회의 생각하는 사람들은 이것을 오해했고, 바울은 이들을 일깨워야 했다. "네게 있는 것 중에 받지 아니한 것이 무엇이냐? 네가 받았은즉 어찌하여 받지 아니한 것같이 자랑하느냐?"(고전 4:7). 은을 구하듯이 이해(총명, 슬기, 명철)를 구하라. 모든 것이 당신에게 달렸기 때문이 아니라 하나님이 은혜를 베푸

시기 때문이다. 모든 보화를 붙잡아라. 그분이 당신을 붙잡고 계시기 때문이다(빌 3:12).

으스대지 않도록 조심하라. (나는 지금도 당신에게 겸손하라고 호소한다.) 생각하는 사람들은 대부분 똑똑하다. 그러므로 호소하건대, 부디 제임스 데니(James Denney)의 금쪽같은 말을 꼭 명심하라. "어느 누구도 자신이 똑똑하다는 인상과 그리스도께서 구원하실 능력이 있다는 인상을 동시에 주지는 못한다."[3] 우리 시대에는 특히 오락적 재능이 빼어난 설교자일수록 큰 유혹을 받는다. 이들은 청산유수 같은 말주변을 트레이드마크로 삼는다. 기민하고 재치 넘치는 언변이 더러 필요할 때도 있지만, 일반적으로는 이러한 방법이 그리스도를 크게 드러내지 못하며 영혼을 먹이지도 못한다.

하나님의 말씀을 금과 꿀처럼 기뻐하라

셋째, 하나님의 말씀을 밤낮으로 기뻐하라. 그렇다. 생각하기가 힘들 때도 있다. 그래서 바울은 이렇게 말했다. "너는 진리의 말씀을 옳게 분별하며 부끄러울 것이 없는 **일꾼**으로 인정된 자로 자신을 하나님 앞에 드리기를 힘쓰라"(딤후 2:15). **일꾼**, 적절한 단어다. 그러나 유일한 단어는 아니다. 호소하건대, 하나님의 말씀을 기뻐하라. "오직 여호와의 율법을 **즐거워하여** 그의 율법을 주야로 묵상하는도다"(시 1:2). "여호와의 교훈은 정직하여 마음을 **기쁘게 하고**…금 곧 많은 순금보다 더 사모할 것이며 꿀과 송이꿀보다 더 달도다"(시 19:8, 10). "내가 주의 말씀을 얻어 먹었사오니 주의 말씀은 내게 기쁨과 내 마음의 즐거움이오나"(렘 15:16).

호소하건대, 무엇을 생각하든 보화이신 하나님을 보고 또 맛보려고 노력하라. 생각이 감성 없는 논리에 지나지 않는다면 모든 것이 무익하다. 하나님은 지성을 위해 지성을 주지 않으셨다. 지성은 감성의 불을 밝힌다. 신학은 찬송을 돕는다. 숙고는 애정을 돕는다. 묵상은 환희를 돕는다. 이 모두가 한데 어우러져 그리스도를 온전히 영화롭게 한다.

사랑을 위해 생각하라

넷째, 당신의 모든 생각이 이웃 사랑의 실천이 되게 하라. "너희 모든 일을 사랑으로 행하라"(고전 16:14). '모든 일'에는 생각하기도 포함된다. "이 교훈의 목적은…사랑이거늘"(딤전 1:5). 이 '교훈'에는 "내가 말하는 것을 생각해 보라"(딤후 2:7)는 말도 포함된다. "내가 예언하는 능력이 있어 모든 비밀과 모든 지식을 알고…있을지라도 사랑이 없으면 내가 아무것도 아니요"(고전 13:2).

생각의 목적은 그리스도를 드러내고 사람들을 세워 주는 것이다. 그러므로 이 목적이 아니라면 하나님의 인정을 받을 자격이 없다. 그런 생각은 놀라운 결과물―항생제, 빌딩, 다리, 책, 대형 텔레비전―을 낳을지는 몰라도 마지막에 '불합격' 도장이 큼직하게 찍힐 것이다. 왜 그런가? 성경은 이렇게 말한다. "믿음을 따라 하지 아니하는 것은 다 죄니라.…믿음이 없이는 하나님을 기쁘시게 하지 못하나니"(롬 14:23; 히 11:6).

은혜의 선물, 그리고 더 많은 것에 이르는 길

이 책의 핵심을 담은 성경 구절 둘을 되새기면서 끝을 맺을까 한다. 하나는 바울이 디모데에게 한 말이다. "내가 말하는 것을 생각해 보라. 주께서 범사에 네게 총명을 주시리라"(딤후 2:7). 다른 하나는 잠언의 호소다. "네가 명철을 찾아 부르짖고, 총명을 찾아 외친다면, 은을 찾듯 네가 그것을 찾고 숨은 보화를 찾듯 한다면, 너는 여호와를 경외하는 법을 깨닫고, 하나님을 아는 지식을 찾을 것이다"(잠 2:3-6, 쉬운성경).

우리는 생각하고, 주님은 우리에게 이해(명철, 총명, 슬기)를 **주신다**. 우리는 이것을 은을 구하듯 구하고, 주님은 이것을 우리에게 **주신다**. **양자택일**이 아니다. **둘 모두다**. 우리의 생각하기가 하나님의 은혜를 대신하지 못한다. 우리의 생각하기는 은혜의 선물이며, 점점 더 많은 것에 이르는 길이다.

부록1 그리스도인의 배움의 목적

베들레헴 대학과 신학교(Bethlehem College and Seminary, BCS)의 비전을 낳은 정신을 말씀드리면 이렇습니다. 이 학교에는 승리주의 의식이 없습니다. 우리가 교육의 완성이라거나, 우리가 이 시대의 과제에 손쉬운 해답을 제시할 수 있다거나, 우리의 교육 이념이 대학 교육이나 신학 교육의 이상적인 철학이라고도 생각하지 않습니다.

대신에, 교만과 빈곤(그리고 많은 것들!) 때문에 우리의 도전이 위험해질지도 모른다는 두렵고 떨리는 마음은 있습니다. 먼저 교만과 빈곤에 대해 말씀드리겠습니다.

교만의 위험

교만이 가장 심하게 판치는 분야를 꼽으라면 바로 고등교육 기관인 대학을 꼽을 수 있습니다. 저는 대학에서 16년을 보내면서 교만이 얼마

이글은 내가 2008년 11월 5일 베들레헴 침례교회에서 베들레헴 대학과 신학교 설립 예배 때 전한 메시지다. 이 메시지는 이 책의 목적이 어떻게 새 학교의 비전으로 표현되는지를 보여 준다.[1]

나 위험한지 뼈저리게 느꼈습니다. 오늘 아침 저는 에스겔 16장을 읽었습니다. 하나님이 어떻게 이스라엘을 비참한 지경에서 건져내어 아름답게 하시고 명성을 얻게 하셨는지 보았습니다. 그런데 15절에서 하나님은 이스라엘을 향해 "그러나 네가 네 화려함을 믿고 네 명성을 가지고 행음하되"라고 말씀하십니다.

이런 생각이 들었습니다. 하나님은 베들레헴 교회와 베들레헴 연구소와 디자이어링 갓(Desiring God, 존 파이퍼가 주도하는 사역단체)에 복을 주셨고, 저에게도 복을 주셨습니다. 바로 지금 가장 큰 위험은 이처럼 복된 우리의 상황과 명성을 의지하는 것입니다. 교만은 모든 문 앞에 도사리고 있습니다. 그러므로 우리는 두렵고 떨리는 마음으로 물어야 합니다. "힘을 과시하고 칭송을 들으며 우리의 이름을 내는 게 우리의 동기는 아닐까? 만약 그렇다면 하나님, 부디 우리를 실패하게 해주십시오! 그것도 다른 사람들에게 해를 끼치기 전에 하루 빨리 실패하게 해주십시오!"

그러나 교만은 이외에도 여러 모습으로 나타납니다. 다시 말해, 비난을 두려워하는 겁쟁이로 나타납니다. 비난이 쏟아질 것입니다. 왜냐하면 우리는, 아주 아름답다고 생각되나 그리스도인들 사이에서조차 인기 없는 성경의 진리를 단호하게 내세울 것이기 때문입니다(우리가 내세우는 열 가지는 나중에 말씀드리겠습니다). 우리는 분명히 이런 위험에 처하게 될 것입니다. 그래서 저는 기도합니다. 주님, 무슨 일이 있더라도 저희가 겸손하게 BCS를 운영하게 하시고, 주인이 아니라 종이 되게 하소서.

빈곤의 위험

대학과 신학교를 겸하는 시도가 위험한 이유가 또 하나 있습니다. 모두 알듯이, 우리가 책을 읽고 강의를 들으며 리포트를 쓰고 토론하는 시간에도 우리의 도심들은 헐리고 사람들은 세대를 이어 가는 온갖 중독과 가정 파괴와 가난과 범죄의 굴레를 벗어나지 못해 허덕입니다. 해외로 눈을 돌리면, 수많은 사람이 깨끗한 물을 마시지 못하고, 제대로 먹지도 못하며, 아파도 변변하게 치료받지 못하고, 교육은 꿈도 못 꾸며 살아갑니다. 이러한 엄청난 불균형 탓에 우리는 풍성한 학문의 전당에 앉아 있어도 마음이 편하지 않습니다.

그러나 우리는 묻습니다. "정확하게 관찰할 줄 모르거나, 주의 깊게 생각할 줄 모르거나, 역사를 모르거나, 문화를 이해하지 못하거나, 성경을 깨닫지 못하거나, 전략적으로 계획을 세울 줄 모르는 젊은 세대가 세상의 비극을 해결하는 답이 될 수 있을까요?" 그러므로 우리는 또다시 위험을 감수하고, BCS가 빈곤 문제의 일부가 아니라 해결책의 일부가 되길 기도합니다. 우리가 이렇게 기도하는 까닭은 이곳에서 학생들이 자신의 편안함을 좇기보다 세상의 필요를 향해 달려가는 지성과 감성의 습관을 기르기 원하기 때문입니다.

성경적 토대

이제 BCS의 성경적 토대를 살펴보겠습니다. 사도 바울은 고린도전서 10:25-26에서 이렇게 말합니다. "무릇 시장에서 파는 것은 양심을 위하여 묻지 말고 먹으라. 이는 땅과 거기 충만한 것이 주의 것임이라." 이 말쏨은 세상과 세상 모든 것이 예수 그리스도의 소유라는 뜻입니다. 이 구절은 또한 예수 그리스도의 왕 같은 백성인 우리가 그분의 영광을 위해 세상 모든 것을 얼마든지 이용해도 좋다는 뜻이기도 합니다. 교육이란 예수 그리스도의 영광을 위해 세상 모든 것을 이용하는 방법을 가르치는 것입니다.

1880년에 암스테르담 자유대학을 설립한 아브라함 카이퍼(Abraham Kuyper)는 이런 유명한 말을 했습니다. "우리의 정신세계 중에서 단 한 조각도 나머지 부분과 분리되어서는 안 되며, 우리 존재의 모든 영역에서 만물의 주권자 그리스도가 '내 것이라!'고 외치지 않으시는 부분은 단 한 치도 존재하지 않습니다."[2] 이것이 그가 자유대학을 향해 품었던 꿈의 토대였습니다.

이 진리는 절대적으로 성경적이고 참되며, BCS의 토대이기도 합니다. 그러나 이것이 궁극적이거나 본질적인 진리는 아닙니다. 그리스도께서는 세상을 지으셨고 세상을 소유하시며 자신의 능력의 말씀으로 만물을 조화롭게 하십니다. 하지만 이것이 전부가 아닙니다. 그리스도께서 세상을 창조하고 유지하시는 까닭은 자신의 아름다움과 가치와 위대함을 드러내기 위해서입니다. 그렇게 해서 자신이 자기 형상대로 창조한 자들로 하여금 자신을 알고 자신을 그 무엇보다 소중히 여기게 하며, 그 가운데 자신의 더없는 가치를 우주에 나타내도록 하시기 위해서입니다. 이것이 BCS의 본질적인 진리입니다. 이와 관련된 핵심 본문은 골로새서 1:15-17입니다.

그(그리스도)는 보이지 아니하는 하나님의 형상이시요 모든 피조물보다 먼저 나신 이시니 만물이 그에게서 창조되되 하늘과 땅에서 보이는 것들과 보이지 않는 것들과 혹은 왕권들이나 주권들이나 통치자들이나 권세들이나 만물이 다 그로 말미암고 **그를 위하여** 창조되었고 또한 그가 만물보다 먼저 계시고 만물이 그 안에 함께 섰느니라.

그러므로 우리는 그리스도께서 만물을 창조하셨고 만물이 '그를 위하여' 함께 서게 하신다는 것을 압니다. "만물이 다 그로 말미암고 **그를 위하여** 창조되었습니다." '그를 위하여' 라는 말은 그리스도께서 그분께 부족한 부분이 있어 그 부분을 채우려고 세상을 창조하셔야 했다는 뜻이 아닙니다. '그를 위하여' 라는 말은 그리스도의 완전한 자족성이 창조 사역에 넘쳐흘러 세상이 그리스도의 위대함을 드러낸다는 뜻입니다.

이것이 BCS의 초석입니다. 만물이 그리스도께 **속했을** 뿐 아니라 그리스도를 **드러냅니다**. 사람은 그리스도의 가치를 세상에 외치기 위해 존재합니다. 우리의 가치는 그리스도의 가치를 의식적으로 강조하는 능력에 있습니다. BCS의 목적은 사람이 아니라 그리스도입니다. "만물이 주에게서 나오고 주로 말미암고 주에게로 돌아감이라"(롬 11:36). "여호와여, 영광을 우리에게 돌리지 마옵소서.…주의 이름에만 영광을 돌리소서"(시 115:1).

성경 외에 BCS의 토대가 되는 글을 하나만 말하라면, 조나단 에드워즈가 노트에 남긴 글을 들겠습니다. 이 구절은 창조 세계에서 자신을 영화롭게 하려는 하나님의 궁극적 목적을 요약할 뿐만 아니라, 하나님의 자기 예찬이 과대망상이 아니라 사랑의 표현이 되도록 하나님이 자신을 어떻게 높이시는지 보여 줍니다. 조나단 에드워즈는 다음과 같이 말합니다. 부디, 이제 문을 여는 BCS도 조나단 에드워즈가 한 것처럼 변함없이 기뻐하며 철저히 하나님을 높이는 학교가 되기 바랍니다.

하나님은 피조물을 향해서도 두 가지 방식으로 자신을 영화롭게 하신다. (1) 피조물의 이해에…자신을 드러내심으로써 자신을 영화롭게 하신다. (2) 피조물의 마음에 자신을 알리실 때, 피조물이 그분을 기뻐하고 즐거워하며 누릴 때(이러한 기쁨과 즐거움과 누림은 하나님의 자기현현이다)…**피조물이 하나님의 영광을 볼 때만이 아니라 그 영광을 기뻐할 때 하나님은 자신을 영화롭게 하신다.** 하나님의 영광을 보는 자들이 그 영광을 기뻐할 때 하나님은 그들이 그 영광을 보기만 할 때보다 더 큰 영광을 받으신다. 따라서 온 영혼이, 이해와 마음 양쪽 모두가 하나님의 영광을 받아들인다.… 하나님의 영광에 대한 생각을 증거하는 자도 하나님을 영화롭게 하지만, 그 생각을 증거하고 또한 그것을 기뻐하는 사람만은 못하다.[3]

BCS의 본질적 토대는 우리가 하나님 안에서 가장 크게 만족할 때 하나님이 우리 안에서 가장 큰 영광을 받으신다는 진리입니다. 하나님의 자기 높임과 우리의 영원한 기쁨은 서로 충돌하지 않습니다. 둘은 동시에 일어납니다. 우리가 하나님을 그 무엇보다 소중하게 여길 때 하나님의 가치는 더 분명하게 드러납니다. 우리가 하나님 안에서(또는 하나님을) 기뻐할 때 하나님은 영광을 받으십니다. BCS의 목표는 지성과 감성이 만물에서 그리스도의 영광을 보고 또 맛보며, 이러한 체험을 세상에 퍼트리는 것입니다.[4]

처음부터 끝까지, 구속사의 어디를 들여다보더라도 하나님의 계획은 똑같습니다. 하나님의 영광—무엇보다도 그리스도의 인격과 사역에서 드러난 하나님의 은혜의 영광—을 사람들이 보고, 맛보며, 퍼트리는 것입니다. 하나님은 자신과 자신의 아들이 자기 백성의 생각과 감정에서 최고봉이 되게 하고, 자신을 세상에서 주(Lord)가 되게 하는 데 정말이지 열심을 다하십니다.

바로 이것이 그리스도께서 그리스도인의 학문과 BCS의 최고봉이 되시는 근본적인 이유입니다. 우리는 단지 자신의 위대함과 아들의 영광을 크게 드러내시려는 하나님의 뜨거운 열심에 동참할 뿐입니다.

우리는 무엇을 공부하는가?

이런 의문이 듭니다. "우리는 어디서 하나님의 영광을 보는가?" 다시 말해, 우리 교육의 초점은 무엇입니까? 우리는 무엇을 공부합니까? 하나님이 세상을 창조하고 다스리시는 목적이 우리가 그분의 영광을 보고 그분의 영광을 기뻐하며 그분의 영광을 비추도록 자신의 영광을 드러내는 것이라면, 우리의 교육은 어디에 초점을 맞춰야 하겠습니까? 우리는 어디에서 하나님의 영광을 보겠습니까? 이런 일이 어떻게 일어납니까?

대답은 하나님이 두 권의 책을 쓰셨다는 것입니다. 하나는 '말씀'이고 하나는 '세상'입니다. 하나는 성경이고, 하나는 유기적으로 돌아가는 복잡한 자연 세계와 역사와 문화입니다. 성경은 하나님의 감동으로 기록되었고 권위 있는 책입니다. 세상은 그렇지 못합니다. 그렇다고 우리가 성경에만 초점을 맞춰야 한다는 뜻은 아닙니다. 성경은 만물의 궁극적 의미를 제시합니다. 그러나 성경은 우리에게 세상에서 배우라고 자꾸만 등을 떠밉니다. "공중의 새를 보라." "들의 백합화가 어떻게 자라는가 생각하여 보라"(마 6:26, 28). "게으른 자여, 개미에게 가서 그가 하는 것을 보고 지혜를 얻으라"(잠 6:6). "하늘이 하나님의 영광을 선포하고 궁창이 그의 손으로 하신 일을 나타내는도다"(시 19:1). "너희는 눈을 높이 들어 누가 이 모든 것을 창조하였나 보라"(사 40:26).

사실, 선지자들과 사도들과 예수님 자신이 언어를 어떻게 사용했는지 생각해 보십시오. 이들은 유비와 상징과 은유와 직유와 예화와 비유를 사용했습니다. 이들은 으레 우리가 포도밭이나 포도주, 결혼식, 사자, 곰, 말, 개, 돼지, 메뚜기, 별자리, 비즈니스, 품삯, 은행, 원천, 샘, 강, 무화과나무, 감람나무, 뽕나무, 가시, 바람, 천둥, 빵, 빵 굽기, 무기, 칼, 방패, 양, 목자, 소, 낙타, 불, 푸른 숲, 마른 목재, 건초, 그루터기, 보석, 금, 은, 법정, 재판관, 변호사에게서 배웠으리라고 여깁니다.

바꿔 말하면, 성경은 우리에게 단지 **말씀**만 아는 데 그치지 말고 **세상**도 알아야 한다고 명하며, 우리가 당연히 그렇게 한다고 여깁니다. 우리는 **자연**과 **역사**와 **문화**라는 하나님의 **일반** 도서를 공부할 것입니다. **성경**이라는 하나님의 **특별** 도서도 공부할 것입니다. 하나님이 자신의 영광을 양쪽에 다 계시하셨기 때문입니다. 그리고 이것은 우리가 양쪽 모두에서 하나님을 보아야 한다는 뜻이기도 합니다.

하나님이 쓰신 두 책은 동등하지 않습니다. 성경이 더없이 높은 권위를 갖습니다. 하나님이 성경을 만물의 의미를 푸는 열쇠로 주셨기 때문입니다. 성경의 진리가 없더라도 아주 뛰어난 학자들은 자연에서 놀라운 것들을 배우기는 하겠지요. 그렇더라도 하나님의 특별 계시가 없다면 핵심을 놓치고 맙니다. 모든 것이 그리스도를 영화롭게 하려고 존재하고, 자신들이 죄 때문에 눈이 어두워졌으며, 자신들에게 구원자가 필요하고, 그리스도께서 죄인들을 구원하러 세상에 오셨으며, 온 우주가 그분과의 관계에서 궁극적 의미를 갖는다는 점을 놓치고 맙니다. 핵심을 놓칠 때 모든 것이 왜곡됩니다.

그러므로 성경이 BCS의 전체 커리큘럼에 스며들어 있습니다. 성경은 모든 것의 가장 깊은 의미를 푸는 열쇠입니다.[5]

우리는 하나님의 책으로 무엇을 하는가?

하나님이 자신의 감동으로 기록된 말씀과 자신이 창조하신 세상이라는 두 권의 책에 자신의 영광을 계시하셨으므로, BCS는 이 두 책에 초점을 맞출 것입니다. 그렇다면 우리는 이 두 책으로 무엇을 해야 합니까? BCS는 학생들에게 무엇을 주어야 합니까?

우리의 목적은 학위를 주는 것이 아닙니다. 학사학위와 신학석사(M. Div) 학위는 BCS의 교육 목적과는 거리가 멉니다.

우리의 주된 목적은 사실 전달이 아닙니다. 사실은 곧 잊히지만 우리의 교육 목적은 지속되어야 하기 때문입니다.

우리의 주된 목적은 생업이나 일자리를 위한 기술을 가르치는 것도 아닙니다. 생업이 바뀌고 사회가 바뀌면 필요한 기술도 달라지기 때문입니다.

우리의 목적은 학생들을 지속적으로 성장시켜 줄 지성과 감성의 습관을 심어 주는 것입니다. 교육을 잘 받은 사람이란, 남은 평생 그리스도를 높이며 사는 데 필요한 것을 지속적으로 배우려는 지성과 감성의 습관이 밴 사람입니다. 그리고 한평생 삶의 모든 영역에서 그리스도를 높이며 살려는 사람입니다.

이러한 습관은 세상 모든 대상에 적용될 뿐 아니라 가장 중요하게는 성경에 적용됩니다. 이러한 습관을 이렇게 요약할 수 있습니다.

우리의 목표는 학생들이 저마다 자신의 전공 주제를 정확하게 속속들이 **관찰하고**, 자신이 관찰한 것을 분명하게 **이해하며**, 무엇이 참되고 가치 있는지 결정함으로써 자신이 이해한 것을 공정하게 **평가하고**, 자신이 평가한 것의 가치를 기준으로 깊이 **느끼며**, 자신이 이해하고 느낀 것을 삶에 지혜롭고 유익하게 **적용하고**, 자신이 보고 이해하며 느끼고 적용한 것을 다른 사람들이 그 정확성과 분명함과 진리와 가치와 유익함을 알고 누릴 수 있는 방식으로 말과 글쓰기와 행동을 통해 **표현하도록** 능력을 길러 주고 동기를 부여하는 것이다.

그러므로 지성과 감성의 습관은 다음의 몇 가지를 포함합니다.

- 관찰하기
- 이해하기
- 평가하기
- 느끼기
- 적용하기
- 표현하기

우리가 성경의 한 구절을 보든, 미합중국 헌법을 보든, 자동차에 난 긁힌 자국을 보든, 지성과 감성의 습관이 하는 일은 같습니다.

1) 관찰하기

우리의 목표는 학생들이 저마다 자신의 전공 주제를 정확하게 속속들이 **관찰하도록** 능력을 길러 주고 동기를 부여하는 것입니다. 우리는 실제로 존재하는 것을 보아야 합니다. 우리의 가르침은 학생들이 스스로 보게 하는 데 주안점을 둡니다. 학생들은 처음에 보지 못했던 것들을 볼 때까지 말씀과 세상을 계속 들여다보아야 합니다.

우리는 천천히 읽고 구석구석을 세밀하고 철저하게 관찰하는 법을 배워야 합니다. 관찰은 정확하고 철저해야 합니다. 그렇지 않으면 우리의 이해와 평가는 허점투성이가 되고 맙니다. **많은** 책을 빨리 읽으면 대개 지성의 나쁜 습관이 생겨납니다. 우리는 학생들에게 다독을 목적으로 읽는 대신 세밀하게 관찰하고 깊이 생각하며 읽도록 독려할 것입니다.

2) 이해하기

우리의 목표는 학생들이 저마다 자신이 정확하게 속속들이 관찰한 것을 분명하게 이해하도록 능력을 길러 주고 동기를 부여하는 것입니다. 이해하기는 혹독한 생각하기 훈련을 포함합니다. 지성은 자신이 관찰한 것의 성격과 특성을 붙잡고 씨름합니다. 성경을 읽는 목적은 저자들이 의도한 것을 통해 하나님의 마음을 분별하는 것입니다. 이러한 이해는 종이에 인쇄된 언어라는 관습을 통해 이루어집니다. 우리는 "무슨 뜻인지 이해하겠어!"라고 말할 수 있을 때까지 종이에 인쇄된 언어를 관찰하고 생각합니다. 우리는 **하나님의 뜻**을 원하지 우리의 뜻을 원하지 않습니다. 우리의 목표는 저자를 좇아 저자의 생각을 생각하는 것입니다. 그렇지 않으면 교육은 우리 자신의 무지를 드러내는 일에 그치게 됩니다.

3) 평가하기

우리의 목표는 학생들이 저마다 공정하게 평가하되, 세밀한 관찰과 정확한 이해를 토대로 진리와 가치에 대해 반드시 내려야 하는 판단을 내리지 못하고 꽁무니를 빼지 않도록 능력을 길러 주고 동기를 부여하는 것입니다. 이 부분은 우리의 세계관에 따라 완전히 달라집니다. 우리는 진리가 존재하며, 성경의 나침반과 성령의 도움으로 그 진리를 알 수 있다고 믿습니다.

4) 느끼기

우리의 목표는 학생들이 저마다 자신이 관찰하고 이해하며 평가한 것에 대해 적절하게 느끼도록 능력을 길러 주고 동기를 부여하는 것입니다. 학생들은 자신이 관찰하고 이해한 것의 진리와 가치에 맞게 느껴야 합니다. 그들이 지옥 같은 끔찍한 실재를 관찰하고 이해했다면 두려움과 공포와 연민을 느껴야 합니다. 반대로 천국 같은 멋진 실재를 관찰하고 이해했다면 기쁨과 소망과 갈망을 느껴야 합니다.

앨버트 아인슈타인이 설교자들을 어떻게 비판했는지 보면 제가 말하려는 바를 이해할 수 있을 것입니다. 일반 상대성이론의 대가 찰스 마이스너(Charles Misner)는 이렇게 말했습니다.

> 나는 우주의 설계가 본질적으로 종교적 물음이라고 본다. 다시 말해, 우리는 [우주] 전체에 일종의 존경심과 경외심을 느껴야 한다.…우주는 놀랍기 그지없으며, 따라서 당연하게 여겨서는 안 된다. 사실, 아인슈타인이 내가 깜짝 놀랄 만큼 자못 종교적인 사람이었는데도 불구하고 조직화된 종교를 거의 인정하지 않은 것은 바로 이런 까닭이다. **아인슈타인은 목사들이 하나님에 관해 하는 말을 듣고는 그들이 하나님을 모독한다고 느꼈던 게 틀림없다. 그는 목사들이 상상도 못했던 위엄을 보았으며, 목사들이 실재에 관해 말하고 있지 않다고 느꼈다.** 추측컨대, 아인슈타인은 자신이 접한 종교들에는 우주의 조물주에 대한 합당한 존경심이 없다고 느꼈던 것 같다.[6]

참담한 노릇입니다. 저로서는 아인슈타인이 볼 때, 지금부터 60년이 흐른 후에도 설교자들이 그때와 다름없이 위대함에 감동받지 않으리라는 게 상상이 가지 않기 때문입니다.

무엇이 잘못되었습니까? 설교자들은 하나님의 위대함을 보고도 감성적인 반응을 보이지 않습니다. 아인슈타인에게 이것은 마치 설교자들이 "실재에 관해 말하고 있지" 않은 듯이 보였습니다. 아인슈타인이 보기에 이것은 설교자들이 하나님을 모독하고 있는 것처럼 보일 만큼 어이가 없었습니다. 바꿔 말하면, 그리스도인들이 믿는다고 말하는 그런 하나님이 계시는데도, 우리는 그분을 무감각하게 대하고 그분에게 무덤덤하게 반응합니다.

과학자들은 빛이 1년에 9조 4,600억 킬로미터를 이동한다는 사실을 압니다. 그들은 우리 태양계가 지름이 약 10만 광년—약 94경 6,000조 킬로미터—에 이르는 거대한 은하계의 일부라는 사실을 압니다. 우리 은하계는 성능이 가장 뛰어난 천체 망원경으로 관측 가능한 약 100만 개의 은하계 가운데 하나입니다. 우리 은하계에는 별이 약 1천억 개가 있습니다. 태양은 그 가운데 평범한 별에 지나지 않지만, 표면 온도가 섭씨 6,000도에 이르고, 초속 250킬로미터로 궤도를 돕니다. 태양이 우리 은하계를 한 바퀴 도는 데 2억 년이 걸린다는 뜻입니다.

과학자들은 이런 것들을 압니다. 아인슈타인은 이런 사실들에 경외감을 느꼈습니다. 그는 이렇게 말했습니다. "그리스도인들이 말하듯이, 우주를 말씀으로 창조한 인격적인 하나님이 있다면, 우리는 그분을 말할 때 그에 합당한 존경심과 공경심과 경이감과 두려움을 느껴야 마땅하다. 또한 그분을 늘 말해야 마땅하다. 왜냐하면 그분은 가장 중요한 실재이기 때문이다." 저는 하나님이 이사야 40:25-26에서 하시는 말씀을 들을 때 이런 힘을 느낍니다.

거룩하신 이가 이르시되

그런즉 너희가 나를 누구에게 비교하여
나를 그와 동등하게 하겠느냐 하시니라.
너희는 눈을 높이 들어 누가 이 모든 것을 창조하였나 보라.
주께서는 수효대로 만상을 이끌어내시고
그들의 모든 이름을 부르시나니
그의 권세가 크고 그의 능력이 강하므로
하나도 빠짐이 없느니라.

우주를 수놓는 많은 별들이 저마다 자기 자리를 지키는 까닭은 하나님이 특별히 그 자리에 두셨기 때문입니다. 하나님은 별이 모두 몇 개인지 아십니다. 놀랍게도 그분은 그 모든 별의 이름까지 다 아십니다. 이름을 아십니다! 하나님이 친히 세우신 대리자답게 무수한 별들은 저마다 역할을 다합니다.

아인슈타인은 바로 이것을 느꼈습니다. 그래서 설교자들이 실재에 대해 도무지 말하고 있지 않을 따름이라고 생각했습니다. 그들의 설교를 들으면 하나님의 지고하심이 **가슴으로 느껴지지** 않습니다. 바로 이것이 잘못된 점입니다.

우리가 단지 하나님의 영광을 보고 이해하며 평가하는 데서 그치지 않고 그분의 영광에 감성적으로 반응할 때, 하나님은 영광을 받으십니다. 그렇기 때문에 학생들의 감성적인 삶에 무관심해서는 안 됩니다. 이것은 기도와 성령 의지하기와 경이감 기르기가 BCS의 삶에서 필수적인 부분이 되어야 한다는 뜻입니다.

5) 적용하기

우리의 목표는 학생들이 저마다 자신이 관찰하고 이해하며 평가하고 느낀 것을 지혜롭게 적용하도록 능력을 길러 주고 동기를 부여하는 것입니다. 자신이 이해하고 느낀 것을 지혜롭고 유익하게 적용하려면 지식만으로는 부족하며 지혜가 필요합니다.

학생들이 "세월을 아껴야"(엡 5:16) 한다는 진리를 관찰하고 이해하며 느꼈다면, 이 진리를 지혜롭게 적용하기 위해 일찍 자고 일찍 일어나는 습관을 들여야 합니다. 그렇게 하면 가뿐한 상태로 경건의 시간을 가질 수 있습니다. 또는 도심 복지센터에서 인턴으로 일해도 좋을 것입니다. 교육을 잘 받은 사람은 자신이 배운 바를 빠짐없이 자기 삶에 적용하는 사람입니다.

6) 표현하기

우리의 목표는 학생들이 저마다 자신이 관찰하고 이해하며 평가하고 느끼며 적용한 것을 말과 글과 행동으로 표현하도록 능력을 길러 주고 동기를 부여하는 것입니다. 또한 이를 통해 다른 사람들이 그 정확성과 분명함과 진리와 가치와 유익함을 알고 누릴 수 있게 하는 것입니다. 우리는 학생들이 저마다 보고 이해하며 평가하고 느끼며 적용한 것을 다른 사람들에게 설득력 있게 전달하고 증명하는 능력이 갈수록 향상되길 원합니다.

우리 시대는 공적 담론에서 정확함과 엄밀함을 중요하게 생각하지 않습니다. 언어는 진실을 전달하는 도구라기보다 자신이 원하는 결과를 이끌어내는 도구로 여겨집니다. 오늘날 언어를 사용하는 방식은 사도 바울이 제시한 기준과 종종 상반됩니다.

이에 숨은 부끄러움의 일을 버리고 속임으로 행하지 아니하며 **하나님의 말씀을 혼잡하게 하지** 아니하고 **오직 진리를 나타냄으로 하나님 앞에서** 각 사람의 양심에 대하여 스스로 추천하노라.…우리는 수많은 사람들처럼 **하나님의 말씀을 혼잡하게 하지** 아니하고 곧 순전함으로 하나님께 받은 것같이 **하나님 앞에서와** 그리스도 안에서 **말하노라**. (고후 4:2; 2:17)

빌 클린턴은 자신이 속한 정당의 대통령 후보로 나설 때 이렇게 하지 않았습니다. 그는 후보 연설에서 이렇게 말했습니다. "성경은 말합니다. '우리가 무엇을 세울 수 있는지 우리 눈은 보지 못했고, 우리 귀는 듣지 못했으며, 우리 마음은 상상하지 못했습니다.'" 고린도전서 2:9-10을 암시하는 연설입니다. "하나님이 자기를 사랑하는 자들을 위하여 예비하신 모든 것은 눈으로 보지 못하고 귀로 듣지 못하고 사람의 마음으로 생각하지도 못하였다 함과 같으니라." 저는 클린턴의 인용을 들으면서 하나님 말씀을 이렇게까지 교묘하게 조작할 수 있다는 사실에 소스라치게 놀랐습니다.

이것은 공정한 비판입니다. 조금이라도 의심이 든다면 조지 부시 대통령이 1992년 세계기독방송인협회에서 걸프전을 정당화하며 했던 연설을 떠올려 보십시오. "미국이, 그리스도께서 명하셨듯이, 세상의 빛이 되도록 도와주신 여러분께 감사드립니다." 이 연설은 "너희는 세상의 빛이라"는 마태복음 5:14을 떠올리게 합니다. 물론, 이 구절은 미국이 아니라 그리스도를 따르는 자들에 관한 말씀입니다.

바울은 하나님의 말씀을 이런 식으로 이용하지 않았습니다. 성경 말씀에는 하나님이 의도하셨고 인간 저자들의 지성을 통해 표현된 확고한 의미가 담겨 있습니다. 그 의미를 우리 입맛대로 바꿔 버리면 그야말로 하나님의 말씀에 손을 대는 꼴입니다. 그러나 우리 시대는 진리를 그다지 대수롭게 여기지 않습니다. 그래서 성경과 기독교의 역사적 문헌은 말하는 사람의 입맛에 따라 '귀에 걸면 귀걸이, 코에 걸면 코걸이'가 되어 버렸습니다.

새삼스런 일이 아닙니다. AD 325년에 열린 니케아 공의회에서, 아리우스주의자들은 예수 그리스도가 하나님 아버지와 동등하지 않다는 자신들의 견해를 변호하며 싸웠습니다. 그런데 예수 그리스도의 신성을 주장하는 사람들이 성경을 사용하자, 놀랍게도 그들은 이들이 인용한 성경 구절을 고스란히 받아들였습니다. 공의회는 모호한 부분을 제거하는 용어들을 다 찾아내고 나서야 아리우스주의자들이 실제로 무엇을 주장하는지 알았습니다. 나지안주스의 그레고리우스는 이 사건을 이렇게 기술했습니다.

> 알렉산드리아인들은…성자가 영원한 신성을 한 치의 의심도 남기지 않고 증언하는 전통적 성경 구절들로 아리우스주의자들과 맞섰다. 그러나 알렉산드리아인들이 깜짝 놀라게도, 아리우스주의자들은 아무 말 없이 고스란히 그것을 받아들였다. 하나하나를 매우 철저하게 검정해 나가자 저들이 서로 숙덕이고 손짓을 해대는 것이 보였다. 저들은 각 부분을 받아들여도 괜찮은 것은 그 부분은 그냥 회피해도 되기 때문이라고 생각하는 게 분명했다.…교부들은 당황했고, 호모우시온[*homoousion*, 아버지와 '동일 본질'이라는 뜻을 지닌 헬라어 어구]에 대한 검증은…아리우스주의자들의 회피로 다수결로 처리되었다.7)

의미를 무시하고 구절만 보존하려는 자들은 수천 년 동안 부정확과 모호함을 이용했습니다. 웨스트민스터 신학교의 공동 설립자 그레셤 메이첸은 20세기 초에 이런 행태를 보았으며, 이것을 교리를 경시하는 장로교의 흐름과 연결지어 이렇게 설명했습니다.

이러한 사고방식은 엄밀한 정의를 싫어한다. 우리 시대에 가장 인기 없는 사람은 논쟁을 할 때 용어 정의를 끈질기게 주장하는 사람이다.…오늘날 사람들은 하나님, 종교, 기독교, 대속, 속죄, 믿음 같은 주제를 아주 유창하게 논한다. 그러나 자신의 말이 무슨 뜻인지 간단한 말로 표현해 보라고 하면 모두들 격분한다.[8]

우리 BCS의 목적은 학생들이 저마다 찾아낸 진리의 정확성과 분명함과 가치와 유익함이 분명하게 드러나게끔 그 진리를 표현하도록 돕는 감성과 지성의 습관을 길러 주는 것입니다. 사도 바울처럼 우리도 교묘한 말장난을 거부해야 합니다. 우리는 하나님의 말씀을 털끝만큼도 훼손해서는 안 됩니다. 우리는 "진리를 나타내야"("진리를 환히 드러내야", 새번역) 합니다. 우리는 하나님 앞에서, 하나님의 진리의 영광을 위해 말해야 합니다.

그러려면 우리가 존재하는 본질적인 이유를 되돌아보아야 합니다. 하나님은 세상을 창조하셨고, 말씀에 감동을 주사 자신의 영광을 드러내게 하셨습니다. 교육을 잘 받은 사람이란, 영감된 하나님의 말씀과 창조된 하나님의 세계에서 하나님의 영광을 보고, 그 영광을 이해하며, 그 영광을 평가하고, 그 영광을 느끼며, 그 영광을 적용하고, 다른 사람들도 그 영광을 보고 누리도록 그 영광을 표현하는 사람입니다.

우리가 서 있는 자리

우리는 무엇이 참되고 가치 있는지를 결정하는 과정이 세대가 바뀔 때마다 다시 시작된다고 생각하지 않습니다. 그 과정은 우리에게서 시작되는 것도 아닙니다. 그러므로 BCS는 신앙고백 위에 선 학교입니다. 베들레헴 침례교회 장로회 신앙선언문[9]은 우리가 무엇을 믿으며 BCS에서 무엇을 가르치는지를 규정합니다.

우리의 목적은 학생들을 이 틀에 끼워 맞추는 것이 아닙니다. 그것은 교육이 아니며, 그리스도를 높이는 일도 아닙니다. 우리의 목적은 학생들이 관찰하고 이해하고 평가하고 느끼고 적용하고 표현하는 과정에서 그들과 함께하고, 그들에게 왜 우리가 여기에 있는지 보여 주는 것입니다. 교수들은 설득을 지지할 뿐더러 설득하려고 애쓸 것입니다. 우리는 강요하거나 속이거나 어려운 문제를 숨기지 않을 것입니다. 우리는 이렇게 할 때 진리가 존중되고 진지한 사고가 함양되리라 믿습니다.

우리는 이러한 교육 방식이, 다시 말해, 그리스도의 영광을 보고 맛보며 퍼트리는 데 목적을 두고 엄밀한 지성과 감성의 습관을 통해 그분의 세상에 관한 우리 모든 생각에서 그분의 말씀을 최고 규범으로 삼는 교육 방식이, 타락한 세상에서, 곧 그리스도께서 우리에게 최대한 모든 사람과 더불어 평화롭게 살되(롬 12:18) 자주 논쟁을 일으키는 진리를 전하는 일에 조금도 꽁무니를 빼거나 움츠리지 말라고 촉구하시는 세상에서(마 10:27-28; 행 20:20, 27) 겸손하고 담대한 확신으로 우리를 인도하리라 믿습니다.

그러므로 저는 BCS가 부끄러워하지 않고 담대하고 당당하게 우리의 자리를 지켜 내길 기도합니다. 여기서 우리 시대의 논쟁들과 관련 있는

마르틴 루터의 말을 인용하겠습니다.[10]

> 내가 하나님의 진리의 모든 부분을 가장 큰 목소리로 가장 분명하게 설명하며 외친다 해도, 세상과 마귀가 지금 이 순간 공격 중인 그 작은 부분을 빼놓는다면, 내가 아무리가 담대하게 그리스도를 외친다 해도 그리스도를 고백하고 있는 것이 아니다. 병사의 충성은 지금 전투가 벌어지는 현장에서 증명된다. 그러므로 병사가 지금 이 순간에 꽁무니를 뺀다면, 다른 모든 전투에서 제 아무리 잘 싸웠더라도 도주와 수치가 될 뿐이다.[11]

BCS를 이런 전투 현장에 밀어넣고 마무리하는 것이 좋을 듯합니다. 다음은 지금도 전투가 벌어지고 있는 몇몇 격전지이며, 그에 대한 우리의 입장은 이러합니다.

1) 역사비평에 대해, 성경은 진실만을 가르친다. 성경의 점진적 계시는 일관되고 모순이 없다. 성경은 영감되었고 무오합니다. 따라서 성경의 가르침은 참되며, 모든 전통과 모든 과학과 모든 문화와 모든 인간의 견해를 판단합니다. 성경은 금보다 귀하고 꿀보다 답니다. 성경은 평생 부지런히 숙고하고 가슴 깊이 묵상하며 즐거이 순종할 가치가 있습니다.

2) 로마 가톨릭에 대해, 칭의는 오직 믿음으로 그리스도의 의가 전가되는 것을 포함한다. 오직 은혜로, 오직 믿음을 통해, 오직 그리스도를 토대로, 오직 하나님의 영광을 위해 이뤄지는 칭의가 성경적 복음의 핵심입니다. 이러한 칭의는 아버지의 모든 명령에 대한 그리스도의 완벽한 순종을 근거로 그리스도의 의가 우리에게 분여(impartation)되는 것이 아니라 전가(imputation)된다는 것을 포함합니다.

3) **상대주의와 다원주의에 대해, 하나님에게 이르는 길은 오직 하나, 예수님뿐이다.** 유대교인이든 무슬림이든 힌두교도든 불교도든 정령숭배자든 세속주의자든, 누구라도 영원한 심판에서 구원받으려면 예수 그리스도를 알고 그분을 자신을 위해 돌아가시고 부활하신 주와 구주로 믿어야 합니다. 세계 선교는 사람들을 사랑하고 그리스도를 알며 세계 미전도 종족들을 보는 사람이 가장 먼저 해야 하는 일입니다.

4) **만인구원론과 영혼멸절설에 대해, 지옥은 실재이며 끔찍하다.** 예수님이 어느 누구보다 많이 가르치셨듯이, 지옥은 실재입니다. 지옥은 고통을 영원히 느끼는 곳인데, 그 고통은 울며 이를 갈기, 바깥 어두운 곳, 꺼지지 않는 불, 영원한 형벌, 하나님의 보응, 불못으로 일부 묘사됩니다. 사람들에게 눈물과 절박한 심정으로 지옥을 경고해야 합니다.

5) **낙태에 대해, 무제한적인 낙태 허용은 무서운 범죄다.** 낙태는 도덕적 중죄입니다. 모든 생명이 보호받아야 하는 이유와 똑같은 이유로, 태어나지 않은 생명도 보호받아야 합니다.

6) **페미니즘과 평등주의에 대해, 상호보완적인 남성성과 여성성은 아름답고 실제적이며 중요하다.** 성경적 남성성과 여성성에 관해 우리는 우리를 크게 유익하게 하려는 하나님의 자비로운 목적이, 겸손하고 그리스도를 닮았으며 종의 마음을 가진 남자들이 교회에서 장로와 목사로서 리더의 짐을 지고 가정의 리더들을 돌보고 보호하며 그들의 필요를 공급하는 역할을 맡고, 여자들은 다양한 은사로 이러한 남자들과 함께하면서 이들이 교회와 가정의 사명을 수행하도록 돕는 것이라고 믿습니다.

7) **이혼과 동성애에 대해, 결혼은 한 남자와 한 여자가 맺는 평생 언약이다.** 남자와 남자, 여자와 여자가 맺는 그 어떤 관계도 결혼이 아닙니다. 두 남자가 서로 무엇을 하고 무슨 말을 하든, 두 여자가 서로 무엇을 하고

무슨 말을 하든, 그것은 하나님이 보시기에 절대로 결혼이 아니었고, 절대로 결혼이 아니며, 절대로 결혼이 아닐 것입니다. 결혼이란 한 남자와 한 여자가 남편과 아내로서 맺는 평생 언약이며, 그리스도와 교회의 관계와 비슷합니다.

8) 인종차별과 자민족 중심주의에 대해, 인종과 민족의 다양성을 기뻐하고 바라는 것이 매우 중요하다. 인종을 초월한 적극적인 사랑에 무관심하다면, 모든 족속과 모든 방언과 모든 백성과 모든 나라에서 사람들을 피로 사서 하나님께 드리신 그리스도의 십자가가 지향하는 목적을 공격하는 것입니다. 다양한 인종이 그리스도 안에서 행복하게 하나 되는 삶이 우리가 내세에 맞을 운명이며, 따라서 지금 여기서 사랑하고 갈망하며 추구해야 할 이상입니다.

9) 소비주의와 물질주의에 대해, 부에 대한 갈망은 치명적이며, 전시(戰時)의 검소함이 유익하다. 부자가 되려는 갈망은 자살행위입니다. 따라서 부자가 되려는 갈망을 그리스도인의 삶의 한 부분으로 권한다면, 이것은 이생뿐 아니라 내세까지 위험에 처하게 하는, 살인보다 더 악한 행위입니다. 예수님의 제자라면 아낌없이 베풀고 고통―특히 영원한 고통―을 최대한 줄이기 위해 전시처럼 검소하게 사는 데 마음이 끌려야 합니다.

10) 아르미니우스주의와 개방신론에 대해,[120] **하나님은 절대적으로 주권적이다.** 하나님은 자연재해와 인간의 죄를 비롯해 모든 것에 대해 주권적입니다. 베들레헴 침례교회 장로회 신앙선언문을 인용해 보겠습니다.

하나님은 영원 전에 그분을 사랑하는 모든 자들이 영원히 점점 더 크게 누리도록 자신의 영광을 남김없이 드러내시려고, 가장 지혜롭고 거룩한 자신의 뜻을 따라 장차 일어날 모든 일을 자유롭게 변하지 않게 정하셨고 미리 아셨다. 하나님은 모든 것을—은하계에서 원자보다 작은 미립자까지, 자연의 힘에서 국가의 흥망성쇠까지, 정치인들의 공적인 계획에서 개개인의 은밀한 행위까지—자신을 영화롭게 하려는 영원하고 더없이 지혜로운 자신의 목적에 따라, 자신이 절대로 죄를 범하지 않을 뿐더러 한 사람이라도 불의하게 심판하지 않는 방식으로, 만물에 대한 자신의 결정과 다스림이 자신의 형상으로 창조된 모든 인간의 도덕적 책임과 양립할 수 있는 방식으로 유지하고 다스리신다.

우리에게는 기쁨, 그분에게는 영광

베들레헴 침례교회에 어느 정도 다녔다면 우리의 예배와 사역과 선교가 아주 적극적이고 능동적이라는 점을 감지했을 것입니다. 우리는 주로 우리가 무엇에 찬성한다거나 반대하는 사람들이라고 규정하지 않지만, 그렇다고 우리를 이렇게 규정하는 사람들이 두려워 꽁지를 내리고 움츠리지도 않습니다.

우리 교회와 이 학교의 중심은 기독교 희락주의, 곧 십자가에서 돌아가시고 부활하신 예수 그리스도 안에서 하나님은 백 퍼센트 우리를 위하실 뿐 조금도 우리를 대적하지 않으신다는 믿음입니다. "그리스도께서도 단번에 죄를 위하여 죽으사 의인으로서 불의한 자를 대신하셨으니 이는 우리를 하나님 앞으로 인도하려 하심이라"(벧전 3:18). 그리스도께서는 우리를 하나님께 인도하심으로써, 우리를 우리의 가장 큰 보화요 가장 큰 기쁨에게로 인도하셨습니다. 우리는 그분의 말씀과 그분의 세상에서 가능한 모든 방법으로 그분을 알고 그분을 기뻐하며 그분을 보이길 간절히 원합니다. 우리가 하나님 안에게 가장 크게 만족할 때 하나님이 우리 안에서 가장 큰 영광을 받으신다는 사실을 알기 때문입니다. 우리가 우리의 가장 귀한 보화이신 그분 안에서 안식을 누리고(특별히 고난의 때에) 그분 때문에 다른 사람들을 변함없이 사랑할 때, 우리는 그리스도의 영광을 드러내고 있는 것입니다.

하나님, 모든 민족에게 기쁨을 전하고 당신의 아들에게 영광을 돌리려는 우리의 비전을 이루어 주소서.

부록2 물고기 이야기의 교훈

나는 1968년 가을 신학교에서 첫 학기를 보내던 무렵, 아가시즈(Agassiz, 스위스 태생의 미국 해양생물학자) 교수와 물고기에 얽힌 이 이야기를 처음 읽었다. 다니엘 풀러 교수가 해석학 수업 시간에 이것을 수업 자료로 활용했기 때문이다. 나는 이 이야기에 그대로 꽂혔다. 그 무렵, 나는 성경을 연구하는 재미에 푹 빠져 있었는데, 전에는 성경을 봐도 전혀 눈에 들어오지 않던 사고의 형태와 상호관계와 흐름이 보이기 시작했다. 이런 일이 가능했던 까닭은 누군가 내게 무엇을 보라고 가르쳤기 때문이 아니라 **보고, 보고, 또 보라**고 했기 때문이다.

"학생, 물고기, 아가시즈 교수"라는 제목이 붙은 일화는 데이비드 하워드의 웹사이트에서 빌려왔는데, 그가 쓴 서문도 허락을 받고 여기에 함께 실었다.[1] 내가 이 '부록'을 이 책에 추가한 까닭은 생각이 실재하는 대상을 다룬다는 점이 더없이 중요하기 때문이다. 우리가 세상에서 가장 합리적인 사람들일지는 모르겠지만, 우리의 관찰이 잘못되었다면 우리가 짓는 지성의 집은 모래 위에 세워지는 셈이다. 다음은 데이비드 하워드가 쓴 서문이다.

이것은 직접 관찰과 세밀하고 진지하며 집중적인 연구가 얼마나 중요한지 보여 주는 대표적인 이야기다. 이 일화는 거의 어느 분야에나 적용될 법한 교훈을 준다. 실제로 이 일화는 미국 전역의 대학에서 인문과학과 자연과학 양쪽의 교수 자료로 널리 활용된다.

이 일화의 교훈은 성경 연구에도 틀림없이 적용된다. 성경을 공부하는 사람들은 목사나 교사나 부모에게서, 또는 성경에 관한 책을 비롯한 2차 자료에서 얻은 간접적이고 파생적인 지식에 자주 의존한다. 물론, 이 모든 지식은 나름대로 역할이 있다. 그렇더라도, 그 무엇도 성경에 대한 직접적인 연구와 체험과 발견이 주는 기쁨을 대신하지는 못한다.

학생, 물고기, 아가시즈 교수(새뮤얼 슈더)[2)]

15년도 더 지난 일이다. 나는 아가시즈 교수님의 실험실을 찾아가 이과대학의 자연사 과목을 신청한 학생이라고 말했다. 교수님은 내게 무슨 목적으로 왔고, 지금껏 어떤 과목을 수강했으며, 이 수업에서 얻을 지식을 어떻게 써먹을 생각이고, 특별히 공부하고 싶은 분야가 무엇인지 물으셨다. 마지막 질문에, 나는 동물학과 관련된 모든 분야에서 기초를 잘 다지고 싶지만 특별히 곤충을 연구하고 싶다고 말씀드렸다.

"언제부터 시작하겠는가?" 교수님이 물으셨다.

"지금 당장이요." 나는 대답했다.

교수님은 내 대답에 흐뭇해하며 매우 활기찬 목소리로 "아주 좋아!"라고 하시더니, 표본들이 담긴 큼직한 노란 병을 진열대에서 내려 내게 건네며 말씀하셨다.

"이 물고기를 꺼내서 관찰하게. 하스돔과(Haemulon) 물고기일세.

자네가 뭘 관찰했는지 이따금 물어보겠네."

교수님은 이 말을 남기고 나가셨으나 잠시 후 돌아와 그 물고기를 다루는 법을 자세히 일러 주셨다.

"명심하게. 표본을 다룰 줄 모르면 동물학자가 될 수 없네."

나는 물고기 한 마리를 꺼내 작은 쟁반에 올려놓아야 했고, 병에 든 알코올로 가끔씩 표면을 적셔 주어야 했으며, 표본이 들었던 병의 뚜껑이 제대로 닫혔는지 늘 확인해야 했다. 그때는 지금처럼 표본을 담아 두는 우아한 병이 없었고, 병의 뚜껑도 유리가 아니었다. 나이가 어느 정도 든 사람이라면 목 부분이 없는 큼지막한 유리병을 기억할 테고, 왁스를 입힌 데다 벌레까지 먹어 여기저기 구멍이 숭숭하고 때가 꼬질꼬질한 코르크 마개도 기억나지 않을까 싶다. 곤충학은 어류학보다 깔끔한 학문이었다. 유리병에 주저 없이 손을 넣어 바닥에 가라앉은 물고기를 꺼내는 교수님의 모습은 깔끔함과는 거리가 멀었다. 게다가 알코올도 '고릿적 물고기 냄새'가 배어 있었다. 그러나 나는 이 신성한 구역에 대해 감히 싫은 내색을 못했을 뿐더러 알코올을 맹물처럼 다루었다. 그래도 실망감을 아주 감추지는 못했다. 물고기만 뚫어져라 쳐다보는 일이 열정적인 곤충학도에게는 도무지 어울리지 않기 때문이었다. 내 고향 친구들도 내게 그림자처럼 들러붙은 냄새는 좋다는 향수를 제아무리 뿌려 대도 도무지 없어지지 않는다는 것을 눈치채고는 짜증을 부렸다.

나는 고작 10분 만에 물고기를 데면데면 다 살핀 후에 교수님을 찾았다. 그러나 교수님은 박물관 내에 안 계셨다. 그래서 윗방에 진열된 괴상한 동물들을 훑어보고 실험실로 돌아와 보니 물고기가 바싹 말라 있었다. 나는 기절한 놈을 깨우듯 물고기에 알코올을 뿌리고는 그놈이 질척한 원래 상태로 돌아오길 마음 조리며 지켜보았다. 작은 흥분이 가라앉은 후, 말 없는 단짝을 주구장창 들여다보는 것 외에 아무것도 할 게 없었다. 그렇게 30분이 흐르고, 1시간이 지나고, 또 한 시간이 흘렀다. 물고기가 징그러워 보이기 시작했다. 그놈을 뒤집었다. 얼굴 쪽을 들여다보았다. 섬뜩했다. 뒤에서, 아래에서, 위에서, 옆에서, 대각선 방향에서 그놈을 살폈다. 섬뜩하기는 매한가지였다. 실망이었다. 아직 일렀으나 점심이라도 먹어야겠다는 생각이 들었다. 해방이었다. 물고기를 조심스럽게 유리병에 다시 넣었다. 적어도 한 시간 동안은 자유의 몸이었다.

점심을 먹고 돌아왔다. 동료 학생들이 그 사이에 아가시즈 교수님이 다녀가셨는데 몇 시간 후에나 다시 오신다고 했다. 다들 너나없이 바쁜 터라 더 붙잡고 얘기할 처지도 아니었다. 흉측한 물고기를 다시 천천히 꺼냈다. 그놈을 보는 순간 절망감이 또다시 밀려 왔다. 돋보기는 쓰지 않을 작정이었다. 도구는 일절 사용하지 말라는 지시가 있었기 때문이다. 나의 두 손, 나의 두 눈, 물고기뿐이었다. 더없이 제한된 영역 같았다. 손가락으로 그놈 목덜미를 지그시 누르고 이빨이 얼마나 날카로운지 살폈다. 한 줄에 비늘이 몇 갠지 세다가 쓸데없는 짓이라는 확신에 그만두었다. 마침내 좋은 생각이 퍼뜩 떠올랐다. 물고기를 그려 보기로 했다. 놀랍게도, 그놈을 그리고 있자니 그놈의 새로운 특징이 하나씩 눈에 들어오기 시작했다. 바로 그때 교수님이 돌아오셨다.

"그래, 바로 그거야!" 교수님이 말씀하셨다. "연필만큼 좋은 눈이 있을라고! 표본을 촉촉하게 유지하고 병뚜껑도 잘 닫아 두었구먼! 그래, 자네가 잘하니 내 기분도 좋네."

교수님은 이렇게 칭찬을 하시다 말고 불쑥 물으셨다. "그래, 뭐 좀 찾아냈나?"

나는 아직 이름조차 모르는 부분들의 구조를 짧게 설명했고, 교수님은 귀를 기울여 들으셨다. 톱니 모양의 아가미활과 움직이는 아가미뚜껑, 머리의 구멍들, 두툼한 입술, 눈꺼풀 없는 눈, 옆줄, 가시 돋친 지느러미, 두 갈래로 갈라진 꼬리, 얇은 아치 모양의 몸통. 내가 설명을 끝내자, 교수님은 더 많이 기대하시듯이 기다리셨고 실망스런 표정을 지으셨다. "세밀하게 관찰하지 않았구먼!" 교수님은 더 진지하게 말씀하셨다. "이 물고기의 가장 도드라진 특징을 아직 못 찾아냈지 않은가! 그 특징이란 것이 저 물고기만큼이나 자네 눈에 또렷이 보일 텐데 말일세. 다시 살펴보게! 다시 차근차근 살펴보게!" 교수님은 나를 비참하게 해놓고 나가 버리셨다.

불쾌했다. 굴욕감마저 들었다. 진저리 나는 물고기에서 찾을 게 뭐가 더 있다는 건지? 그러나 다시 정신을 집중해 그놈을 뚫어져라 관찰했다. 새로운 점이 하나씩 보였고, 마침내 교수님의 꾸지람이 옳음을 깨달았다. 오후 시간이 순식간에 지나갔고, 일과를 마칠 무렵 교수님이 들어와 물으셨다.

"아직도 못 찾았나?"

"네, 아직 못 찾은 것 같습니다. 하지만 제가 오전에 본 것이 얼마나 미미했는지는 깨달았습니다."

"헛고생하지는 않았군!" 교수님은 진지하게 말씀하셨다. "자네가 뭘 더 찾아냈는지는 내일 듣기로 하고, 오늘은 이만 정리하고 집에 돌아가게. 아침이면 대답할 준비가 더 잘 되어 있을 걸세. 아침에 이 놈을 다시 관찰하기 전에 자네를 테스트하겠네."

당황스럽고 난감했다. 관찰 대상이 눈앞에 없는 상태로, 밤새 그놈을 생각하면서 내가 아직 모르는 그놈의 가장 두드러진 특징이 무엇인지 궁리해야 했다. 그뿐 아니라 내가 새로 발견한 것들을 다시 확인해 보지도 못한 채 다음 날 아침이면 정확하게 그것을 설명해야 했다. 나는 기억력이 별로 좋지 않았다. 찰스 강가에 있는 집으로 걸어오는 내내 두 가지 때문에 심란했다.

다음 날 아침, 교수님이 건네는 다정한 인사에 다시 힘이 났다. 교수님은 자신이 본 것을 내가 스스로 보길 나만큼이나 간절히 바라시는 것 같았다.

"교수님, 혹시 교수님이 말씀하려 하셨던 게 이것 아닙니까? 이 물고기는 기관들이 쌍을 이루고 있는 대칭 구조이던데요."

교수님은 크게 기뻐하며 말씀하셨다. "그래, 바로 그걸세!" 교수님의 이 한마디만으로도 밤을 꼬박 샌 보람이 있었다. 교수님은, 늘 그러시듯이, 이 점이 얼마나 중요한지 아주 즐겁고도 진지하게 설명하셨다. 교수님의 말씀이 끝나자 이제 무엇을 해야 하는지 물었다.

"다른 물고기를 관찰하게!" 교수님은 이 한마디를 남기고 다시 실험실을 나가셨다. 그리고는 한 시간 남짓 지나서 돌아오시더니 내가 새로 발견한 것들을 들으셨다.

"좋아, 아주 잘했네!" 교수님이 거듭 칭찬을 아끼지 않으셨다. "하지만 그게 전부가 아닐세. 계속 관찰하게." 그렇게 사흘 동안 교수님은 그 물고기만 쳐다볼 뿐 다른 것은 일절 보지 못하게 하셨을 뿐더러 인위적인 도구도 전혀 사용하지 못하게 하셨다. "보고, 보고, 또 보게!" 교수님은 같은 지시를 되풀이하셨다.

이것이 내가 받은 최고의 곤충학 수업이다. 그 수업은 뒤이은 모든 연구에 구석구석 영향을 미쳤다. 이것이 아가시즈 교수님이, 다른 많은 제자들에게 남기셨듯이, 내게 남기신 더없이 귀중한 유산이다. 돈으로 살 수도 없고 절대적으로 필요한 유산이다.

일 년 후, 우리 가운데 몇몇이 칠판에 괴상한 동물을 그리면서 즐거워했다. 떠다니는 불가사리, 버둥대는 개구리, 괴상하게 생긴 벌레, 입을 크게 벌리고 눈을 치켜뜬 위풍당당한 가재. 잠시 후 교수님이 들어오셨고 우리의 실험 하나하나에 많이 놀라셨다. 그리고 물고기들을 들여다 보셨다.

"전부 하스돔과구만!" 교수님이 말씀하셨다. "_____ 군, 그것들을 그려 보게."

사실이다. 지금도 내가 그릴 줄 아는 물고기라고는 하스돔과 물고기뿐이다.

넷째 날, 교수님은 같은 종류의 물고기를 하나 더 꺼내 첫 번째 물고기와 나란히 두시더니 내게 둘의 유사점과 차이점을 찾아보라고 하셨다. 그렇게 실험실의 하스돔과 물고기들은 씨가 마를 때까지 내 앞에 하나씩 추가되었다. 하스돔과 표본 유리병이 테이블과 선반을 온통 뒤덮었다. 이상한 냄새가 유쾌한 향기로 변했다. 지금도 벌레 먹은 6인치짜리 낡은 코르크 마개를 보면 향기로운 기억이 새록새록 되살아난다!

그렇게 해서 모든 종류의 하스돔과를 모조리 관찰했다. 내부 기관을 빠짐없이 해부하든, 뼈 구조를 살피든, 다양한 부위를 그리든, 아가시즈 교수님은 사실들을 차례로 관찰하는 법을 훈련시킬 때면 거기서 만족하지 말라는 말씀을 빼놓지 않으셨다. 교수님은 이렇게 말씀하시곤 했다. "사실이란 게 말이야, 일반 법칙과 연결되기 전에는 참 멍청한 거야!"

8개월이 다 지났을 때, 친구들과 헤어져 다시 곤충 연구로 돌아가기가 망설여졌다. 그러나 내 분야를 조금 벗어난 경험에서 얻은 유익은 나중에 내가 가장 좋아하는 그룹들에서 수년간의 관찰을 통해 얻은 유익보다 훨씬 값졌다.

| 주 |

저자 서문

1) Mark Noll, *The Scandal of the Evangelical Mind*(Grand Rapids: Eerdmans, 1994). 「복음주의 지성의 스캔들」(IVP).

2) Os Guinness, *Fit Bodies Fat Minds: Why Evangelicals Don't Think and What to Do About It*(Grand Rapids: Baker, 1994).

3) J. P. Moreland, *Love Your God with All Your Mind: The Role of Reason in the Life of the Soul*(Colorado Springs: NavPress, 1997). 「그리스도를 향하는 지성」(죠이선교회).

4) James W. Sire, *Habits of the Mind: Intellectual Life as a Christian Calling*(Downers Grove, IL: InterVarsity, 2000).

5) Gene Edward Veith Jr., *Loving God with All Your Mind: Thinking as a Christian in the Postmodern World*, rev. ed.(Wheaton, IL: Crossway, 2003). 「지성으로의 초대」(생명의말씀사). 다음 책들도 보라. Richard Hughes, *How Christian Faith Can Sustain the Life of the Mind*(Grand Rapids: Eerdmans, 2001); Clifford Williams, *The Life of the Mind: A Christian Perspective*(Grand Rapids: Baker Academic, 2002).

6) Nicholas Wolterstorff, "Thinking with Your Hands", *Books and Culture*(March/April 2009), p. 30.

7) 같은 책. 물론, 하나님이 말씀으로 만물을 존재하게 하실 때, 그분의 말씀은 실제로 그분의 생각과 같았다.

8) 칼뱅은 「기독교강요」를 시작하면서 "장 칼뱅이 독자에게"를 이런 식으로 끝맺었다. 이런 글귀는 아우구스티누스의 *Letters* cxliii.2(MPL 33. 585; tr. NPNF I. 490)에도

나온다. John Calvin, *Institutes of the Christian Religion*, Ford Lewis Battles 번역, John T. McNeill 편집(Philadelphia: Westminster, 1960), p. 5.

1장 인생을 뒤바꾼 생각하기의 힘

1) John Dillenberger, ed. *Martin Luther: Selections from His Writings*(Garden City, NY: Doubleday, 1961), p. 12.
2) John Piper, *The Justification of God: A Theological and Exegetical Study of Romans 9:1-23*(1983; repr. Grand Rapids: Baker, 1993).
3) Mark Noll, *The Scandal of the Evangelical Mind*(Grand Rapids: Eerdmans, 1994), p. 3.
4) Harry Blamires, *The Christian Mind: How Should a Christian Think?*(London: SPCK, 1963), p. 6.
5) J. P. Moreland, *Love Your God with All Your Mind: The Role of Reason in the Life of the Soul*(Colorado Springs: NavPress, 1997), pp. 19-40.
6) Os Guinness, *Fit Bodies Fat Minds: Why Evangelicals Don't Think and What to Do About It*(Grand Rapids: Baker, 1994). "근본적으로, 복음적 반지성주의는 스캔들이자 죄다. 진지한 사람들이 기독교 신앙을 생각하고 그리스도께 오지 못하도록 쓸데없이 방해하는 공격 행위요 걸림돌이라는 의미에서 스캔들이며, 예수님이 말씀하신 두 큰 계명 가운데 첫째 계명, 곧 우리의 지성을 다해 주 우리 하나님을 사랑하라는 계명을 거부하고 반대하기 때문에 죄다"(pp. 10-11).
7) R. C. Sproul, "Burning Hearts Are Not Nourished by Empty Heads," *Christianity Today*(September 3, 1982), p. 100.
8) Noll, *Scandal of the Evangelical Mind*, p. 132.
9) 같은 책, p. 3. "북미 전역에 퍼져 있는 복음주의 개신교인들은 큰 희생을 감수하면서 예수 그리스도 안에 있는 구원의 메시지를 전파하고, 도움이 필요한 사람들에게 열린 마음으로 넉넉히 베풀며, 고통당하는 사람들에게 기사도를 발휘하고, 무수한 교회와 선교단체를 전례 없이 유지하는 등 매우 다양한 부분에서 장점을 보였다."
10) Benjamin Warfield, "The Religious Life of Theological Students", *The Princeton Theology*, ed. Mark Noll(Grand Rapids: Baker, 1983), p. 263.

2장 조나단 에드워즈에게 받은 선물

1) John Piper, *God's Passion for His Glory: Living the Vision of Jonathan Edwards*(Wheaton, IL: Crossway, 1998). 「하나님의 영광을 위한 하나님의 열심」(부흥과개혁사).
2) Mark Noll, *The Scandal of the Evangelical Mind*(Grand Rapids: Eerdmans, 1994), p. 24. "미국 역사상 가장 위대한 복음주의 지성이자 기독교 역사에서 참으로 중요한 사상가들 가운데 하나다."
3) Mark Noll, "Jonathan Edwards's Moral Philosophy, and the Secularization of American Christian Thought", *Reformed Journal*(February 1983), p. 26.
4) "An Essay on the Trinity", *Treatise on Grace and Other Posthumously Published Writings*, ed. Paul Helm(Cambridge, UK: Clarke, 1971), p. 118.
5) "Miscellanies", *The Works of Jonathan Edwards*, vol. 13, ed. Thomas Schafer(New Haven, CT: Yale University Press, 1994), p. 495(Miscellany, p. 448).
6) Jonathan Edwards, "Some Thoughts Concerning the Revival", *The Works of Jonathan Edwards*, vol. 4, *The Great Awakening*, ed. C. C. Goen(New Haven, CT: Yale University Press, 1972), p. 387.
7) Jonathan Edwards, "A Spiritual Understanding of Divine Things Denied to the Unregenerate", *The Works of Jonathan Edwards, Sermons and Discourse* 1723-1729, ed. Kenneth P. Minkema(New Haven: Yale University Press, 1997), p. 92.
8) 이러한 상호성에 대한 Thomas Goodwin의 설명을 6장에 실어 두었으니 찾아보라.

3장 생각하기란 무엇인가?

1) Gresham Machen, *What Is Faith?*(1937; repr. Edinburgh: Banner of Truth, 1991), p. 242.
2) Mortimer Adler, *How to Read a Book*(1939; repr. New York: Simon & Schuster, 1967), p. 13. 「생각을 넓혀 주는 독서법」(멘토).
3) 내가 이 습관에서 의미하는 바와 관련해 좀더 많은 예를 원한다면, John Piper, *Brothers, We Are Not Professionals*(Nashville: Broadman, 2002), pp. 73-80를 보라. 「형제들이여, 우리는 전문 직업인이 아닙니다」(좋은씨앗).
4) "반문하다"로 번역된 헬라어 단어 '안타포크리노메노스'는 말한 내용에 반대한다는 뜻을 내포하며, 신약에서 이곳 외에 한 곳에만(눅 14:6) 나온다.

5) 실제로 이러한 유형의 사고는 성경 어디서나 나타난다. 다음 몇 구절에서 **그러므로**라는 단어가 어떻게 사용되었는지 생각해 보라. "**그러므로** 내일 일을 위하여 염려하지 말라"(마 6:34). "[**그러므로**] 두려워하지 말라"(마 10:31). "**그러므로** 우리가…하나님과 화평을 누리자"(롬 5:1). "**그러므로** 너희는 죄가 너희 죽을 몸을 지배하지 못하게 하여"(롬 6:12). "**그러므로** 이제 그리스도 예수 안에 있는 자에게는 결코 정죄함이 없나니"(롬 8:1). "**그런즉** 우리가 다시는 서로 비판하지 말고"(롬 14:13). "**그런즉** 너희 몸으로 하나님께 영광을 돌리라"(고전 6:20). "**그러므로** 내 사랑하는 형제들아, 견실하며 흔들리지 말고 항상 주의 일에 더욱 힘쓰는 자들이 되라"(고전 15:58). "**그러므로** 우리가…낙심하지 아니하고"(고후 4:1).

6) 나는 논리학의 형식 규칙(formal rules)을 따로 다루지 않았다. 실제로 대부분의 사람들이 논리학 서적을 읽어서 논리적이고 합리적이 되는 방법을 익히는 게 아니라 이성적인 사람들(특히, 자라는 동안 부모)과 소통하고 가장 진실한 사고방식을 담은 책을 읽으면서 질문하고 열심히 생각해서 그렇게 한다고 보이기 때문이다. 성경 각 단락이 기록된 방식을 오랜 시간 열심히 살핀다면, 왜 단어들과 문장들이 그런 방식으로 연결되었는지 끈질기게 묻는다면, 하늘의 논리에 젖어들고 사랑으로 이어지는 진리를 더 알게 되리라 믿는다.

4장 믿음과 이성의 관계

「전분석론」(Prior Analytics)에서, 아리스토텔레스는 삼단논법을 "특정한 것들이 전제된 상태에서 전제된 것들과는 다른 것들이, 이것들이 그러하기 때문에 필연적으로 도출되는 담론"이라고 정의한다(p. 24b, 18-20) http://classics.mit.edu/Aristotle/prior.1.i.html에서 확인할 수 있다.

5장 영적 시력을 일깨우는 생각하기

1) **칭의**란 오직 은혜로, 오직 믿음을 통해, 하나님이 예수 그리스도 안에서 믿는 자들을 완전히 의롭다고 여기시고 자신의 임재 속에 영원히 받아들일 만하다고 여기신다는 성경의 가르침이다. 다시 말해, 하나님은 그리스도의 완전을, 믿음으로 그리스도와 연합한 자들에게 전가하신다(롬 3:28; 4:4-6; 5:1, 18-19; 8:1; 고전 1:30; 고후 5:21; 빌 3:8).

2) **성화**란 우리가 성령의 능력을 통해 태도와 말과 행동에서 그리스도의 형상을 점차 닮아간다는 성경의 가르침이다. 성령께서는 믿음을 통해 역사하심으로써 우리가

이미 그리스도 안에서 되었듯이, 일상의 행위에서도 그렇게 되게 하신다(롬 6:22; 고전 5:7; 빌 2:12-13; 3:12; 엡 4:24).

3) J. Gresham Machen, *What Is Faith?*(1925; repr. Edinburgh: Banner of Truth, 1991), p. 173. 강조 표시는 덧붙인 것이다.

4) Andrew Fuller, *The Complete Works of Reverend Andrew Fuller*, vol. 1, ed. Joseph Belcher(Harrisonburg, VA: Sprinkle, 1988), p. 281. "믿음으로, 우리는 은혜를 받아들인다. 그러나 그 은혜는 믿음이 아니라 그리스도에게서 나온다. 따라서 어느 곳에서는 믿음에서 비롯된다고 말하는 것을 다른 곳에서는 그리스도의 순종과 죽음과 부활에서 비롯된다고 말한다"(p. 282).

5) 이러한 이신칭의에 관해 보다 자세한 설명과 변증을 원한다면 다음을 보라. John Piper, *Counted Righteous in Christ: Should We Abandon the Imputation of Christ's Righteousness?*(Wheaton, IL: Crossway, 2002).「칭의 교리를 사수하라」(부흥과개혁사); John Piper, *The Future of Justification: A Response to N. T. Wright*(Wheaton, IL: Crossway, 2007).「칭의 논쟁」(부흥과개혁사).

6) Jonathan Edwards, *Religious Affections*, *The Works of Jonathan Edwards*, vol. 2, ed. John E. Smith(New Haven, CT: Yale University Press, 1959), p. 298.「신앙감정론」(부흥과개혁사).

7) 같은 책, p. 300.

8) 바울의 주장에 관해서는 사도행전 17:2, 4, 17; 18:4, 19; 19:8, 9; 20:7, 9; 24:25 등을 보라.

9) "따라서 영혼은 복음에 나타난 것들의 신성(divinity)을 직관적으로 알 수도 있다. 그가 아무 논증이나 추론 없이 복음의 가르침들이 하나님에게서 왔다고 판단한다는 게 아니다. 길고 연속적인 일련의 논증 없이 그렇게 한다는 뜻이다. 논증은 한 번으로 충분하며 그 증거는 직접적이다. 지성은 한걸음에 복음의 진리에 이르며, 그 진리가 복음에 나타나는 하나님의 영광이다." Edwards, *Religious Affections*, pp. 298-299.

10) 하나님이 우리의 마음을 조명하심과 성경의 가르침이 거듭남에서 어떻게 연결되는지에 관해서는 다음을 보라. John Piper, *Finally Alive: What Happens When We Are Born Again*(Fearn, Ross-shire, UK: Christian Focus, 2009), pp. 119, 178.「거듭남」(두란노).

11) Edwards, *Religious Affections*, p. 295.

12) "영적 확신이 없으나 영적 아름다움과 영광은 이해한다." 같은 책, p. 307.
13) 같은 책, p. 303. "이것 외에 이들이 기독교의 진리를 입증하는 증거에, 이들로 그리스도를 위해 모든 소유를 팔게 하기에 충분한 증거에 이르는 길이 없다면, 호사투누크 인디언들을 비롯해 최근에 기독교를 배우고 싶다는 바람을 표현한 사람들은 비참한 지경에 처한 것이다"(p. 304).

6장 지성을 다해 하나님을 사랑하라는 계명

1) 히브리어 어구는 기쁨(joy)이나 즐거움(rejoicing)을 뜻하는 두 단어로 되어 있다.
2) Augustine, *Confessions*, bk. p. 10, chap. 29.「고백록」.
3) Thomas Goodwin, "The Vanity of Thoughts", *The Works of Thomas Goodwin*, 12 vols.(Eureka, CA: Tanski Publications), 3:526-527.

8장 상대주의의 일곱 가지 폐해

1) Edward John Carnell, *Christian Commitment: An Apologetic*(New York: Macmillan, 1957), p. 37.「기독교 변증학 원론」(성지출판사).
2) 같은 책, pp. 39-41.
3) J. Gresham Machen, *What Is Faith?*(1925; repr. Edinburgh: Banner of Truth, 1991), p. 34.
4) 같은 책, pp. 13-14.
5) *Minneapolis Star Tribune*, September 9, 1999. A20.
6) G. K. Chesterton은 백여 년 전에(1908년) 이렇게 썼다. "지금 우리는 제자리를 찾지 못한 겸손 때문에 애를 먹는다. 겸양이 야망에서 나와 확신에 터를 잡았다. 절대로 이래서는 안 되었다. 사람이 자신은 의심하되 진리는 의심하지 말아야 했다. 그런데 이게 완전히 거꾸로 됐다. 이제 사람이 단언해서는 안 되는 부분—자기 자신—을 단언한다. 반면에, 의심해서는 안 되는 부분—하나님의 성스러운 판단(Divine Reason)—을 의심한다.···우리는 정신적으로 너무 겸손해서 구구단도 믿지 못하는 인류를 낳는 길을 가고 있다." *Orthodoxy*(Garden City, NY: Doubleday, 1957), pp. 31-32.「정통」(상상북스).
7) 겸손의 본성을 좀더 자세히 알고 싶다면 다음을 보라. John Piper, "Brothers, Don't Confuse Uncertainty with Humility", *Brothers, We Are Not Professionals* (Nashville: Broadman, 2002), pp. 159-166.「형제들이여, 우리는 전문직업인이 아

닙니다」(좋은 씨앗). "형제들이여, 불확신과 겸손을 혼동하지 마십시오"(22장) "What Is Humility?" http://www.desiringgod.org/ResourceLibrary/TasteAndSee/ByDate/1999/1140에서 확인할 수 있다.
8) Michael Novak, "Awakening from Nihilism: The Templeton Prize Address" in *First Things*(August/ September, 1994), pp. 20-21.
9) 여기서 합리주의적(rationalistic)이라는 말의 뜻은 G. K. Chesterton이 우리에게 주는 경고에 담긴 의미 그대로다. "이성을 잃은 사람이 미치광이가 아니다. 이성 외에 전부 다 잃은 사람이 미치광이다." "시인은 자기 머리를 하늘에 들이밀려 할 뿐이지만 논리학자는 하늘을 자기 머리에 들이밀려 한다. 깨지는 것은 자기 머리다." 바꿔 말하면, 나는 시인은 '합리적이다'라고 말할 때의 의미로 "합리적"이라는 용어를 사용한다. 다시 말해, 시인은 하늘이 실제로 보여 주는 것을 기꺼이 기뻐할 만큼 겸손하다. *Orthodoxy*(Garden City, NY: Image Books, 1959), pp. 17-19.

9장 반지성주의의 무익한 충동

1) Richard Hofstadter, *Anti-Intellectualism in American Life*(New Yorkk: Vintage, 1962, p. 122)에서 재인용.
2) 이것을 가장 잘 정리한 책 가운데 하나는 David Wells의 *No Place for Truth, Or: Whatever Happened to Evangelical Theology?*(Grand Rapids: Eerdmans, 1993, 「신학실종」, 부흥과개혁사)이다. "목회자의 임무는 교회에서 하나님의 진리를 하나님의 백성에게 전달하는 것이다. 그런데 목회자들 중에 목회를 재정의한 사람들이 적지 않으며, 그 때문에 신학은 이들에게 당혹스런 걸림돌이 되거나 이들이 거의 모르는 문제가 되어 버렸다.…목사직이 직업화된 방식에서 보듯이, 목사의 핵심 역할이 진리 전달에서 소위 교회라는 소기업의 경영으로 바뀌었다. 나는 이런 경향이 뿌리 내릴수록 목회 장애인(pastoral diablers) 세대가 양산된다고 결론지었다"(pp. 6, 13). "치유 시대의 만병통치약이 신앙고백을 대신하고 설교가 심리화되면서 기독교 신앙의 의미도 사유화된다. 단숨에 신앙고백은 알맹이가 빠지고, 숙고(熟考)는 주로 자신에 대한 생각으로 축소된다.…따라서 목사는 현대 정신이 떠받드는 것을 구현하고 목회 사역의 의미를 이 문화가 가장 떠받드는 두 형태, 곧 경영자와 심리학자에 비추어 재정의하려 한다"(p. 101).
3) Nicholas Wolterstroff, "Thinking with Your Hands," *Books and Culture* (March/April 2009), p. 30.

4) 같은 책, 같은 페이지.
5) 같은 책, 같은 페이지.
6) Hofstadter, *Anti-Intellectualism*, p. 94에서 재인용.
7) 같은 책, pp. 102-103에서 재인용.
8) 같은 책, p. 108에서 재인용.
9) 같은 책, pp. 45-46.
10) 같은 책, p. 48 주 8에서 재인용.

10장 반지성주의의 근거1

1) Richard Hofstadter, *Anti-Intellectualism in American Life*, p. 48 주 16.
2) 그리스도의 기쁨을 말하는 구절은 더 있으나(요 15:11; 17:13), 그분이 이 세상에서 기뻐하셨다고 말하는 구절은 더 없다. 그분의 지상 순례는 큰 짐을 진 시기였다. "그는 멸시를 받아 사람들에게 버림받았으며 간고를 많이 겪었으며(a man of sorrow) 질고를 아는 자라"(사 53:3). 바울의 표현을 빌리면, 그분은 "근심하는 자 같으나 항상 기뻐해셨다"(고후 6:10). 예수님이 자신이 처한 상황 때문에 온전히 기뻐하신 적이 없다고 생각할 필요는 없다.
3) I. Howard Marshall, *Commentary on Luke*(Grand Rapids: Eerdmans, 1978), p. 434.
4) "그 나라의 신비는 그 나라가 종말에 나타나기 전에 역사 속으로 들어온다는 것이다. 간단히 말하면, 그것은 '완성되지 않은 성취'이다." Goerge Ladd, *The Presence of the Future*(Grand Rapids: Eerdmans, 1974), p. 222.
5) 이것을 뒷받침하는 증거는 고전 15:50, 갈 1:16, 엡 6:12, 히 2:14에 나온다.

11장 반지성주의의 근거2

1) 성령께서 이 기쁨에 참여하신다는 점은 눅 10:21에서 분명해지는데, 여기서 누가는 "예수께서 성령으로 기뻐하시며"라고 말한다. 내가 보기에, 이 말씀은 예수님이 아버지의 숨김과 드러냄에 대해 느끼는 기쁨을 성령께서 일으키고 인정하신다는 뜻이다.
2) 나는 다음에서 이 부분을 아주 자세하게 다루었다. *The Pleasures of God: Meditations on God's Delight in Being God*(Sisters, OR: Multnomah, 2000), pp. 97-120. 「하나님의 기쁨」(은성). *Let the Nations Be Glad: The Supremacy of*

God in Mission, 3판(Grand Rapids: Baker, 2010), pp. 39-46. 「열방을 향해 가라」(좋은씨앗).
3) Nova Geldenhuys, The Gospel of Luke(Grand Rapids: Eerdmans, 1977), pp. 306-307.

12장 사랑을 행하는 지식

1) Gordon H. Fee, The First Epistle to the Corinthians(Grand Rapids: Eerdmans, 1987), p. 364.
2) "그러므로 사랑이…택함을 받았다는 진정한 표시다." J. Hering, The First Epistle of St. Paul to the Corinthians(Eng. trans., London: Epworth Press, 1962), p. 68.
3) G. K. Barrett, The First Epistle to the Corinthians(New York: Harper & Row, 1968), p. 190.
4) "유일하게 완전한 지식, 사랑이 넘치고 실제적인 지식은 하나님이 주신다.…하나님이 누군가를 아신다는 말은 그가 하나님께 속했고…하나님이 그를 택하셨다는 뜻이다." Pere C. Spicq, "Agape in the New Testament", in Anthony Thistleton, The First Epistle to the Corinthians(Grand Rapids: Eerdmans, 2000), p. 627

13장 하나님과 이웃을 사랑하기 위한 학문

1) Jonathan Edwards, "Treatise on Grace", Treatise on Grace and Other Posthumously Published Writings, ed. Paul Helm(Cambridge, UK: James Clarke, 1971), p. 49. 거듭남에 대한 이러한 이해를 좀더 자세히 다룬 글을 원한다면, John Piper, Finally Alive: What Happens When We Are Born Again(Fearn Ross-Shire, UK: Christian Focus, 2009)을 보라. 「거듭남」(두란노).
2) "Christian Knowledge," The Works of Jonathan Edwards, vol. 2(Edinburgh: Banner of Truth, 1974), p. 162.
3) 10-11장을 보라.
4) J. Daryl Charles, "The Scandal of the Evangelical Mind"(A Forum of Responses), First Things(March 1995), pp. 38-39.
5) 10장을 보라.
6) Douglas Wilson, "A Pauline Take on the New Perspective", Credenda Agenda, Vol. 15, no. 5, p. 17.

"몇몇 보수주의자들이 믿지 않는 대학에서 겪어야 하는 심각한 아픔은 정말이지 안타깝다. 그래서 이 기회에 이러한 행태 전체를 비웃어 주고 싶다. 프린스턴, 하버드, 듀크, 그리고 독일의 모든 신학교들이 실제로 모든 기독교 세계의 비웃음을 사야 마땅하다. 앞서 말했듯이, 교만한 육체는 정말이지 온갖 기괴한 것에 집착한다. 그 중에서 학문과 각주를 말하는 것을 깜빡했다. Kierkegaard의 말을 빌리자면, '많은 학자들이 성경이 학문적으로 훌륭한 자신의 핑크빛 작은 엉덩이를 때리지 못하도록 자신의 반바지 속에 각주로 장식된 정기간행물 기사를 덧댄다.'"

7) Mark Noll, "The Scandal of the Evangelical Mind", *Christianity Today*, October 25, 1993, p. 30.

8) 같은 책, p. 29.

9) 같은 책, p. 31.

10) 특히 James Tunstead Burtchaell의 *The Dying of the Light: The Disengagement of Colleges and Universities from Their Christian Churches*(Grand Rapids: Eerdmans, 1998)를 보라. George Marsden의 *The Soul of the American University: From Protestant Establishment to Established Nonbelief*(New York: Oxford University Press, 1994)도 보라.

11) Mark Noll, et al., "Scandal? A Forum on the Evangelical Mind", *Christianity Today*, August 14, 1995, p. 23.

12) Mark Noll, *Between Faith and Criticism*(New York: Harper & Row, 1986), p. 196.

13) 같은 책, p. 197.

14) 나는 평범한 그리스도인들을 위해 여기에 내포된 몇몇 실제적인 의미를 나의 책 *When I Don't Desire God: How to Fight for Joy*(Wheaton, IL: Crossway, 2004), pp. 175-208, "How to Wield the Word in the Fight for Joy: Using all Five Senses to See the Glory of God"에서 다루었다. 「하나님을 기뻐할 수 없을 때」 (IVP), "기쁨을 위한 싸움은 보기 위한 싸움이다"(5장).

결론 생각하라는 간절한 호소

1) 신학교와 대학을 위해 어떻게 기도해야 하는지 알고 싶다면 다음을 보라. John Piper, "Brothers, Pray for the Seminaries", *Brothers, We Are Not Professionals*(Nashville: Broadman, 2002), pp. 261-266, 또는 온라인 버전을 보라.

http://www.desiringgod. org/ResourceLibrary/Articles/ByDate/1995/1565.「형제들이여, 우리는 전문 직업인이 아닙니다」, "형제들이여, 신학교를 위해 기도합시다"(30장).

2) 나는 어떻게 모든 성경이 예수님과 연결되는지를 보여 주려고 노력한다. 여기에 대해서는 http://www.desiringgod.org/ResourceLibrary/Sermons/ByDate/2009/4261을 보라.

3) John Stott, *Between Two Worlds: The Art of Preaching in the Twentieth Century* (Grand Rapids: Eerdmans, 1982), p. 325에서 재인용.「현대교회와 설교」(생명의 샘).

부록1 그리스도인의 배움의 목적

1) 우리 사회는 **대학**(college)과 **신학교**(seminary)라는 단어를 어떤 의미로 사용하는가? 우리 사회는 두 단어를 단지 공인된 학사학위와 신학석사(Master of Divinity) 학위를 최대한 빨리 수여한다는 의미로 사용할 따름이다. 그러나 우리가 의미하는 **대학**과 **신학교**는 단지 수백 명의 학생이나 다양한 학과나 대규모 교수진이나 운동부 등을 의미하는 게 아니다. 대신에, **신학교**라는 단어를 들을 때, 십여 남짓한 학생들로 이뤄진 하나의 그룹(요즘은 **모둠**이라 불린다)을 생각하기 바란다. 이들은 목회자 멘토들과 연결되고, 헬라어 성경과 히브리어 성경을 토대로 함께 과정을 이수해 간다.

그리고 **대학**이라는 단어를 들을 때도, 이와 비슷하게 창조에서 현재에 이르는 하나의 역사 틀을 형성하는 인문학과 자연과학으로 구성된 종합적이고 일관된 커리큘럼을 함께 수행해 나가는 학생들의 모둠을 생각하기 바란다. 베들레헴의 교수이자 멘토인 이들과 많은 방문교수들을 생각하라. 두 프로그램 모두 교회에 토대를 두며, 여기서 모든 학생들은 교회의 삶과 사역에 참여해야 한다. 우리의 목표는 제한된 범위의 프로그램과 교회와의 연계와 더 폭넓은 후원을 통해 학생들이 졸업할 때 학비 때문에 빚지는 걱정을 하지 않도록 비용을 줄이는 것이다. 고등교육에 들어가는 엄청난 비용이 우리가 BCS를 시작하는 한 가지 이유이기도 하다. 그러나 이것이 주된 이유는 아니다.

2) Abraham Kuyper, *Abraham Kuyper: A Centennial Reader*, ed. James D. Bratt(Grand Rapids: Eerdmans, 1998), p. 488.

3) Jonathan Edwards, "Miscellanies", ed. Thomas Schafer, *The Works of Jonathan*

Edwards, vol. 13(New Haven, CT: Yale University Press, 1994), p. 495(Miscellany 448). 강조는 추가로 표시한 것이다.

4) 나는 이를 위한 성경적 토대를 여러 곳에서 더 자세하게 제시했다. 예를 들면, 다음을 보라. *Let the Nations Be Glad*, 3rd ed.(Grand Rapids: Baker Academic, 2010), pp. 39-46. *The Pleasures of God*(Sisters, OR: Multnomah, 2000), 1장, 4장. 우리는 만물 가운데서 자신을 영화롭게 하는 하나님의 목적에 기쁨으로 동참함으로써 하나님을 영화롭게 한다. 이 진리의 궁극적인 성경적 기초는 하나님이 자신을, 자신이 태초부터 마지막까지 세상에서 하시는 모든 일의 최고 목표로 삼으신다는 것이다. 우리가 우주의 중심이 아니다. 하나님이 우주의 중심이시다.

- 하나님은 자신의 영광을 위해 우리를 창조하셨다: "내 아들들을 먼 곳에서 이끌며 내 딸들을 땅 끝에서 오게 하며 내 이름으로 불려지는 모든 자 곧 **내가 내 영광을 위하여 창조한** 자를 오게 하라. 그를 내가 지었고 그를 내가 만들었느니라"(사 43:6-7).

- 그리스도께서 마지막 때에 자신의 영광을 위해 다시 오신다: "**그날에 그가 강림하사** 그의 성도들에게서 **영광을 받으시고** 모든 믿는 자들에게서 **놀랍게 여김을 얻으시리니** 이는 [우리의 증거가 너희에게 믿어졌음이라]"(살후 1:9-10).

- 롬 9:23은 그분의 모든 자비와 모든 진노와 모든 능력은 "영광 받기로 예비하신 바 긍휼의 그릇에 대하여 **그 영광의 풍성함을 알게 하고자**" 하는 데 목적이 있다고 말한다.

- 고전 10:31에서, 하나님은 자신을 가장 작은 것부터 가장 큰 것까지 사람이 하는 모든 일의 목적으로 삼으신다. "그런즉 너희가 먹든지 마시든지 무엇을 하든지 **다 하나님의 영광을 위하여 하라**."

- 롬 3:23에서 하나님은 죄의 본질은 하나님을 최고로 삼지 않는 것이라고 정의하신다. "모든 사람이 죄를 범하였으매 **하나님의 영광에 이르지 못하더니**." 죄가 죄인 까닭은 그것이 하나님의 영광을 하찮게 여기기 때문이다.

- 그리고 하나님의 구속 사역이 죄인들을 위한 그리스도의 죽음에서 절정에 이를 때, 하나님의 목적은 그분의 은혜의 영광이 무엇보다도 밝히 드러나고 높이 찬양받는 것이다. "그 기쁘신 뜻대로 우리를 예정하사 예수 그리스도로 말미암아 자기의 아들들이 되게 하셨으니 이는 그가 사랑하시는 자 안에서 우리에게 거저 주시는 바 **그의 은혜의 영광을 찬송하게 하려는 것이라**"(엡 1:5-6). 그리고 하나님은 고후 4:4에서 복음을 "하나님의 형상이신 **그리스도의 영광을 선포하는 복음의 빛**"(새번역)이

라고 정의하신다.

5) John Piper, "Thoughts on the Sufficiency of Scripture"를 보라. 다음 사이트에서 이 글을 볼 수 있다. http://www.desiringgod.org/ResourceLibrary/TasteAndSee/ByDate/ 2005/1282.
6) *First Things*(Dec, 1991), p. 63에서 재인용. 강조 표시는 추가한 것이다.
7) Gregory of Nazianzus, *Oration 21: On Athanasius of Alexandria*, in "Gregory Nazianzus, Select Orations, Sermons, Letters: Dogmatic Treatises," *Nicene and Post-Nicene Fathers*, vol 7. 2nd Series, ed. P. Shaff and H. Wace(repr. Grand Rapids: Eerdmans, 1955), pp. 171-172.
8) J. Gresham Machen, *What Is Faith?*(1937; repr. Edinburgh: Banner of Truth, 1991), pp. 13-14.
9) Bethlehem Elder Affirmation of Faith의 원문은 http://www.hopeingod.org/document/elder-affirmation-faith/에 실려 있다.
10) Denny Burk는 이것이 루터의 말이 아닐 거라고 주장한다. http://www.dennyburk.com/the-apocryphal-martin-luther/.
11) Parker T. Williamson, *Standing Firm: Reclaiming Christian Faith in Times of Controversy*(Springfield, PA: PLC Publications, 1996), p. 5에서 재인용.
12) 고전적인 아르미니우스주의와 개방신론(열린신론)은 다르다. 개방신론은 인간이 궁극적인 자기결정권으로 이해되는 자유의지를 가지려면 하나님이 예견하지 못하는 선택을 할 수 있어야 한다고 주장한다. 그러므로 하나님은 무슨 일이 일어날지 완전히 다 알지는 못하시는 분이 된다. 반면에, 아르미니우스주의는 자유의지의 의미는 인정하면서도 하나님의 미리 아심(foreknowledge)에 대해 이런 결론을 끌어내지는 않는다.

부록2 물고기 이야기의 교훈

1) http://www.bethel.edu/~dhoward/resources/Agassizfish/Agassizfish.htm.
2) *American Poems*, 3rd ed.(Boston: Houghton, 1879), pp. 450-454

옮긴이 전의우는 연세대학교 철학과와 총신대학교 신학대학원을 졸업하였다. 번역을 사명으로 여기는 그는 자신을 '번역하는 지극히 작은 종'이라 부른다. 20년 가까이 120여 권의 책을 우리말로 옮겼으며 앞으로도 힘닿는 데까지 번역 사역에 전념할 계획이다. 크리스천 번역가를 위한 카페(cafe.naver.com/ctrans)를 운영 중이기도 하다.

존 파이퍼의 생각하라

초판 발행_ 2011년 6월 13일
초판 8쇄_ 2023년 4월 20일

지은이_ 존 파이퍼
옮긴이_ 전의우
펴낸이_ 정모세

펴낸곳_ 한국기독학생회출판부
등록번호_ 제2001-000198호(1978.6.1)
주소_ 04031 서울시 마포구 동교로 156-10
대표 전화_ (02)337-2257 팩스_ (02)337-2258
영업 전화_ (02)338-2282 팩스_ 080-915-1515
홈페이지_ http://www.ivp.co.kr 이메일_ ivp@ivp.co.kr
ISBN 978-89-328-1235-9

ⓒ 한국기독학생회출판부 2011

책값은 뒤표지에 있습니다.
무단 전재와 복제를 금합니다.